Practice 중심의
청소년 프로그램 개발과 평가

김윤나 김웅수 조민식 송원일 김지민 김광래 공저

신정

서문

청소년 프로그램 개발과 평가는 청소년 및 사회복지 실천현장에서 기관의 생존과 직결되는 중요한 요소이자 대상자들을 직접적으로 만나게 되는 교육 콘텐츠 매개체이다. 특히 실습 선수과목으로서 청소년전문가가 되기 전 반드시 알아야만 하는 과목으로 그 중요성이 더욱 부각되고 있다. 청소년 및 사회복지 실천현장에서 프로그램은 공모사업을 통해 기관 펀드를 확보하고 매 2~3년마다 받는 청소년시설 평가, 위수탁사업 심사를 받아야 하는 현실 상황에서 강조될 수밖에 없다. 따라서 청소년 프로그램 개발과 평가는 예비 청소년지도사뿐 아니라 현재 실천현장에 종사하고 있는 모든 청소년지도자들에게 경쟁력을 강화시켜주고 전문성을 확보하게 하는 과목으로 존재하는 것이다.

이 책은 청소년을 전공하고 공부하는 학생은 물론 현장에 종사하는 청소년지도자 및 전문가들에게 청소년 프로그램에 대한 지식체계를 제공하고 어떠한 태도를 가지고 프로그램을 개발하고 평가할지에 대한 가치를 형성하며 청소년들을 위한 효과적인 프로그램을 개발하기 위한 구체적인 방향성을 제시할 수 있도록 구성하였다. 기존 전공 서적들과는 달리 이 책에서는 중장기 발전계획 수립은 물론 청소년 프로그램 개발과 평가에 관한 기초적인 개념과 최소한의 필수 이론 그리고 최신의 정보를 바탕으로 쉽게 이해하여 실천현장에 바로 적용할 수 있는 실제적인 practice를 강조하여 저술하였다.

이 책의 집필 방향성은 다음과 같다. 첫째, 좀더 실천현장의 요구와 필요를 반영하여 청소년 프로그램 개발의 근본일 수 있는 중장기 발전계획이 수립을 여타의 전공서적과 차별화를 두고 집필하였다. 둘째, 청소년 프로그램 개발에서 평가까지의 과정 절차를 보다 쉽게 정확한 개념 이해에 역점을 두되 최신의 이론과 관점들을 반영하도록 하였고 청소년 요(욕)구조사를 비롯한 평가에 비중을 높였다. 셋째, 직접적인 실천부분인 청소년 프로그램 실행과 관리에 관한 부분을 활동, 인권과 참여, 보호, 복지, 상담 분야별로 핵심적으로 알아야 할 기본 개념과 특성, 효과 등을 제시하고 프로그램의 예시를 제시하였다. 마지막으로 각 장의 학습목표와 핵심 키워드, 생각할 문제 등을 제시하여 반추적인 학습과정을 갖도록 구성하였다. 각 부문의 구체화된 각 장에 관한 설명과 집필자는 다음과 같다.

제1장 중장기 발전계획 수립하기(김윤나)에서는 중장기 발전계획 수립에 필요한 요소들을 확인하고 청소년 수련시설평가 편람에 제시되어 있는 중장기 발전계획 평가지표를 이해하여 중장기 발전계획을 체계적으로 잘 수립할 수 있는 방안들을 알기 쉽게 제시하였다.

제2장 청소년 프로그램 기획에서 평가까지(김윤나)에서는 청소년 프로그램 전반적인 기초 지식을 학습하도록 기본 개념들을 설명하고 청소년 프로그램 개발의 각 단계와 각 단계에서의 과업들을 확인할 수 있도록 구성하였다.

제3장 청소년활동 프로그램(김광래)에서는 청소년활동 프로그램 개발 관련 이론적 개념을 설명하고 청소년활동 프로그램들을 소개하며 다른 책에서 다루지 않는 학교협동조합의 내용과 사례를 제시하였다.

제4장 청소년 인권과 참여 프로그램(김웅수)에서는 청소년 인권과 참여에 관한 기본 개념을 학습하고 청소년 인권과 참여 프로그램 개발과 평가에 필요한 관점과 접근방법을 이해하며 청소년 인권과 참여 프로그램 개발과 평가를 할 수 있도록 내용을 구성하였다.

제5장 청소년보호 프로그램(조민식)에서는 청소년문제와 위기청소년에 대해서 이해하고 청소년보호 프로그램의 효과를 습득하며 미국의 청소년 재범 예방 프로그램에 대해 알아보았다.

제6장 청소년복지 프로그램(송원일)에서는 청소년복지 프로그램에 대한 이론적 개념과 청소년복지 프로그램의 현황을 파악하여 청소년복지 프로그램을 개발할 수 있도록 하였다.

제7장 청소년 상담 프로그램(김지민)에서는 청소년 상담 프로그램의 정의와 효과, 특성을 상세히 살펴볼 수 있도록 하였다.

상기 내용을 통해 청소년 분야 전공자 및 실천가들이 청소년 프로그램 개발과 평가에 대해 현장에서 실제 활용할 수 있기를 바라지만 여전히 시간적 측면, 내용적 측면에서 아쉬움과 미흡함은 늘 존재한다. 그럼에도 불구하고 이후에 보다 많은 창의적인 전공서적이 출간되기를 희망하는 마음에서 다른 여러 교수들과 함께 내용을 모아보았다. 아무쪼록 청소년 분야의 학문적 성숙과 현장 이해를 희망한다.

끝으로 이 책의 발간에 뜻을 모아준 저자들에게 고마움을 전하며 이 책의 발간에 힘써주신 도서출판 신정의 최용구 사장님과 편집부, 이 책을 읽어줄 독자분들께 감사를 드린다.

2024년 12월

인수봉이 보이는 도봉산 끝자락에서 저자들을 대표하여

김윤나 씀

차례

Chapter 02
청소년 프로그램 기획에서 평가까지 ········ 37

Chapter 03
청소년활동 프로그램 ········ 119

Chapter 06

Chapter 07

청소년 상담 프로그램 ······ 311

APPENDIX

부록 ······ 339

CHAPTER

01 중장기 발전계획 수립하기

학습목표

1. 중장기 발전계획 수립에 필요한 요소들을 확인할 수 있다.
2. 청소년 수련시설 평가 편람에 제시되어 있는 중장기 발전계획 평가지표를 이해할 수 있다.
3. 중장기 발전계획을 수립할 수 있다.

핵심키워드

중장기 발전계획, 청소년 수련시설 평가, 평가지표

청소년 프로그램 개발과 평가를 잘하기 위해서는 먼저 전제되는 것이 "중장기 발전계획"에 대한 마인드라 할 수 있다. 따라서 이 장에서는 청소년 프로그램 개발과 평가에 관한 학습에 앞서 중장기 발전계획에 관한 내용을 다루고자 한다.

1 큰 시각을 갖자

청소년지도사가 되어 기관 및 시설에 종사할 때, 자기 사업을 구상하기에 앞서 검토해야 하는 것이 바로 기관(시설) 혹은 법인(재단)의 중장기 발전계획이다. 따라서 큰 틀에서 청소년 정책과 사업을 바라볼 필요가 있으며 이를 위해서는 너무 "청소년" 분야에 함몰되기보다는 다양한 분야의 책, 영화, 문화, 전시, 공연 등의 다양한 활동을 통해 시대 흐름을 잘 파악하고 앞서 미래 시대를 예측하는 감각을 키우는 것이 필요하다. 시사, 경제, 경영, 자기계발서 등이 오히려 도움이 되고 국내외 뉴스, 한류 문화 콘텐츠 등을 잘 모니터링하여 자신의 다양성을 잘 확장시켜 보자.

2 정보수집능력과 분석력이 핵심이다!

중장기 발전계획을 수립하는 것이 어려운 이유 중의 하나는 바로 다양한 정보들을 취합하여 분석해야 하기 때문이다. 이때 청소년지도자에게 요구되는 능력이 바로 정보수집능력과 분석력이라 할 수 있다. 정보수집능력은 큰 시각을 갖게 되면 자연스레 획득하게 되는 것으로 우수한 프로그램을 개발하기 위한 필수조건이라 할 수 있다. 앞선 논의에서 큰 시각이 필요한 이유도 이것으로 설명될 수 있다. 청소년과 관련된 방향성 설정을 위한 환경분석으로 활용할 있는 자료 원천으로는 다음과 같은 내용들이 포함된다.

- 청소년 정책 기본계획(여성가족부 정책자료실)
- 교육부, 교육청 정책(관련 청소년 정책 및 교육과정)
- 각년도 청소년백서, 각년도 청소년사업안내(여성가족부 정책자료실)
- 지자체별 청소년 정책 기본계획 혹은 공약사항

정보수집이 잘 완료되었으면 이를 그대로 나열할 것이 아니라 우리 기관(시설)에 맞는 지점들을 찾아 분석하는 것이 필요하다. 분석틀로는 다음과 같은 내용이 예시로 제시될 수 있다.

1) 거시적 환경분석

거시적 환경분석에서는 정치 및 정책적 환경분석, 경제산업 환경분석, 사회(역사)문화적 환경분석, 기술환경에 관한 분석 등이 활용될 수 있다. 이 외에도 자신이 속한 기관의 특성(특화)에 따라 보다 다양한 분석틀이 활용될 수 있다. 기관이 속해 있는 지역사회 환경분석도 실시해야 하는데 이 자료는 욕구조사 보고서에도 활용될 수 있으므로 준비해 두는 것을 추천한다.

지자체 환경분석 예시

1. 00구 일반환경분석
   1) 00구 행정구역 현황
   2) 00구 청소년 인구 현황
   3) 00구 학교 및 학생 수 현황
   4) 00구 재정 현황
   5) 00구 복지환경 현황
   6) 00구 학교밖청소년 현황

2. 00구 청소년 관련 환경분석
   1) 00구 청소년 수련시설 현황
   2) 00구 청소년(이용)시설 현황
   3) 00구 청소년독서실 현황
   4) 00구 청소년 행정조직 현황
   5) 00구 청소년 관련 예산 현황
   6) 00구 청소년 관련 조례 분석

3. 00구 청소년 관련 주요 추진 사업 현황
   1) 00구 주요 업무 계획
   2) 00구 혁신교육지구 사업 현황
   3) 00구 교육복지 사업 현황

2) 중범위적 환경분석

중범위적 환경분석에서는 본인이 속한 기관을 중심으로 주도면밀하게 분석될 수 있다. 기존에 많이 활용되었던 방식은 SWOT 분석이다. SWOT 분석의 경우 Strength(강점), Weakness(약점), Opportunity(기회), Threat(위협)의 네 가지 분석틀이 가장 보편적으로 활용되고 여기에 결합모형으로 S-O, S-T, W-O, W-T가 같이 분석되어 보다 심도 있게 논의될 수 있다. 이 장에서는 기존 SWOT 분석을 넘어선 새로운 전략적 기획 접근의 SOAR (Strengths 강점, Opportunities 기회, Aspirations 포부, Results 결과) 분석 방식을 제시하고자 한다.

SOAR은 관련 이해관계자의 의견을 포함시켜 전체 시스템을 이해하려고 하는 전략적 기획 틀로 SWOT에 비해 강점에 더욱 기반하고 있다. SOAR의 초점은 조직이 잘하고 있는 것, 조직이 향상시키고자 하는 기술, 이해관계자에게 가장 매력적인 것으로, 즉 조직이 보다 역동적이고 창의적이며 낙관적인 전략계획을 개발하도록 한다. 더 이상 인식하는 위협과 약점에 집중하지 않고, 조직이 집중하고 현재 잘 수행해내고 있는 것을 향상하는데 초점을 둔다.

표 1-1 SWOT 분석과 SOAR 접근법의 비교

SWOT 분석	SOAR 접근법
분석 중심	행동 지향
약점과 위협 초점	강점 및 기회 중심
경쟁 집중 - 좀더 나아질 수 있다.	가능성 집중-최고가 되십시오!
점진적 개선	획기적인 혁신
상의하달식	모든 수준에서 연대
분석 중심 → 계획	계획에 초점 → 구현
에너지 고갈-많은 약점과 위협이 존재한다!	에너지 창조-우리는 괜찮고 위대해질 수 있다!
격차에 관심	결과에 대한 관심

■ 표 1-2 SWOT 분석과 SOAR 접근법의 관계

<table>
<tr><th>SWOT</th><th></th><th>SOAR</th></tr>
<tr><td>강점 Strengths
• 조직 자원과 능력 차별화된 이점을 개발하기 위한 기반</td><td>⇒</td><td>강점 Strengths
• 정말 잘해낼 수 있는 것이 무엇인가? 강점은 우리의 능력에 대해 무엇을 말해주는가?</td></tr>
<tr><td>약점 Weakness
• 부재: 자원 또는 능력 부족</td><td>→</td><td rowspan="3">기회 Opportunities
• 위협을 총체적으로 이해하는 방법은 무엇인가? 찾기 위해 어떻게 재구성할 수 있는가? 우리에게 무엇을 요구하는가? 사람들과 최선의 파트너가 되는 방법은 무엇인가?</td></tr>
<tr><td>기회 Opportunities
• 성장을 지원하는 외부환경 충족되지 않은 고객 욕구, 새로운 기술, 유리한 법규</td><td>⇒</td></tr>
<tr><td>위협 Threats
• 성장을 방해하는 외부환경</td><td>→</td></tr>
<tr><td></td><td>+</td><td>포부 Aspirations
• 기회를 고려할 때 우리는 어떤 존재가 되어야 하는가? 이해관계자를 어떻게 변화할 수 있는가?</td></tr>
<tr><td></td><td>+</td><td>결과 Results
• 강점, 기회 및 포부를 명확하게 변환하는 방법은?</td></tr>
</table>

SOAR 분석을 위한 기본 질문은 우리의 가장 큰 장점은 무엇인가? 우리의 최선의 기회는 무엇인가? 우리가 선호하는 미래는 무엇인가? 우리가 미래에 대한 비전을 달성했다고 우리에게 말할 수 있는 측정 가능한 결과는 무엇인가이다. 그리고 SOAR의 구성요소별 주요 질문은 다음과 같다. 우리는 무엇을 만들어낼 수 있는가? 이해관계자들이 무엇을 요구하는가? 무엇에 대해 깊은 관심을 가지고 있는가? 우리가 성공하고 있는지 어떻게 알 수 있는가?

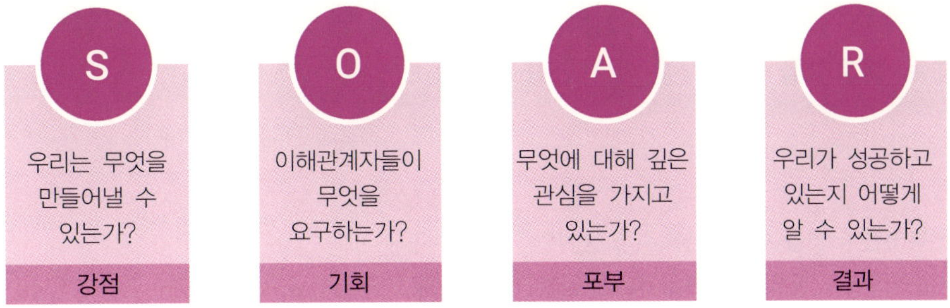

그림 1-1 SOAR의 구성요소별 주요 질문

또한 SOAR 접근법은 조직적인 전략계획을 수립할 때 "5-I 접근방식"을 활용한다. 그리고 강점기반 전략을 구축하는 데 있어 장점탐구(AI)를 통합한다. 즉 Initiate 시작, Inquire(S) 탐구, Imaging(O) 상상, Innovate(A) 혁신, Inspire to Imlement(R) 이행고취로 [그림 1-2]와 같다.

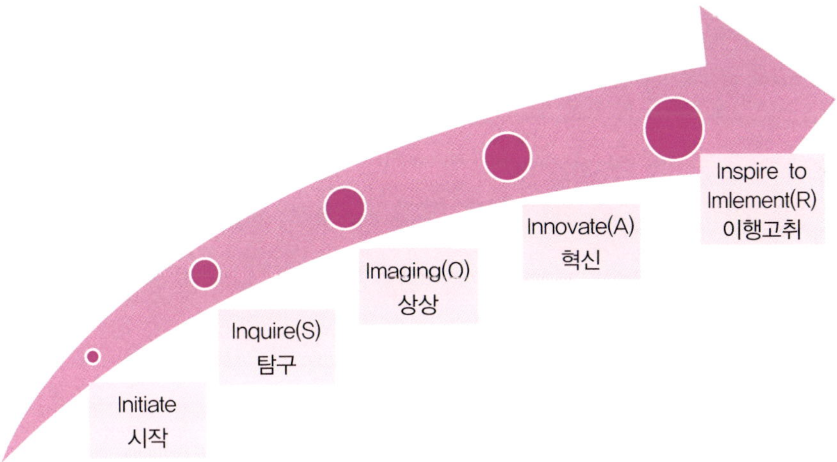

그림 1-2 5-I 접근방식

기관에서 SOAR 분석을 위한 전략을 수립할 때, 다음과 같은 서식을 활용하여 전문성을 갖추기를 추천한다.

<table>
<tr><th colspan="3">Strengths 전략</th></tr>
<tr><td rowspan="3">• 우리는 무엇을 만들어 낼 수 있는가?
• 조직으로서 무엇이 최고의 자부심인가? 그것은 우리가 가진 최선의 강점을 어떻게 반영하는가?
• 무엇이 우리를 독보적이게 하는가? 우리의 세계에서 우리가 가장 잘할 수 있는 것은 무엇인가?
• 지난 1~2년 동안 우리가 만든 최고의 성취는 무엇인가?
• 결과를 획득하기 위해 우리의 강점을 우리는 어떻게 사용하는가?
• 현장의 현실 속에서 우리의 강점을 어떻게 적용하는가?
• 우리의 고객과 업계와 기타 잠재적 이해관계자들을 위해 행동하거나 제공하는 세계적인 수준의 것은 무엇인가?</td><td>소프트웨어</td><td></td></tr>
<tr><td>하드웨어</td><td></td></tr>
<tr><td>휴먼웨어</td><td></td></tr>
</table>

<table>
<tr><th colspan="3">Opportunity 전략</th></tr>
<tr><td rowspan="3">• 이해관계자는 무엇을 요구하는가?
• 외부의 영향력과 동향으로 인해 제공된 기회를 우리는 어떻게 이해하고 있는가?
• 우리의 노력을 집중해야 할 최상위 3가지 기회는 무엇인가?
• 고객, 직원, 주주 및 지역사회를 포함한 이해관계자의 욕구를 가장 잘 충족시킬 수 있는 방법은 무엇인가?
• 도전을 기회로 볼 수 있는 재구조화 방법은 무엇인가?
• 앞으로 나아가려면 어떤 새로운 기술이 필요한가?</td><td>소프트웨어</td><td></td></tr>
<tr><td>하드웨어</td><td></td></tr>
<tr><td>휴먼웨어</td><td></td></tr>
</table>

<table>
<tr><th colspan="3">Aspiration 전략</th></tr>
<tr><td rowspan="3">• 우리는 무엇에 대해 깊이 관심을 기울여야 하는가?
• 우리의 가치와 포부를 탐색할 때, “우리는 무엇에 대해 깊은 열정을 가지고 있는가?”
• 강점과 기회에 대한 대화를 반영하기
• 우리는 누구이며, 어떤 존재가 되어야 하며, 그리고 앞으로 어디로 갈 것인가?
• 우리가 추구하는 가장 매력적인 포부는 무엇인가?
• 우리의 포부를 지원할 전략적 계획(예: 프로젝트, 프로그램, 프로세스)은 무엇인가?</td><td>소프트웨어</td><td></td></tr>
<tr><td>하드웨어</td><td></td></tr>
<tr><td>휴먼웨어</td><td></td></tr>
</table>

<table>
<tr><th colspan="3">Results 전략</th></tr>
<tr><td rowspan="3">• 우리가 성공하고 있다는 것을 어떻게 알 수 있는가?
• 우리의 강점, 기회 및 포부를 감안하여, 우리가 목표를 달성하기 위해 노력하고 있다는 것을 어떤 의미 있는 지표가 보여주는가?
• 이익, 사람, 세계 등의 3중 핵심적 결과를 나타내는 지표(3~5개 정도)는 무엇인가?
• 극도로 중요한 프로젝트를 수행하기 위해 필요한 자원은 무엇인가?
• 우리의 목표를 달성한 사람들을 지원하기 위한 최고의 보상은 무엇인가?</td><td>소프트웨어</td><td></td></tr>
<tr><td>하드웨어</td><td></td></tr>
<tr><td>휴먼웨어</td><td></td></tr>
</table>

그리고 분석에서 그치는 것이 아니라, 이에 다른 대응전략을 모색하여 같이 제시하는 것도 좋은 방법으로 추천하는 바이다.

3) 주요 청소년 관련 정책 분석

많은 기관에서 주요 청소년관련 정책들을 순서대로 나열하는 경우가 많다.

기관의 정체성이나 사업의 방향성에 부합되는 내용들로만 추려 제시하도록 하고 사업의 필요성, 방향성이 잘 이해될 수 있도록 분석내용을 타당하게 논리적으로 제시해야 한다.

3 중장기 발전계획 수립 운영방안을 정해보자

중장기 발전계획 수립 운영방안으로는 TF team 구성, 연구용역 의뢰, 전 직원 회의 등의 세 가지 방식이 현재 많이 사용되고 있다.

① TF team 구성: 모든 직원이 중장기 발전계획을 수립하는 것이 아니라, TF를 구성하여 그 구성원들 위주로 일련의 회의를 소집하고 운영하는 형태이다. 물론 TF 구성원들이 각 팀으로 돌아가서 의견을 수합하여 다시 회의구조에서 논의되는 형태로도 운영할 수 있다. 중간관리자급 이상이 TF team의 팀원으로 구성되는 경우가 많다.

② 연구용역 의뢰: 아예 전문기관이나 전문인력을 섭외하여 기관에 대한 외부자적 시각에서 기관을 보다 냉철히 분석하고 발전방향을 모색하는 방법이다. 장점은 조직 내부 직원들의 수고를 경감할 수 있고 다양한 차원의 정보들을 수집할 수 있으며 내부에서 매몰되어 미처 파악되지 못한 부분을 발견할 수 있다는 점이다. 반면 단점은 비용이 들고 기관의 조직문화적 환경으로 비롯한 문제를 면밀히 들여다 볼 수가 없어 궁극적인 문제를 해결할 수 없으며 이상적인 측면에서만 내용들이 제안될 수 있다.

③ 전직원 회의구조: Bottom-up 방식으로 모든 직원이 중장기 발전계획 수립에 동참하는 형태이다. 팀별로 먼저 모여 의견 수합 후, 전체회의 구조에서 논의되는 형태로 시간과 업무 load가 부담스럽지만 직원들의 참여로 결속력과 응집력이 강화되고 소통문화가 자연스럽게 형성되는 장점이 생성될 수 있다. 반대로 역효과가 날 수도 있다.

4 중장기 발전계획 구성요소를 확인하고 갖추자

중장기 발전계획은 과거에는 10년에서 5년까지를 생각하였으나, 최근 기술환경의 급속한 변화로 인해 2~3년, 최장 5년을 추천한다. 5년 수립했을 경우 중간 지점에서 한번 더 수정을 하거나 업그레이드하기를 추천한다.

① 비전(vision)과 미션(mission): 조직이 장기적으로 지향하는 목표, 가치관, 이념 등을 통칭한다. 개념적 속성이 명확하지 않아 비전에 대한 다양한 정의가 존재하지만 일반적으로 비전은 조직이 앞으로 어떻게 되어야 하는지에 대한 이상적인 모습을 보여준다. 비전은 기업 실무에서 미션(mission, 임무)과 큰 구분 없이 사용되기도 하지만 학술적으로는 미션과 구분되는 개념이다. 미션이 조직의 존재 이유로서 기업이 생존하는 한 절대 변하지 않는 목적이라면 비전은 오랜 기간 동안 유지되지만 정기적으로 변하는 요소로서, 조직의 미래 바람직한 모습을 표현한 것이다. 다시 말해, 특정 미래 시점에 걸맞는 기업의 위상을 미리 정해놓은 것이 비전이 된다. 비전은 조직의 목표수립 및 전략 개발의 가이드로

작용하며 리더 의사결정과정에서 준거체계가 된다. 또한 모든 구성원들이 공유하는 정신적인 체계를 제공하는 역할을 하며 리더가 사회적 영향력을 발휘하는 데 도구가 되기도 된다(네이버 지식백과: 비전).

② 핵심가치(core value): 핵심가치는 먼저 업무 가치관에 대한 자기 인식을 수행하고, 조직구성원 간 핵심가치를 성찰/형상화 및 액션플랜화하여 내재화하는 것이 바람직하다.

③ 전략(계획)목표(strategic planning objective): 정책이나 기타 장기적으로 수행하여야 할 필요가 있는 노력에 관하여 중 · 장기 계획의 형태로 기술한 목표를 의미한다. 전략적 계획 목표들은 개선된 조건이나 환경을 예측하되 숫치, 시간, 비용에 관한 내용을 포함하게 된다. 전략적 계획 목표 수립시, 전략 계획은 비전과 그 실현을 위한 목표를 창출하여야 하며, 이 때 목표들은 정기적으로 평가하여 수정될 수 있는 것, 실질적인 것이라야 한다(네이버 지식백과: 전략적 계획목표).

④ 전략과제(strategic task): 전략과제는 국어사전에 따르면 어떤 목적의 달성을 위한 방법이나 책략으로서 설정되는 과제를 말한다.

5 청소년 수련시설 평가지표틀을 잘 유념하자

청소년 수련시설로서의 인정과 지속을 갖기 위해서는 어찌되었든 국가에서 시행하는 여러 평가를 잘 받는 것이 중요하다. 평가 편람을 잘 정독하여 미리미리 평가지표에 부합하는 서류들을 잘 준비해 두는 안목을 갖도록 해야 한다.

청소년 수련시설 평가 편람

◘ 평가방향

[청소년수련관]: 청소년수련관은 지역 청소년활동의 중심기관으로서 설립 취지를 실현하고 목표를 달성할 수 있는 발전계획을 수립하여 체계적으로 계획을 실행해야 한다.

[청소년문화의집]: 청소년문화의집은 지역 청소년활동의 중심기관으로서 설립 취지를 실현하고 목표를 달성할 수 있는 발전계획을 수립하여 체계적으로 계획을 실행해야 한다.

[청소년특화시설]: 청소년특화시설은 청소년의 다양한 성장을 위해 특정 목적의 청소년활동을 전문적으로 실시할 수 있는 시설과 설비를 갖춘 시설로써 특화시설의 설립 취지를 실현하고 목표를 달성할 수 있는 발전계획을 수립하여 체계적으로 계획을 실행해야 한다.

● 중 · 장기발전계획의 개념

- 청소년특화시설이 중 · 장기 기간(평균 3년 또는 5년 정도, 위탁기간 등) 동안 이루고자 하는 목표나 방향, 사업 및 기관 경영 등 분야별 추진계획을 문서화한 것을 의미함
- 중 · 장기 기간 동안 각 기관별 운영기반과 지역사회 및 이용자 특성 등을 고려하여 성취하려는 목표와 전략, 분야별 계획, 단계별 추진방안을 포함하여 작성함

● 평가의 중점 사항

- 중 · 장기 발전계획은 세부사업에 대한 추진방안의 평가보다 거시적인 관점에서 장기적인 발전목표(정량 · 정성)를 수립하여 단계적으로 계획을 추진하는지 종합적 관점에서 평가함
- 지역을 기반으로 하는 청소년활동 정책과 지원의 중추기관으로서 청소년특화시설의 설립 취지에 따른 정체성 및 기능 강화를 위한 노력을 중심으로 평가함
- 평가요소 2): 청소년 정책 기본계획 또는 지방자치단체의 청소년 정책 목표와 연계해서 합리적인 중 · 장기 발전목표를 제시하는 경우 인정

● 평가자료의 범위

- 공식적인 내부결재 또는 공식 발표 등 해당 특화시설의 발전계획으로 공인할 수 있는 과정을 거친 공식 계획서를 평가 대상으로 함
- 수립 시점 및 적용 기간의 범위: 평가 전년도 12월 이전에 수립된 계획서를 기준으로 함
- 평가 대상 기간 중 운영기관이 변경된 경우는 변경된 기관의 계획서로 평가 가능
- 위탁시설의 경우 수탁제안서에 포함된 중장기발전계획도 인정
- 직영시설의 경우 지자체 자체의 정책계획과 별도로 해당 시설별로 수립된 독립적인 발전계획서를 평가의 대상으로 함
- 계획의 승인, 예산반영 부분을 공식적으로 승인 또는 협조가 이루어진 것

요소 항목	평점 기준				
1) 청소년 정책 및 환경을 분석하여 체계적으로 계획을 수립하였다.	5	4	3	2	1
2) 중 · 장기 발전목표가 구체적으로 제시되어 있다.	5	4	3	2	1
3) 분야별 추진계획이 체계적으로 제시되어 있다.	5	4	3	2	1
4) 특성화 계획이 명확하게 제시되어 있다.	5	4	3	2	1
5) 발전계획에 적합하게 연도별 예산계획이 수립되어 있다.	5	4	3	2	1
6) 중장기목표에 대한 이행관리(성과평가 등) 체계가 구체적으로 제시되어 있다.	5	4	3	2	1
총점 = 점 / 평균점수 = 점					

6 특성화 전략 수립하기

1) 지역사회 특성 잘 분석하기

특성화 전략을 잘 수립하기 위해서는 무엇보다 지역사회를 잘 분석하는 것이 필요하다. 지역사회 청소년 인구, 초 · 중 · 고 학교 현황, 지역 청소년의 특성, 기관을 둘러싼 지역의 이용 청소년 특성, 그 지역 청소년문제 혹은 이슈, 학부모의 욕구, 청소년 관련 공적 · 민간단체들의 현황 및 강점, 이해관계자들의 욕구, 기관의 강점 · 장점, 기관을 둘러싼 환경적 특성 등을 먼저 잘 파악하도록 한다. 하여 다른 지역이 아닌 우리 지역에서, 다른 기관이 아닌 우리 기관에서 이 사업을 꼭 실시할 수밖에 없는 필요성, 중요성, 당위성을 논리적으로 확보하도록 해야 한다. 이때 자료들은 시 · 구청 홈페이지, 교육부, 여성가족부, 통계청(인구 통계), 청소년백서 등의 2차자료들을 활용하여 객관화된 정보를 마련하도록 한다.

2) 청소년에 영향을 미치는 시대 트렌드 파악 및 분석

다음으로 청소년이나 청소년문화에 영향을 미치는 시대적 트렌드에 관한 정보를 잘 수집하고 이를 본인이 개발하고 싶은 사업이나 프로그램과 잘 연계시키도록 해야 한다. 최신의 사회변화 기술, 교육 및 청소년 관련 정책, 문화예술, 대중매체, 소비 및 언어, 디지털문화 등을 민감하게 잘 파악하도록 해야 한다. 다음의 예시자료를 참고로 보자.

[예시자료 1] 2024년 10대 소비 트렌드 키워드

- **D분초사회**: 1분 1초가 아까운 세상, 소유 경제 → 경험 경제로 나아감
- **R호모 프롬프트**: AI에게 인간이 던지는 질문, 사색과 해석력을 겸비한 인간
- **A육각형 인간**: 외모, 학력, 자산, 직업, 집안, 성격 / 강박적인 완벽함
- **G버라이어티 가격 전략**: 소비자의 지불 의향을 정확히 파악하는 빅데이터의 활용과 실시간으로 모든 변수를 측정해내는 AI의 발달로 일물일가에서 일물N가로 변화, 최저가가 아닌 최적가 중요
- **O도파밍**: 엉뚱하고 기발하며 지극히 무의미한 일들이 주목을 끌며 역대급 도파민 매번 기록 갱신, 재미 수집
- **N요즘 남편 없던 아빠**: '요즘 남편'은 30-40대 초반 밀레니얼세대 남성들을 지칭하고, '없던 아빠'는 기성세대에게는 낯설기 그지없는 육아 마인드를 갖춘 남성들을 의미
- **E스핀오프 프로젝트**: 원작에서 파생되어 나온 작품을 지칭하는 스핀오프 프로젝트가 개인의 경력 개발 영역으로 확대, 사이드 프로젝트(지금 하고 있는 일의 연장선상에서 자신의 새로운 경력으로 발전시킬 수 있는 자기계발의 적용 시도)를 통해 실패에 대한 부담이 적고 성공할 경우 예상 밖의 성과 기대
- **Y디토소비**: Ditto, 나노라는 의미에서 나의 가치관, 취향을 오롯이 반영하는 사람, 콘텐츠, 유통 채널의 선택을 따라 구매 의사결정
- **E리퀴드폴리탄**: 유목적 라이프스타일 구가, 하나 지역의 고정된 공간이 아니라 이동하고 흐르는 유연한, 관계인구에 방점을 찍는 리퀴드폴리탄이 주목
- **S돌봄경제**: 누구나 돌봄으로 엄마도 엄마가 필요한 세상, 돌봄경제는 바로 나의 문제인 동시에 우리 조직과 사회의 경쟁력으로 사회적 약자만이 아닌 누구에게나 해당되는 서비스로 진화

[예시자료 2] 뉴타입의 시대

철학과 예술에서 비즈니스 인사이트를 찾는 일본 최고의 전략 컨설턴트인 야마구치 슈(2020)는 『뉴타입의 시대』라는 책에서 다음과 같이 내용들을 제시하고 있다. 여기에서 뉴타입이란 시대의 논리와 질서에 얽매이지 않고 유연하게 지식과 교양을 리셋하며 새로운 시대의 의미와 가치, 부를 창출해내는 사고, 행동의 패러다임을 의미한다. 야마구치 슈는 변화를 만든 6가지 메가트렌드를 다음과 같이 제시하고 있다. 첫째, 물질은 풍요롭지만, 삶의 방향성을 잃어갔다. 둘째, 정답을 찾는 일보다 문제를 발견하는 일이 중요해졌다. 셋째, 수요를 넘어서는 쓸모없는 일자리와 노동이 대두되었다. 넷째, 사회 전반에 변동성, 불확실성, 복잡성, 모호성이 넘친다. 다섯째, 규모의 경제가 더 이상 통하지 않는다. 마지막으로 인생은 길어지고 기업의 수명은 짧아졌다. 따라서 올드타입에 비해 뉴타입의 사고와 행동양식이 표와 같이 달라져야 한다고 제시한다.

■ 올드타입과 뉴타입의 사고와 행동양식

올드타입	뉴타입
정답을 찾는다	문제를 찾는다
예측한다	구상한다
성과지표로 관리한다	의미를 부여한다
생산성을 높인다	놀이를 접목한다
규칙에 따른다	자신의 철학에 따른다
한 조직에 머문다	조직 사이를 넘나든다
철저히 계획해서 실행한다	우선 시도한다
빼앗고 독점한다	나눠주고 공유한다
경험에 의지한다	학습능력에 의지한다

그리고 뉴타입과 관련하여 가치, 경쟁, 일 방식, 전략, 학습력, 조직운영 등에서 올드타입 방식에 비하여 뉴타입의 방식을 제안하고 있다.

■ 뉴타입의 가치: 해결하지 말고 문제를 발견하라

구분	올드타입	뉴타입
문제발견 문제를 풀기보다 발견해 제안한다.	문제가 주어지기를 기다려 정답을 찾는다.	문제를 발견해 제안한다.

과제설정 혁신적인 해결책보다 탁월한 과제를 만들어낸다.	과제를 마주하지 않고 혁신이라는 수단에 집착한다.	수단에 집착하지 않고 과제의 발견과 해결에 주목한다.
구상력 미래에 대한 예측 대신 미래를 구상한다.	미래를 예측한다.	미래를 구상한다.

뉴타입의 경쟁: 쓸모가 아닌 의미 있는 일에 집중하라

구분	올드타입	뉴타입
의미의 힘 일의 의미를 제시해 동기를 부여한다.	목표치를 부여하고 핵심성과지표로 관리한다.	의미를 제시하고 동기를 부여한다.
한계비용 제로 하고 싶은 일에 철저하게 집중한다.	규모를 추구하고 시장에 아부한다.	자신이 하고싶은 일에 집중한다.
포지셔닝 의미 있는 상품으로 독자적 시장을 공략한다.	도움이 되는 상품으로 차별화한다.	의미 있는 상품으로 차별화한다.
리더십 공감할 수 있는 목적과 이유를 제시한다.	방법(How)을 제시하며 타인에게 지시와 명령을 한다.	목적(what)과 이유(why)를 제시하여 타인의 능력을 이끌어낸다.
논리와 직감 논리와 직감으로 의사결정의 질을 높인다.	논리에만 의존하고 직감을 멀리한다.	논리와 직감을 상황에 따라 적절히 사용한다.
우연성 의도적으로 전략적 우연성을 채택한다.	생산성을 높인다.	일에 놀이를 접목한다.
미의식 규칙보다 자신의 감각을 따른다.	조직의 규칙과 규범을 비판없이 받아들여 행동한다.	자신의 도덕과 가치관에 따라 '제뜻대로' 행동한다.
의사결정 여러 기준을 살피며 동시에 균형을 잡는다.	양적인 향상을 지향한다.	질적인 향상을 지향한다.

■ **뉴타입의 일방식: 자신이 빛나는 자리를 찾아 움직여라**

구분	올드타입	뉴타입
이동성 복수의 조직을 넘나들며 일한다.	하나의 조직에 소속되어 안주한다.	조직 사이를 넘나들면서 활약한다.
노력과 성과 자신의 가치가 높아지는 곳에서 노력한다.	지금 있는 곳에서 열심히 노력한다.	이길 수 있는 곳에서 최선을 다한다.
동기부여 하고 싶은 일을 할 수 있는 자리를 찾는다.	남의 명령에 따라 일한다.	자신의 호기심에 따라 자발적으로 일한다.
지식과 경험 프로와 아마추어의 의견을 동등하게 대한다.	프로의 의견만 중요시한다.	아마추어의 의견에도 귀를 기울인다.

■ **뉴타입의 전략: 공유와 탈출을 두려워 마라**

구분	올드타입	뉴타입
커리어 방대하게 시도하고 잘된 것만 남긴다.	치밀하게 계획한 후, 끈기 있게 실행한다.	일단 시도하고, 실패하면 다시 시도한다.
엑시트 인생의 풍요로움은 탈출을 잘 하느냐에 달려 있다.	한군데 정착해서 노력한다.	바로 탈출해 다른 각도에서 다시 시도한다.
공유와 증여 공유하고 나누는 사람의 최종 이익이 커진다.	빼앗아 독점한다.	나누고 공유한다.

■ **뉴타입의 학습력: 철 지난 지식의 패턴을 리셋하라**

구분	올드타입	뉴타입
기초교양 상식을 상대화하여 양질의 질문을 만든다.	과학에 의존해서 관리한다.	기초교양을 활용해 구상한다.
깨달음 타인을 자신을 바꾸는 계기로 삼는다.	요약해서 이해한다.	귀 기울여 공감한다.

언런 고생해가며 익힌 지식의 패턴을 버린다.	경험에 의지해 아는 척한다.	경험을 리셋하여 학습을 계속한다.

■ **뉴타입의 조직운영: 낡은 권력 대신 새로운 시스템을 구상하라**

구분	올드타입	뉴타입
권력 이동성을 높여 쇠퇴한 조직을 없앤다.	분위기를 파악하고 동조하며 알아서 대우한다.	의견을 내고 퇴장한다.
상사와 부하 권위가 아닌 문제해결로 행동한다.	사대의 지위나 직함에 따라 행동이 달라진다.	상대의 지위나 직함에 관계없이 일관성 있게 행동한다.
탈구조 시스템에 굴복하지 않고 시나리오를 다시 쓴다.	시스템에 비판 없이 최적화한다.	시스템을 비판하고 수정한다.

[예시자료 3] 인공지능과 교육에 관한 방향성

IBM의 오픈 리더보드에 따르면, 인공지능은 2020년대 초까지 더 깊이 있는 학습의 역량을 갖추고 2030년 초반에는 지원, 협업, 코칭 및 중재 역량까지 갖출 것으로 예측된다.

■ **인공지능의 발전 예측**

<table>
<tr><th colspan="2">세계 인식</th><th colspan="2">인지 발달</th><th colspan="2">관계 정립</th><th colspan="2">역할 수행</th></tr>
<tr><td>패턴 인식</td><td>동영상 이해</td><td>기억</td><td>추론</td><td>사회교류</td><td>유창한 대화</td><td>조력&협력</td><td>감독&멘토</td></tr>
<tr><td colspan="4">훈련 데이터와 탐색으로 배우기(최적화)</td><td colspan="4"></td></tr>
<tr><td colspan="2"></td><td colspan="4">보고 읽으며 배우기(교육)</td><td colspan="2"></td></tr>
<tr><td colspan="2"></td><td colspan="2"></td><td colspan="4">실행하고 책임지며 배우기(탐색)</td></tr>
<tr><td>2015</td><td>2018</td><td>2021</td><td>2024</td><td>2027</td><td>2030</td><td>2033</td><td>2036</td></tr>
</table>

출처: Jim Spoher, IBM, Wayne Holmes · Maya Bialik · Charles Fadel 저, 정제영 · 이선복 편역(2021), 인공지능 시대의 미래교육, 서울: (주)피와이메이크, 재인용 p.11.

또한 인공지능시대의 미래교육 중 미래학교의 변화 방향성이 대량교육 시스템(Mass education system)에서 개인별 학습 시스템(Personal learning system) 변화되기 때문에 이에 걸맞는 청소년 교육문화 사업이라든지 활동 프로그램 등이 개발되어야 할 것이다.

미래학교의 변화

구분	대량교육 시스템 (Mass education system)		개인별 학습 시스템 (Personal learning system)
학교의 역할	• 사회 구성원의 양성 • 상급 학교의 진학		• 학생의 개별적 성장 • 지속적 학습 경험 축적
교육과정	• 표준화된 국가 교육과정		• 개인별 교육과정 • 무학년제
교수 · 학습과정	• 교사 주도 • 지식 전달 중심	⇒	• 학생 중심 • 지식 기반의 프로젝트 학습
평가방식	• 총괄평가, 상대평가		• 과정평가, 절대평가
교사의 역할	• 지식의 전달자 • 엄정한 평가자		• 개인별 학습 시스템 디자이너 • 학습의 조력자, 설계자
학교 공간	• 지식전달 편의형 • 효율적 관리 중심		• 창의적 학습촉진형 • 학습 효과 중심

출처: Maya Bialik, Charles Fadel 저, 정제영 · 이선복 편역(2021), 인공지능시대의 미래교육, 서울: (주)피와이메이크, p.241.

그러면서도 인공지능을 위한 접근법으로 사고와 행동은 인간다움을 추구함과 동시에 합리적 사고와 행동이 가능하도록 방향성을 설정해야 할 것이다.

인공지능을 위한 접근법

	인간다움(Human-like)	합리적(control)
사고	인간처럼 사고함. 의사결정, 문제해결과 같은 인간의 인지능력 자동화시킴	합리적으로 사고함. 지각과 추론의 전산모델
행동	인간처럼 행동함. 이미지와 음성인식 등과 같은 비성찰(non-reflective) 능력을 자동화시킴	합리적으로 행동함. 지능적인 행위를 할 수 있는 인공물은 지능형 에이전트(intelligent agents)를 설계함

출처: CCR based on Russell and Norvig, Artifical intelligence, p.2, Maya Bialik · Charles Fadel 저, 정제영 · 이선복 편역(2021), 인공지능시대의 미래교육, 서울: (주)피와이메이크, 재인용 p.298.

미래사회의 청소년 프로그램은 보다 융합적인 목표를 달성할 수 있도록 기획될 수 있는데 청소년들이 달성할 수 있는 역량은 CCC(Center for Curriculum Redesign)의 융합적 주제(Cross-cutting themes)로 제시되고 있는 환경 리터러시, 글로벌 리터러시, 시민 리터러시, 정보 리터러시, 디지털 리터러시, 시스템 사고력, 디자인 사고력, 컴퓨팅 사고력 등이 될 수 있다. 또한 CCC의 접근 방식과 유사한 개념중심체계와 비교한 내용들은 다음과 같이 제시하였으니 참고하기 바란다.

■ **CCC의 접근방식과 유사한 개념중심체계 비교방법**

<table>
<tr><th></th><th>개념 중심 교육 (concept –based education)</th><th>빅 아이디어 (big idea)</th><th>문지방 개념 (threshold concept)</th><th>개념 목록 (concept inventories)</th><th>연구 프로젝트 (inquiry project)</th><th>CCR</th></tr>
<tr><td>학제간 (interdisciplinary)</td><td>거시 개념</td><td>정의란 무엇인가와 같이 중요하고 지속적이고 논쟁이 흥미롭고 계속 변화하는 본질적 질문들</td><td>상전이(phase transition)와 같은 학제간 문지방 개념, 문지방 개념들은 교육과정에서 수평적 또는 수직적으로 통합될 수 있다.</td><td>없음</td><td>개념들 간에는 상호관련이 있다. 예를 들어 “수학은 과학과 밀접한 관련이 있다.”</td><td>핵심 개념 (주제)</td></tr>
<tr><td>학문 (disciplinary)</td><td rowspan="2">이론 원리 일반화 미시 개념</td><td>시공간에는 얼마나 많은 차원이 있을까와 같이 기초적이고 빅 아이디어와 학문의 최첨단을 지향하는 본질적 질문들</td><td>문지방 개념들은 일반적으로 학문 안에서 정의되며 혁신적, 통합적, 비가역적, 제한적이고 학생들에게 힘들 수 있다.</td><td>개념 목록은 학문 안에서 개발되지만 그러한 개념들은 그 학문에서 널리 쓰일 수도 안 쓰일 수도 있다.</td><td rowspan="2">학습성취(learning pro-gressions)는 경험적으로 결정되고 서로 다른 스케일의 개념들을 다룬다.</td><td>핵심 개념 (학문)</td></tr>
<tr><td>분야 (branch)</td><td>빛은 어떤 식으로 파동처럼 행동할까와 같이 핵심 내용을 배우는 데 필요하고 내용 자체를 깊게 생각해볼 수 있는 본질적 질문들</td><td>분야와 학문의 문지방 개념은 거의 구별이 되지 않으며 모두 미시적인 문지방 개념으로 불린다.</td><td>대부분의 개념 목록들은 분야 또는 주제의 수준에서 정해진다. 예를 들어 전자공학 개념 목록은 장(field), 파동(wave), 장파 파동(field and wave)이라는 세 가지 하위 평가영역을 가진다.</td><td>핵심 개념 (분야)</td></tr>
</table>

출처: CCR based on Russell and Norvig. Artifical intelligence, p.2, Maya Bialik · Charles Fadel 저, 정제영 · 이선복 편역(2021), 인공지능시대의 미래교육, 서울: (주)피와이메이크, 재인용 p.92.

또한 지도학습, 비지도학습, 강화학습의 3가지의 머신러닝 카테고리도 프로그램 개발 시 충분히 활용될 수 있다.

3가지의 머신러닝 카테고리: 지도학습, 비지도학습, 강화학습

카테고리	특징	목표	알고리즘의 예
지도 학습	레이블(Label)이 붙은 데이터로부터 학습	자동으로 새로운 데이터에 레이블을 붙이는 것	• k-최근접 이웃 알고리즘(k-nearest neighbors) 선형 회귀(linear forest) 서포트 백터 머신(support vector macniness)
비지도 학습	레이블(Label)이 붙지 않은 데이터로부터 학습	자동으로 데이터의 패턴(클러스터)을 인식하는 것	• k-평균 군집화(k-means clustering) • 계층적 군집화(hierarchical clustering) • 주성분 분석(principal component analysis) • 특이값 분해(singular value decomposition)
강화 학습	보상(rewards)과 처벌(punishments)에 의해 점진적으로 학습	모델의 결과를 점진적으로 향상시키는 것	• Q-학습(Q-learning) • State-Action-Reward-State-Action • 심층 Q 네트워크(Deep Q Network)

출처: Maya Bialik · Charles Fadel 저, 정제영 · 이선복 편역(2021), 인공지능시대의 미래교육, 서울: (주)피와이메이크, p.329.

생각해볼 문제

- 기관에 대한 중장기 발전계획 수립도 중요하지만, 자기 자신에 대한 중장기 발전계획도 같이 도모하기를 추천한다. 기관의 정체성, 기관의 비전 등이 자신이 추구하는 삶의 철학, 가치, 방향성, 비전과도 부합되는지 등을 고민하고 그 정체성을 확립해야 추후 이직하게 되더라도 당당한 이직의 사유로 아름다운 이직을 만들 수 있다.

참고문헌

윤성호(2021). **사회복지 프로그램 개발과 평가**. 경기: 양서원. pp.169-184.

한국청소년정책연구원(2023). **청소년수련시설평가편람**. 세종: 한국청소년정책연구원.

CCR based on Russell and Norvig. Artifical intelligence, p.2.

Jim Spoher, IBM, Wayne Holmes · Maya Bialik · Charles Fadel 저, 정제영 · 이선복 편역(2021). **인공지능시대의 미래교육**. 서울: (주)피와이메이크. 재인용 p.11.

Maya Bialik, Charles Fadel 저, 정제영 · 이선복 편역(2021). **인공지능시대의 미래교육**. 서울: (주)피와이메이크. p.92, p.241, p.329.

네이버 지식백과: 비전 [Vision]
(두산백과 두피디아, https://terms.naver.com/entry.naver?docId=5684203&cid=40942&categoryId=31910 2024-01-16일자 검색)

네이버 지식백과: 전략적 계획목표 [戰略的計劃目標, Strategic Planning Objective]
(HRD 용어사전, 2010. 9. 6., (사)한국기업교육학회, https://terms.naver.com/entry.naver?docId=2178675&cid=51072&categoryId=51072 2024-02-02일자 검색)

CHAPTER

02 청소년 프로그램 기획에서 평가까지

FOCUS ON PRACTICE

YOUTH PROGRAM

DEVELOPMENT AND EVALUATION

학습목표

1. 청소년 프로그램 개발 및 평가와 관련된 기본 개념들을 이해할 수 있다.
2. 청소년 프로그램 개발의 각 단계를 이해하고 각 단계에서의 과업들을 확인할 수 있다.
3. 청소년 프로그램 평가의 중요성을 상기할 수 있다.

핵심키워드

청소년 프로그램 개발 과정, 계획과 기획, 프로그램 평가

이 장에서는 청소년 프로그램 개발과 평가에 관한 전반적인 기초 지식을 학습하도록 한다. 즉 청소년 프로그램에 관한 개념 정의에서부터 기획과 계획 그리고 프로그램 개발의 각 과정에서 반드시 알아야 할 기본적인 개념에서부터 과업, 과정, 실행, 평가에 이르는 제반 지식을 쌓도록 한다.

1 프로그램 개발과 평가의 중요성

청소년실천 현장에서 프로그램 개발과 평가가 중요한 과업으로 등장하고 청소년지도사의 역할 가운데 기획의 역할이 강조되기 시작한 배경에는 책무성의 위기(crisis of accountability)라는 역사적 현상에 기인한다(김상곤 · 최

승희 · 안정선, 2014: 19). 1997년 IMF 이후 사회복지 공급 주체가 다원화되면서 종교기관, 시민단체의 사회복지 참여가 확대되었고 이에 따라 청소년실천현장도 함께 사회복지 공급 조직에 대한 민간 위탁이 증가하여 서비스 공급 주체들 간의 경쟁이 가속화되었다. 또한 청소년 관련 단체나 기관이 위탁받은 시설이 평가를 받게 되면서 책무성을 입증하도록 제도화하여 청소년 관련 조직의 투명성과 전문성, 효과성 강화 노력이 중요한 관심사로 등장하였다(김상곤 · 최승희 · 안정선, 2014: 23). 청소년 프로그램은 대부분 외부의 자원제공자(정부 · 후원자 등)들과 청소년에게 프로그램 운영을 위한 비용을 의존하고 있으며, 청소년 전문직은 이러한 외부 자원에 대한 프로그램의 효율성을 프로그램의 효과성과 더불어 가시화해야 할 책임을 이행해야만 하는 도전에 직면하고 있다.

프로그램 개발과 평가를 학습하면서 책무성의 영역을 어떻게 활용할 것인가는 중요한 이슈이다(김상곤 · 최승희 · 안정선, 2014: 19). 먼저 영향 책무성은 프로그램이 성취하고자 하는 목적과 목표를 어느 정도 달성했는지, 프로그램 실행을 통해서 지역사회에 얼마나 긍정적인 영향을 미치고 있는지를 보여줌으로써 실천해 나갈 수 있다. 따라서 청소년지도사는 프로그램을 기획할 때, 사회문제와 욕구를 잘 분석하고 성취하고자 하는 목적과 목표를 명확하게 규명해야 한다. 그리고 최상의 대안을 개발 · 운영함으로써 목적과 목표를 성취하고, 체계적인 평가를 통해 목적과 목표 달성은 물론 사회적으로 기여한 영향까지 증명할 수 있어야 한다.

대상자 책무성은 프로그램의 기획과정에서 합리적인 과정을 통해 적합한 대상자를 선정하고, 적절한 규모의 대상자들에게 서비스를 제공함으로써 실천할 수 있다. 이를 위해 청소년지도사는 프로그램을 통해 문제나 욕구를 해결하고자 하는 표적집단의 특성과 규모 파악, 명확한 대상자 선정기준과 과정 마련, 청소년의 접근성을 높이기 위한 노력 등을 통해서 적합하고 적절한 규모의 청소년에게 서비스를 제공할 수 있어야 한다.

서비스 전달 책무성은 프로그램과 관련된 전문인력이 계획된 서비스를 충분하게 제공함으로써 실천할 수 있다. 청소년지도사는 프로그램과 관련된 분야 내외부의 전문인력을 활용하여야 하며, 계획한 세부활동이 충분하게 이루어질 수 있도록 하여야 한다. 그리고 목표한 서비스 산출 목표를 충실하게 달성할 수 있도록 노력해야 한다.

효율성 책무성은 서비스 단가와 관련된 것으로서 적정한 투입으로 최적의 산출 및 성과를 올림으로써 실천하게 된다. 청소년지도사는 동일한 비용을 투입해서 산출과 성과를 높이거나 동일한 산출과 성과를 유지하면서 투입 비용을 절감하기 위한 노력을 해 나가야 한다.

재정 책무성은 프로그램 운영의 투명성과 신뢰성과 관련된 것으로 적법한 절차에 따라 적절하게 예산을 집행함으로써 실천하게 된다. 청소년지도사는 예산 및 회계 규칙에 따라 투명하게 예산을 집행하도록 해야 한다.

법적 책무성은 프로그램과 관련된 법적인 기준이나 지침을 준수함으로써 실천하게 된다. 이를 위해 청소년지도사는 자신이 속한 조직이나 프로그램 관련의 법적 기준이나 지침을 숙지하고 있어야 하며 법적·윤리적 책임을 다해야 한다.

표 2-1 **책무성의 영역**

영역	정의	관련 질문
영향 책무성	프로그램 관리자가 내부적으로 프로그램을 운영하기 위하여 또는 외부적으로 프로그램 실천의 정당성을 확보하기 위하여 프로그램의 영향에 대해 입증해야 할 책임	• 프로그램은 의도한 목적과 목표를 달성하고 있는가? • 프로그램은 지역사회에 대해 영향을 미치고 있는가?

대상자 책무성	프로그램 관리자가 표적집단의 수와 특성, 잠재적인 표적집단 중 서비스를 받은 비율, 중도탈락률 등에 관해 지는 책임	• 표적집단으로 계획된 사람들을 돕고 있는가? • 서비스를 받지 말아야 하는 사람들이 서비스를 받고 있는가?
서비스 전달 책무성	계획된 프로그램이 숙련된 전문가에 의해 적절하게 제공되고 있는가에 대한 책임	• 프로그램에서 제공하기로 계획된 내용이 제공되고 있는가? • 적절한 양의 산출물이 제공되고 있는가?
효율성 책무성	다른 프로그램 구성요소나 경쟁하는 자원의 비용에 비해 객관적으로 이익이나 효과성이 있는가를 입증해야 할 책임	• 다른 프로그램 구성요소에 비해 효율적인가? • 다른 경쟁하는 자원에 비해 효율적인가?
재정 책무성	재정보고서를 통해서 재정의 사용을 설명해야 할 책임	• 예산집행 기준에 따라 적정하게 예산을 집행하고 있는가? • 예산집행을 투명하게 하고 있는가?
법적 책무성	공공이나 민간의 모든 프로그램 법률이나 기준을 준수해야 할 책임	• 법에서 제공하는 기준을 준수하고 있는가? • 고지된 동의를 실시하고 있는가? • 비밀보장을 준수하고 있는가?

출처: Rossi & Freeman (1982). pp.79-80, 김상곤, 최승희, 안정선(2014). p.21 재인용.

청소년 프로그램은 그 효과를 평가해내기 어렵다는 논의는 청소년 프로그램이 실제로 효과가 없기 때문이 아니라 프로그램 자체에 평가를 위한 기재를 내포하고 있지 못하거나, 부족하기 때문이라는 주장이 상당한 설득력을 가지고 있는 것으로 보인다. 즉 청소년 프로그램은 설계단계에서부터 실행, 안정화되는 단계에 이르기까지 평가를 전제로 하는 운영을 할 필요가 있다. 이러한 주장에 근거하여 최근의 청소년 프로그램은 과학적인 설계기법과 평가기법들을 도입하여 프로그램의 효율성과 효과성 등을 증명해 내려는 노력을 하고 있다.

스키드모어(Skidmore)는 사회복지조직에서 과학적 설계(계획)가 필요한 이유를 다음과 같이 설명하였는데 청소년실천현장에도 동일하게 적용해볼 수 있다.

첫째, 효율성(效率性)을 높이기 위해서이다. 효율성이란 목표를 경제적으로 달성하는 것을 뜻한다. 청소년조직은 언제나 인력과 재원이 제한되어 있기 때문에 효율적인 운영에 힘써야 한다.

둘째, 수립된 목표를 효과적으로 달성하기 위해서이다. 면밀한 계획과정을 세우지 않고 진행되는 조직활동은 소기의 목적을 달성하기가 어렵다.

셋째, 책임성의 이행을 위해서이다. 즉, 조직활동에 대한 평가를 하기 위해서 이다. 청소년조직의 기본적인 과제는 사회적으로 인정받을 만큼 좋은 서비스를 제공하는 것이다. 이렇게 사회적인 책임을 이행하기 위해서는 용이주도한 계획을 세워야만 한다.

넷째, 조직구성원들로 하여금 직무에 대한 성취감이나 만족감을 가질 수 있도록 하기 위해서이다. 성취감이나 만족감은 조직구성원들이 프로그램의 기획과정에 함께 참여함으로써 얻어질 수 있다.

따라서 청소년 프로그램 개발과 평가 업무가 갖는 중요성을 정리하면 다음과 같다(김상곤 · 최승희 · 안정선, 2014: 23-24).

첫째, 청소년 프로그램 개발과 평가는 청소년지도사가 수행하는 일상적인 업무이다. 기획가로서의 역할은 청소년지도사가 수행해야 하는 본질적인 역할이다. 프로그램 개발과 평가는 청소년지도사가 일상적으로 수행하는 업무로서 업무 수행 빈도와 중요도가 높은 직무다.

둘째, 프로그램 개발과 평가는 청소년조직이 책무성과 효과성을 실현하는 수단이 된다. 청소년조직은 책무성에 기반을 둔 논리적인 프로그램 기획을 통해서 조직의 책무성을 실천하게 된다. 청소년조직은 체계적인 전문적인 프로그램 개발을 통해서 주어진 재원을 가지고 설정된 목적을 얼마나 효율적 · 효과적으로 수행했는지를 입증할 수 있어야 한다.

셋째, 프로그램 개발은 외부에서 사업재원을 마련하게 하는 수단이 된다. 청소년 재원의 축소와 재원 확보를 위한 경쟁이 심화되는 가운데 청소년 재원을 공급하는 주체들은 재원 배분의 방식으로 공모제를 채택하는 경향이 증가하고 있다. 이러한 상황 속에서 좋은 프로그램은 외부에서 프로그램 운영을 위한 재원을 확보하는 수단이 된다. 심지어 조직운영을 위한 재원 확보와도 밀접한 관련이 있어서 조직의 생존과도 직결된다.

넷째, 우수한 프로그램은 청소년조직의 신뢰성과 전문성을 확인하는 수단이 된다. 청소년 재원의 감소와 경쟁의 심화 그리고 공모제 방식의 확산으로 인해 우수한 프로그램은 외부 재원을 확보하는 좋은 수단이다. 이러한 상황으로 인해 우수 프로그램은 외부 자원 유치라는 인식이 형성되고 있으며 나아가서는 프로그램을 통해 외부 자원을 많이 유치하는 조직에 대한 신뢰와 전문적인 기관이라는 인식이 높아지고 있다.

이러한 이유로 청소년지도사들의 기획력은 매우 중요한 능력이다. 따라서 청소년지도사는 기획자로서의 스스로의 역량을 평가해볼 필요가 있다. 〈표 2-2〉에 제시한 프로그램 기획자의 역량 체크리스트를 통해 프로그램 기획을 위한 준비, 사업 주제 및 대안의 개발, 논리모형에 따른 단계별 기획력, 사업 제안서 발표 능력 등 다차원적인 능력을 스스로 평가해 보자. 프로그램 기획가로서 각 항목에 대해 스스로 사정해보고 개선 계획을 수립함으로써 기획가로서의 역량을 발전시켜 나갈 수 있을 것이다(김상곤 · 최승희 · 안정선, 2014: 19).

표 2-2 프로그램 기획자의 역량 체크리스트

	문항	전혀 그렇지 않다	다소 그렇지 않다	다소 그렇다	매우 그렇다	개선 계획
1	나는 프로그램 기획의 의미와 필요성을 말할 수 있다.					
2	나는 프로그램 기획의 전반적인 단계를 알고 있다.					
3	나는 기획에 필요한 선행 연구를 탐색할 수 있다.					
4	나는 선행 연구결과를 읽고 정리할 수 있다.					

5	나는 논리모형을 이해하고 적용할 수 있다.					
6	나는 문제 · 상황 분석을 할 수 있다.					
7	나는 욕구를 파악 · 조사할 수 있다.					
8	나는 프로그램의 목표를 적절히 수립할 수 있다.					
9	나는 프로그램 목표를 평가할 수 있는 평가방법을 제시할 수 있다.					
10	나는 프로그램 목표를 성취할 수 있는 전략적 활동들을 구성할 수 있다.					
11	나는 참여자와 프로그램을 홍보할 수 있는 방법을 제시할 수 있다.					
12	나는 프로그램 수행에 적절한 예산안을 작성할 수 있다.					
13	나는 집단의 효과성 평가를 위한 실험설계를 할 수 있다.					
14	나는 프로그램 만족도 평가를 할 수 있다.					
15	나는 개별 청소년의 변화를 평가할 수 있다.					
16	나는 질적 방법을 활용하여 평가할 수 있다.					
17	나는 과정평가를 할 수 있다.					
18	나는 평가를 위한 평가척도를 선정하고 활용할 수 있다.					
19	나는 각 프로그램의 실행과 결과를 구체적으로 기록할 수 있다.					
20	나는 제안서를 타인들이 잘 이해할 수 있게 작성할 수 있다.					
21	나는 프로그램 논리와 전략 등을 간략한 도식화(표, 그림)를 통해 잘 표현할 수 있다.					
22	나는 프로그램 평가지표와 목표치, 평가도구, 평가방법 등을 선정 · 제시할 수 있다.					
23	나는 질 높은 프로그램 개발과 평가를 위해 프로그램 관련 이론을 적용할 수 있다.					
24	나는 담당사업의 프로그램 기반 및 근거 이론과 전략을 명확히 제시할 수 있다.					
25	나는 제안서를 효과적으로 발표할 수 있다.					

자신의 획득 점수		동료의 획득 점수		더 개발해야 하는 영역은?	

출처: 안정선(2011); 김상곤, 최승희, 안정선(2014). p.18 재인용.

2 프로그램 및 청소년 프로그램에 관한 개념 정의

청소년 프로그램을 개념 정의하기에 앞서 프로그램이란 용어를 먼저 살펴볼 수 있다. 프로그램(program)이란 일반적으로 진행이나 절차의 구성을 나타내는 용어로 사전적 의미는 '진행 계획이나 순서, 계획표' 혹은 '어떤 절차로 무엇을 처리할 것인가를 지시하는 것'이다(김영종, 2013: 15-16). 또한 프로그램은 일상적인 교육 용어인 '교육과정(curriculum)'이나 '코스(course)'와 유사하지만, 학교교육의 커리큘럼과는 달리 규범적이고 필수적인 성격보다는 선택적이고 융통성이 강한 성격을 띠고 있다(김진화 · 정지웅, 1997: 36, 김진화, 2007: 15 재인용). 프로그램이란 용어를 철학적인 입장에서는 ① 체계(system) ② 계획과정에서 동사(verb)의 기능을 수행하는 기획(planning) ③ 기획을 통해 완성된 결과로서의 계획(plan) ④ 문서(document) ⑤ 수행(performance)이나 활동(activity)의 5가지 의미 등으로 사용된다고 하였다(long, 1987: 185, 김진화, 2007: 15 재인용).

이처럼 '프로그램'의 개념은 사전적인 의미보다는 보다 다차원적인 개념(multidimensional concept)으로 이해될 수 있다. 따라서 다음과 같은 속성을 지닌다(김진화, 2007: 15).

① 하나의 활동(activity)
② 순서(order)와 계속성(continuity)
③ 한 개 이상의 아이템(items)이나 사건(events)
④ 모든 아이템과 사건들은 교육목표를 지님
⑤ 활동과정에서 하나의 사건과 다른 사건들이 서로 상호 관련되어 있음

그러나 청소년 실천현장에서는 프로그램이란 용어 이외에도 정책, 프로젝트, 서비스 등과 같은 용어를 사용하고 있다(김상곤 · 최승희 · 안정선, 2014: 27-28). 황성철(2005)은 프로그램과 정책, 실천, 서비스, 프로젝트를 비교하면서 개념 설명하고 있는데, 먼저 정책은 정부나 공공기관의 목적 달성을 위한 주요 행동 계획과 원칙을 의미한다. 이런 의미에서 정책은 상위 개념 또는 포괄적 성격을 지니며 프로그램 실현을 위한 선행 요건이 되기도 한다. 다음으로 서비스는 프로그램 활동의 주요 내용을 구성하는 요소로서 프로그램은 서비스를 포괄하는 개념이다. 프로그램은 내용적 측면에서 서비스 제공 활동을 포함하지만 다른 행정적 활동이나 지역사회 활동 등도 포함한다. 한편, 프로젝트는 조직이나 지역사회에서 특정한 문제, 욕구, 이슈, 조건 등에 대해 직간접적으로 대응하기 위해 진행하는 구체적이고 단기적이며 결과 중심적인 활동을 말한다(Kettner et al., 1985: 39, 김상곤, 최승희, 안정선, 2014: 28에서 재인용). 따라서 프로그램이 지속적이고 일정한 구조를 갖추고 진행되는 것이 비해, 프로젝트는 한시적이거나 실험적인 형태로 단기간에 수행되는 특정한 과업이나 활동을 의미한다. 그리고 사업은 '비영리적인 일정한 목적을 가지고 지속하는 조직적인 사회활동'을 의미하며 프로그램보다 상위의 개념으로 이해하는 것이 적절하다. 즉 사업은 프로그램으로 구성되며 프로그램은 세부 프로그램 또는 활동으로 구성된다고 볼 수 있다.

청소년사업(Youth Work)은 청소년의 개인 발달, 사회 통합, 적극적인 시민성을 위한 도구로서 청소년들을 위한, 청소년에 의한 사회, 문화, 교육 혹은 정치와 관련된 모든 활동의 키워드를 의미한다. 여기에는 주로 무형식 교육(non-formal) 또는 비공식 교육(informal learning)으로 일컫는 학교밖 교육의 영역 포함한다. 청소년사업의 주요 목표는 청소년들이 그들 자신의 미래를 위한 기회를 창출해 주는 데 있다. 따라서 청소년사업에는 정치적 활동, 거리 사회사업, 스포츠활동, 사회적 기업, 여가활동 등이 해당된다

(https://www.coe.int/en/web/youth-portfolio/youth-work-essentials?desktop=trueThe Council of Europe Youth Work Portfolio).

이러한 청소년사업은 가치중심적이고 비형식적 교육(Non-formal education)이라는 2가지 큰 특성을 지닌다. 이때 가치중심적이라는 청소년사업의 의미는 사회적 응집력과 사회적 포함이라는 보다 더 높은 목적을 제공하도록 노력해야 한다는 것이다. 여기에는 다음의 3가지 가치 지향성이 있다.

- 개인 개발과 관련된 가치: 자율성, 비판적 사고, 개방성과 호기심, 창조성
- 사회 개발과 연계된 가치: 커뮤니케이션, 참여와 민주시민권, 연대와 사회정의, 책임, 갈등에 있어 변형적인 권력을 다루는 법
- 윤리적 가치: 인권, 타인에 대한 존중, 상호문화 학습과 대화, 평화/비폭력, 남녀평등, 세대 간 대화

이러한 가치중심적인 특성에 비추어 청소년사업은 다음과 같은 특성을 지녀야 한다.

- 청소년중심(Youth-centric): 청소년사업은 청소년의 핵심 욕구와 열망을 다뤄야 한다.
- 자발성(Voluntary): 청소년사업은 의무 사항은 아니며 청소년들의 자발적 참여에 달려 있다.
- 개발(Developmental): 청소년사업은 청소년의 개인적, 사회적 및 윤리적 발전을 목표로 한다.
- 자기성찰적 및 비판적(Self-reflective and critical): 청소년사업은 그들의 사명을 다하기 위해 최선을 다하고 있음을 확실히 하기 위해 노력해야 한다.

- 관계(Relational): 청소년사업은 청소년들과의 진정한 커뮤니케이션을 추구하며 지속적으로 생존 가능한 공동체에 기여해야 한다.

또한 청소년사업은 다음과 같은 비형식적 교육의 내용 및 방법을 지향해야 한다.

- 참여적 방법 사용
- 긍정적 학습도구로서의 다양성을 활용
- 구체적 개념과 추상적 개념 사이에서 비판적 성찰을 통해 학습과정을 보다 촉진시키고 학습의 질을 지속적으로 향상
- 타 문화 청소년들의 삶과 문화에 대한 지식

이러한 청소년사업의 개념과 비교해볼 때, 프로그램은 특정한 목적을 이루기 위해 어떤 '행위'나 '요소'들을 결합시켜 놓은 것이다. 이러한 의미에서 프로그램의 실행 가능성을 높이기 위해서는 다음과 같은 요소를 고려해야 한다(김상곤 · 최승희 · 안정선, 2014: 31).

- 가치지향성: 사회적으로 받아들일 수 있는 가치인가?
- 실현가능성: 정치적 · 경제적인 능력, 청소년 대상 확보 가능성
- 준비성: 기관 내부적으로 인력, 시설, 장비 등이 가능한가?
- 합리성: 프로그램을 실시해야 하는 객관적인 근거가 있는가? 문제의 심각성, 문제의 포괄성

표 2-3 프로그램 관련 유사 용어 정리

구분		내용
프로그램-정책	프로그램	• 일선 기관에서 제공하는 구체적인 활동 • 하위 개념 또는 부분적 성격 • 정책을 기반으로 실시
	정책	• 정부나 공공기관의 목적 달성을 위한 주요 행동 계획과 원칙 • 상위 개념 또는 포괄적 성격 • 프로그램의 선행 요건
프로그램-서비스	프로그램	• 서비스를 포괄하는 개념 • 행정적 활동이나 지역사회 활동 포함
	서비스	• 프로그램 활동의 주요 내용 • 권리적 의미 포함
프로그램-프로젝트	프로그램	• 지속적 • 일정한 안정적 구조
	프로젝트	• 한시적, 단기적 • 실험적인 형태
프로그램-사업	프로그램	• 사업을 이루는 하위 요소
	사업	• 프로그램의 합으로 상위 개념

출처: 김영종(2013). p.29.

3 청소년 프로그램의 기획과 계획

기획은 프로그램을 구현하고 운영하는 전체 과정에서 필요할 때마다 수행하는 작업으로 프로그램을 설계하기 위한 밑그림을 작성하는 단계로 이해할 수 있다. 또한 기획은 이를 위한 계획을 수립하는 전반적인 논리과정이다. 기획과정을 통해 설계라는 계획이 실질적으로 이루어지는 것이다.

1) 프로그램 기획의 정의

프로그램 기획이란 설계(계획)를 구축하는 논리적인 판단행위이다. 즉 프로그램 설계와 개발의 전반적인 과정을 이끌어가는 지속적인 사고-결정행위인 것이다. 기획은 과정에 초점을 둔 반면, 계획은 결과를 강조하는 것으로 해석된다. 따라서 프로그램 기획(program planning)은 프로그램과 기획의 합성어로 프로그램을 수행하기 위해서 계획을 세우는 것이다. 기획의 의미는 아이디어 및 계획(plan)과 통합적으로 이해해야 한다. 기획은 계획을 세워나가는 활동과 과정을 말하며 계속적 행동과정이라면, 계획은 이러한 계속적 행동과정을 통해서 얻어진 결과로 볼 수 있다. 계획은 현실성과 논리성을 구비하여 이미 알고 있는 내용을 실천가능한 여건을 고려하여 일정한 원칙에 의해 체계적으로 만들어 가는 것을 의미한다. 기획은 계획의 요건인 현실성과 논리성에 더하여 창조성을 요구한다.

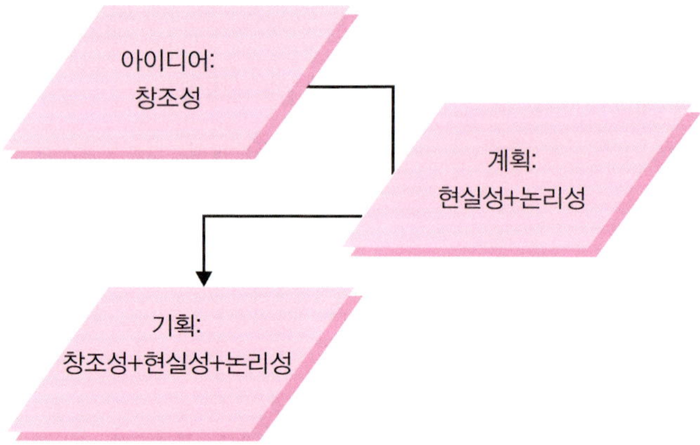

그림 2-1 아이디어, 기획, 계획 간의 관계

2) 프로그램 기획의 성격

프로그램 기획은 첫째, 미래에 일어날 일을 예측하고, 이에 대한 대비책을 강구하고 과거의 시행착오를 시정하는 조직화된 노력이다. 둘째, 여러 가지 대안을 선택하는 일련의 의사결정과정이다. 셋째, 기획은 전문화된 기능으로서 전문적 지식과 기술 및 다양한 관리기법을 필요로 한다. 그러므로 청소년 프로그램 기획과정에서는 다음과 같은 5가지의 지향과 요건을 갖추어야 한다.

① 미래지향
② 목적지향
③ 수단과 목적의 정합성
④ 의사결정
⑤ 지속성

3) 프로그램 기획의 필요성

프로그램 기획은 불확실성 감소, 합리성 및 효과성과 효율성 증진, 책임성 이행, 프로그램 관련자들의 이해와 욕구 충족, 사회복지조직 실무자의 사기진작 차원에서 필요하다.

① 불확실성 감소: 기획은 현재와 미래를 살펴 예상하지 못한 사안들로 인한 불확실성을 적극적으로 감소시키고자 하는 사전 결정행위
② 합리성 증진: 기획은 합리성에 근거하고 또 합리성을 증진시킴

③ 효과성과 효율성 증진: 효과성과 효율성을 증대한 프로그램 기획은 활동들을 근시안적이거나 단편적으로 구성하거나 실행하는 오류를 줄일 수 있음

④ 책임성 이행
- 프로그램 기획이라는 업무는 조직의 책무성을 이행하는 근간
- 기획을 통한 합리성 제고가 근거들을 제공하며, 책임성 증진을 가능하게 함

⑤ 프로그램 관련자들의 이해와 욕구 충족
- 사회복지 실천활동과정에 있어 이해관계자에 대한 심도깊은 관찰과 이해, 그리고 조정은 필수적
- 프로그램 기획과정에서 프로그램 이해관계자와의 숙의는 프로그램 구현과 운영에 대한 이해와 각자의 욕구를 충족시키는 데 긍정적인 영향을 줌

⑥ 사회복지조직 실무자의 사기 진작
- 프로그램은 조직의 사명과 목적을 성취하고자 하는 실무자들의 실천행동을 체계화하는 과정을 거침
- 논리적 사고-결정행위인 기획과정에 실무자들이 주도적인 역할을 하는 것은 실무자들의 사기를 진작시키는 효과를 가져옴

따라서 프로그램 기획 전 조직 적합성, 모형 적합성, 자원 가용성, 서비스 수용성, 제공자 가용성, 정책 순응성, 비용 효과성, 효과성 측정의 가능성, 실행 가능성, 위험 가능성 등이 현실적으로 검토되어야 한다.

① 조직 적합성: 이 서비스는 조직의 사명이나 전략, 목적 등에 들어맞는가?

② 모형 적합성: 이 서비스 모델의 성공에 대한 증거가 제시되어 있는가?
③ 자원 가용성: 서비스 공급을 위해 적절한 가용 혹은 잠재적 자원들이 있는가?
④ 서비스 수용성: 서비스는 지역사회 구성원이나 소비자들에 의해 받아들여질 수 있는가?
⑤ 제공자 가용성: 서비스 제공자들이 전달할 수 있는 서비스인가?
⑥ 정책 순응성: 서비스가 기관이나 프로그램의 정책적 제한 틀을 충족하는가?
⑦ 비용 효과성: 서비스의 효과가 비용에 비해 높은가?
⑧ 효과성 측정의 가능성: 서비스 효과성이 측정될 수 있는가?
⑨ 실행 가능성: 실행 계획이 개발될 수 있는가?
⑩ 위험 가능성: 서비스 실행에서 심각한 위험이 나타날 수 있는가?

4 청소년 요(욕)구조사

사업이나 프로그램 잘 기획하기 앞서 수행될 수 있는 것이 지역사회 청소년(학부모, 관계장 포함)의 요구, 욕구를 파악하는 것이다. 청소년 요구나 욕구를 파악하는 것은 바로 근본 문제 및 파생문제를 파악하고 이에 따른 욕구를 해결해 주는 문제해결과정으로 가장 중요한 것은 분석력이라 할 수 있다.

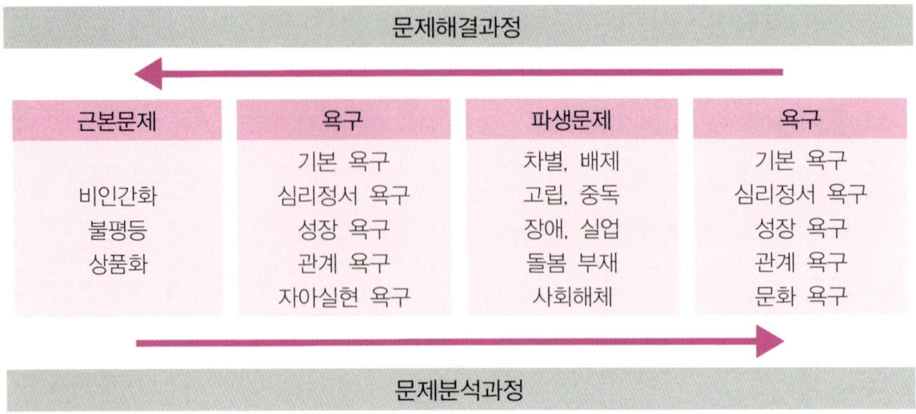

그림 2-2 **문제해결과정과 문제분석과정**

1) 욕구 및 요구의 개념 정의와 유형

욕구(need)는 결핍된 상태에서의 필요한 것을 의미하고 요구(want)는 원하는 것을 의미한다. 청소년전문가는 지역사회 청소년문제해결을 위한 욕구가 무엇인지, 또 그들이 원하는 요구사항이 무엇인지 파악하여 사업이나 프로그램을 기획할 수 있다. 대표적인 욕구이론의 학자로 매슬로(A. Maslow)와 브래드쇼(J. Bradshaw)가 있다. 매슬로의 욕구 8단계는 생리적 욕구, 안전의 욕구, 사회적 욕구(소속 및 애정의 욕구), 존중(경)의 욕구, 인지적 욕구, 심미적 욕구, 자아실현의 욕구, 자아초월의 욕구이다.

그림 2-3 매슬로의 욕구 8단계

매슬로의 욕구 8단계의 의미와 조직에서 직원 동기부여를 위한 차원에서의 자세한 내용은 〈표 2-4〉와 같다.

표 2-4 매슬로의 욕구 8단계의 의미 및 직원 동기부여관점

욕구단계	의미	직원 동기부여관점
자아초월 욕구	자신을 초월하여 다른 것을 만들어 내고자 하는 이타적 욕구	뛰어난 후계자 양성
자아실현 욕구	자신의 잠재능력을 발휘하고 가능성을 실현하고자 하는 욕구	CDP상 최종 목표 (CEO, 임원, 전문가 등등)
심미적 욕구	문화예술, 자연, 환경통한 심미적 욕구	사내공간, 업무도구에 대한 디자인
인지적 욕구	특정 대상에 대한 경험, 이해, 배움에 대한 욕구	직무에 대한 교육 프로젝트 성취
존경 욕구	자신의 능력을 존경받고 명예를 누리고 싶어하는 욕구	사내 팀장, 리더 발탁
사회적 욕구	소속, 유행, 사랑 소속감과 애정에 대한 욕구	팀, 회사에 대한 소속감
안전 욕구	신체적 위험이나 외부로부터 자기보호 욕구	작업에 대한 안정성
생리적 욕구	음식, 수면, 주거 삶을 유지하기 위한 욕구	생활을 위한 기본적인 급여수준

브래드쇼는 사회적 욕구의 유형을 누가 욕구의 기준을 정하느냐에 따라 다르다고 보고 4가지 욕구 유형으로 분류하였다.

① 규범적 욕구(normative needs): 전문가의 지식이나 판단에 따라 바람직한 수준이 정해지고 실질적으로 존재하는 수준과 비교하게 됨
② 인지적 욕구(felt needs): 당사자가 인지하고 판단하는 욕구
③ 표현된 욕구 또는 표출된 욕구(expressed needs): 인지적 욕구를 갖고 있는 당사자가 욕구를 충족하기 위해 특정 행위를 보인 욕구를 말함
④ 상대적 욕구 또는 비교적 욕구(comparative needs): 욕구를 지원하는 서비스나 전달체계의 상황 비교를 통해 파악하는 욕구를 의미

이 외에도 인권 관점의 프로그램 개발이 있다. 기존의 욕구기반접근(needs based approach)에서 권리기반접근방법(rights based approach)으로 변화하는 패러다임을 반영한 것으로, 인권기반은 청소년의 욕구가 무엇인지 청소년전문가가 평가하고 개입하는 전문가주의가 아니라 청소년과 전문가가 파트너 관계로 공동 생산되는 특성을 갖는다. 청소년전문가는 청소년들의 문제가 있다고 개입하는 것이 아니라 청소년의 욕구가 있음은 권리보장에 대한 접근 부족(needs are seen as lack of access to rights)이며, 사회문제는 권리침해(social problems are seen as rights violations)로 인식하는 입장이다.

표 2-5 욕구분석단계

단계	이론적 근거	내용	체크
1단계	욕구분석의 이론적 근거 확인	• 대상자의 주요 욕구로 확신하는가? • 혹은 이제까지 기존 연구들에서 간과되었지만 현장 경험을 통해 다루어야 할 주요 욕구로 부상되었는가? • 지역주민의 욕구조사와 집단 심층면담을 통해서 파악된 욕구인가? • 기존 연구들에서 파악되었는가?	
2단계	투입활동과 성과 간의 이론적 근거	• 투입활동이 대상의 연령이나 특성에 적절한가? • 투입활동이 지역성을 고려하였는가? • 투입활동이 성과에 미치는 효과성이 검증되었는가? • 투입활동은 효율성이 있는가?	
3단계	개입단위 및 지역사회 특성 고려	• 개인, 가족, 학급, 학교, 지역사회 단위인가? • 지역사회의 자원을 활용할 수 있는가?	
〈예시를 통한 적용〉 중학생들의 진로체험을 통해 진로효능감을 향상시킨다.			
1단계	〈1단계 적용〉	• 중학생의 진로와 관련한 욕구 중에서 진로효능감의 중요성을 확신하는가? • 중학생의 진로탐색과 관련한 이론들을 검토하였는가?	
2단계	〈2단계 적용〉	• 진로효능감을 향상시키는 다양한 활동에 대한 연구 결과들을 검토하였는가? • 진로체험이 진로효능감 향상에 효과적이라는 연구결과들을 확인하였는가? • 진로체험의 효율성은 확보될 수 있는가?	
3단계	〈3단계 적용〉	• 중학생 대상으로 소규모집단(10명 이하)의 개입단위가 효과적인가? 혹은 학급단위로 해야 하는가? 부모가 함께 개입하는 것이 바람직한가? • 학교사회복지 프로그램으로 적합한가? • 진로체험을 제공할 수 있는 기관들이 지역사회에 다양하게 있는가? • 진로체험을 제공할 수 있는 기관들과 네트워크가 형성되어 있는가?	

2) 욕구조사의 과정과 방법

욕구조사과정은 크게 6단계로 나눠 살펴볼 수 있다. 첫 번째 단계에서는 욕구조사의 범위를 설정하고, 두 번째 단계에서는 구체적 정보를 명료화한다. 세 번째 단계에서는 활용 가능한 자료들을 확인하고 네 번째 단계에서는 필요시 연구방법을 설정하며, 다섯 번째 단계에서는 자료수집과 분석을 실시한다. 마지막 단계에서는 욕구조사 보고서를 작성하도록 한다.

표 2-6 욕구조사의 과정과 내용

단계	과정	내용
1	욕구조사의 범위 설정	조사의 목적 구체화, 투입할 수 있는 예산, 인력, 장비, 시간 확인
2	구체적 정보의 명료화	표적체계 선정, 표적체계의 인구사회학적 특성, 문제의 특성, 욕구조사방법 검토
3	활용 가능한 자료의 확인	기존 기관의 자료, 도서관, 인터넷 등을 활용하여 이미 존재하는 활용 가능한 자료를 획득
4	연구방법 설정(필요시)	조사설계, 조사과정, 조사대상, 주요변수, 조사도구의 신뢰도 및 타당도, 분석방법
5	자료수집과 분석	직접적 욕구조사(서베이, 면접, 관찰), 간접적 욕구조사(델파이기법, 서비스 제공자 면접, 사회지표조사), 양적 측정, 질적 측정, 자료분석
6	욕구조사 보고서 작성	연구목적, 조사방법, 조사결과, 해석 등을 제시

욕구사정방법은 크게 직접적 욕구사정방법과 간접적 욕구사정방법으로 나누어 살펴볼 수 있다.

(1) 직접적 욕구사정방법

직접적 욕구사정방법에는 서베이법, 초점면접법(Focus Group Interview: FGI), 지역사회포럼 등이 있다.

① 서베이법: 구조화된 설문지나 면접 절차를 사용하여 기관 혹은 구성원들로부터 정보를 수집하는 것

② 면접법: 기관에서 근무하는 관리자나 서비스 인력들을 대상으로 면접조

사를 하는 것, 1대1 심층면접도 있고 초점면접방법도 있다. 면접방법으로는 질문지를 구조화하는 방법, 반구조화하는 방법, 비구조화하는 방법 등이 있다.

③ 지역사회포럼: 가치나 태도, 의견 등을 직접적으로 청취하는 자료수집의 방식

표 2-7 직접적 욕구조사방법

서베이조사	초점집단기법	공청회 또는 포럼 개최
표본으로부터 면접 또는 설문조사를 통하여 자료를 수집하여 욕구를 분석하는 방법	심층적인 인지적 및 표출적 욕구를 탐색하기 위해서 사용되는 질적 조사의 방법	지역사회 주민들이 자신들이 살고 있는 지역의 욕구나 문제 등을 잘 알고 있다는 전제에서 개최하며 의견 발표
일반적 특성, 문제의 경험 정도, 문제의 영향(개인 및 가족), 과거의 문제해결 노력 및 방법, 서비스 이용 욕구 및 장애요인 등을 측정	문제를 가진 클라이언트 집단의 역동성을 최대한 활용하여 보다 깊이 있는 질적 자료를 수집하고 분석하여 클라이언트 집단의 욕구를 보다 깊이 있게 규명	광범위한 지역, 계층, 집단 등의 가치와 의견이 무엇인지를 탐색하여 보다 체계적인 조사를 위한 사전조사로 활용, 프로그램에 대한 선호와 욕구를 직접적으로 평가할 수 있는 계기
조사비용 및 시간, 사회조사전문성 및 조사대상 확보 어려움	참여자 선정의 대표성 문제, 진행자의 능력과 자질에 크게 의존하는 단점	참석자 대표성 문제와 토론회 진행상 어려움

(2) 간접적 욕구사정방법

간접적 욕구사정방법은 주로 2차 자료(secondary data)를 활용하는 방법이다. 여기에서의 2차 자료란 다른(일반적) 목적을 위해 이미 수집된 자료들을 말한다. 장점은 신속하고 저렴하다는 것인 반면, 단점은 구체적 욕구사정의 상황에 적합한 자료를 얻기 어렵다는 것이다.

① 사회지표(social indicatiors) 분석: 2차 자료를 활용하는 방법 중 하나로

지역이나 인구집단을 특징적으로 나타내는 표준화된 수치를 분석하는 것

② 지역사회 욕구/자원지도: 세부 구역들로 나누고 거기에 해당 지표의 자료값들을 투입해 대조해 보는 것

③ 서비스 제공기관 자료의 활용: 지역사회에서 서비스를 제공하고 있는 기관을 통해 욕구사정을 위한 자료를 획득하는 방법

④ 서비스 이용 실태 자료의 조사: 기관에 접근한 사람들의 자료를 조사하는 것, 이는 지역사회 주민들의 '표현된 욕구'를 파악하는 데 유용

⑤ 주요 정보제공자 조사: 대상집단에 대해 잘 알고 있는 사람들을 대상으로 질문하여 집단의 욕구 및 서비스 이용 실태 등을 파악하는 조사

■ 표 2-8 간접적 욕구사정방법

기존 연구로 추정	자원목록 활용	제공자 조사	델파이기법
사회지표분석, 행정자료 및 보고서 조사, 선행연구 등을 활용하여 욕구를 추정	제공하는 서비스를 목록화하여, 기획하고자 하는 프로그램의 욕구를 측정	운영하거나 서비스를 직접 제공하는 사람들을 만나 이용자와 관련된 욕구를 간접적으로 조사	표적체계에 관련한 전문가 집단들을 대상으로 다양한 표적체계의 욕구나 문제들 가운데 합의점을 도출
다양한 사회지표나 조사자료를 활용해 욕구를 파악	집단으로 탐색하며, 집단에 따라 구체적으로 서비스를 제공하는 공공 및 민간의 기관 규명	서비스 제공자 및 주요 정보제공자에 대한 조사를 서베이 및 초점집단면접 방법을 활용하여 수행하여 규범적 및 상대적 욕구를 측정	측정하려는 문제에 대한 정확한 정보가 없거나 우선순위를 결정할 때 사용됨
지역사회 특성 차이, 측정도구별 결과 상이성, 자료 성격과 특성에 국한된 욕구접근 등의 내재적 한계	자원목록 유형화의 어려움, 자원들이 실제 제 기능을 수행하고 있는지 확인 불가 등	전문가의 가치판단과 의견이 실제 클라이언트 욕구와 상이할 수 있음	반복되는 설문조사로 시간과 비용 발생과 클라이언트의 실제 욕구와 다를 수 있음

생각해볼 문제

1. 반드시 내가 개발하고자 하는 프로그램이 기존에 있는지 충분히 찾아보는 작업이 선행되어야 한다. 충분한 조사와 분석이 기반이 되어야 보다 훌륭한 프로그램을 개발할 수 있다. 항상 미리 준비를 하고 시사적인 내용에도 관심을 갖고 살펴야 한다.
2. 지역적 특성을 잘 고려해야 한다. 우리 기관이 속해져 있는 지역의 특성, 청소년의 특성을 잘 분석하여 공간적 의미를 잘 살릴 수 있도록 사업의 배경, 필요성을 기술해야 한다. 이미 유사한 사업 경험이나 실적의 내용을 포함시키는 것도 가능하다.
3. 모든 청소년들이 갖는 보편적인 요구나 욕구사항이 있으나 그럼에도 불구하고 우리 지역 청소년이 갖는 어려움 특성을 잘 파악할 수 있도록 해야 한다. 청소년의 기본적 발달 특성을 잘 이해하고 연령대별 차이 특성을 잘 파악하고 있어야 한다. 분석력은 청소년전문가에게 필수적으로 요구되는 자질이다.
4. 도식화나 사진자료, 통계적 수치를 활용하여 사업의 필요성, 청소년의 요구, 사업 수행 내용 및 빙법, 평가까지 논리구조화하도록 한다.

예시

시각장애청소년과 비장애청소년들의 지역사회 문화공연을 통한 역량강화 프로그램

1) 장애청소년과 비장애청소년 통합 프로그램의 현황 및 문제점

- 시각장애청소년활동의 부족
- 비장애 및 시각장애청소년활동 - 협동하는 활동 프로그램의 결여
- 대학생 멘토링 활동의 현황
- 비장애 및 시각장애청소년 문화 · 예술 청소년활동의 필요성
- 시각장애청소년 문화 · 예술 활동의 적합성

2) 발달특성 및 욕구

(1) 비장애청소년의 발달욕구

비장애청소년들은 과도한 입시경쟁으로 중요한 심리적 발달을 하는 시기를 유보하는 경향성을 지니고 있고 이러한 현상은 비장애청소년들이 긍정적인 자아관을 형성하고 건강한 마음을 가지고 살아갈 욕구를 방해하고 있다.

(2) 장애청소년의 발달욕구

장애청소년의 경우 대체로 같은 연령대의 비장애청소년에 비해서 자신이 가진 장애로 인하여 전반적인 발달이 많이 늦은 편이며 사회적인 환경 등의 미비로 인해 학교생활 및 사회적응에 어려움을 겪는다.

(3) 비장애청소년과 장애청소년의 통합프로그램의 필요성

비장애청소년과 장애청소년의 통합프로그램은 장애청소년의 발달에 있어서 긍정적 정체감을 형성할 수 있도록 하고, 지지적 환경을 경험할 수 있도록 한다. 장애청소년이 발달에 있어서 비장애청소년보다 더딘 이유가 있다면 그것은 신체적인 제약 때문이다. 시각장애청소년의 경우엔 명확히 사물에 대한 지각이 없기 때문에 받아들이는 속도가 느릴 수밖에 없다. 하지만 그것은 외적인 문제이지 내적인 문제가 아니다. 하지만 대부분의 장애청소년들은 외적인 환경에 의한 문제에 귀인을 하는 것이 아니라 그 문제가 자신의 내적인 부분에도 문제가 있다고 잘못 귀인하기 때문에 더욱 부정적인 태도와 부정적인 신체이미지를 갖게 되는 것이다. 통합프로그램은 장애청소년에게 다양한 사회환경적인 자극을 경험할 수 있는 기회를 제공하고, 또래집단 활동에 참여하는 기회를 제공한다. 이는 다양한 사고를 가능하게 하고 또래집단과의 활동을 통해 지지적인 환경을 경험하는 것을 가능하게 한다. 그리고 대부분의 장애청소년들이 자립생활의 기술, 진로교육에 있어 더딘 면을 보이는 데, 통합프로그램을 통해서 부모님에게서 독립해 또래집단과 사회 속에서 자립생활의 기술을 교육받고 연습을 할 기회를 제공받게 된다. 장애청소년의 정체감 형성에 있어서 중요한 것은 자신의 장애를 확인하고 인정하는 것이다. 그리고 그 과정이 지지적인 환경이라면 장애청소년의 건강한 발달에 있어서도 큰 도움이 될 것이다.

OO구 및 인근지역의 프로그램 비교표
(장애아동 사회적응능력 향상, 통합활동, 자원활동 프로그램 중심)

프로그램 / 복지관	장애아동 사회적응능력 향상 또는 통합 프로그램			장애를 매개로 한 비장애아동 프로그램	
	사회적응 능력 향상 프로그램	장애아동 방과후 공부방 하위활동 으로서의 통합프로그램	통합 프로그램	통합 프로그램	자원활동 프로그램
본 복지관	○	○	○	○	○
BC기관		○			
SL기관					
SO기관					
SM기관				○	
JS기관					
CY기관	○				
NB기관					
CA기관		○			○
계	2	3	1	2	2

신청사업의 기대효과

● 기대효과의 비중

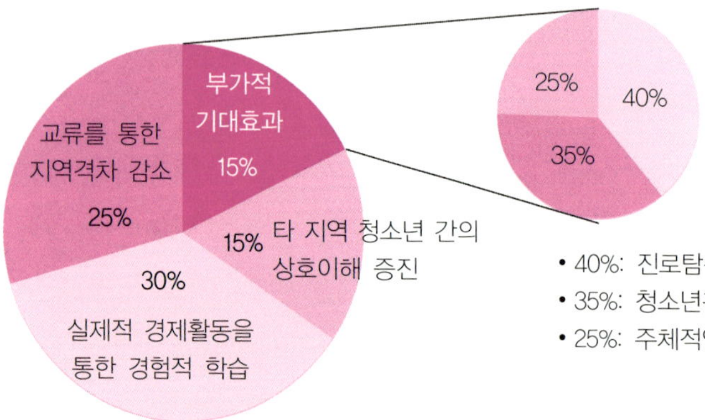

- 40%: 진로탐색의 기회제공
- 35%: 청소년활동에 대한 참여 증진
- 25%: 주체적인 문제해결의식 함양

• 비장애청소년과 장애청소년 통합의 장 마련
• 장애청소년에 대한 인식 개선
• 청소년의 자발적인 참여와 민주의식 고취

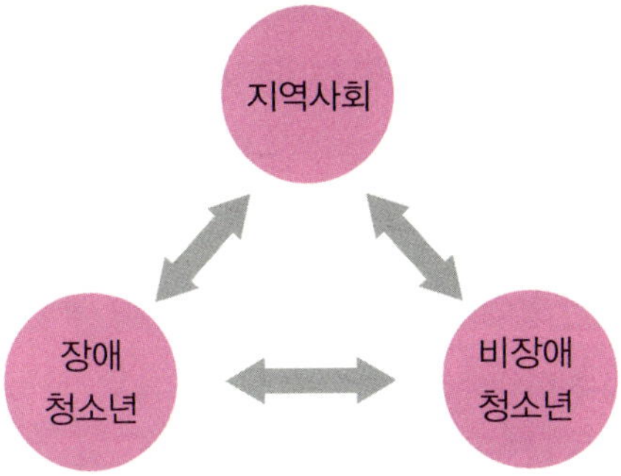

• 문화공연활동을 통한 음악치료
• 자아의 발견과 자아존중감 향상
• 지역사회 참여 및 민주의식 함양

• 장애청소년에 대한 인식 개선
• 공동체의식 및 민주의식 함양
• 지역사회 참여 기회 제공

5 프로그램 개발 과정

1) 프로그램 참여자 선정

프로그램에 참여해야 하는 청소년을 고려하면서 교급, 규모 등을 정하도록 한다. 프로그램 참여자는 핵심참여자(Main Participants)와 주변참여자(Sub Participants)로 구분할 수도 있고 체계화하여 일반집단에서 위험집단 → 표적집단 → 클라이언트 집단으로 초점화할 수 있다. 프로그램의 참여자 선정 과정은 명확한 선정기준(우선순위)과 동의과정을 거치도록 한다. 그리고 프로그램 참여자 선정과정에서 크리밍현상이 나타나지 않도록 주의해야 하는 데, 크리밍현상은 프로그램 개발자가 프로그램 참여자를 문제의 심각성과 욕구 크기에 따라 선정하는 것이 아니라, 조건이 잘 갖추어져 있어서 비교적 서비스 제공과정에서도 문제를 야기하지 않고 성공 가능성이 높은 대상자만을 선별하는 것을 의미한다.

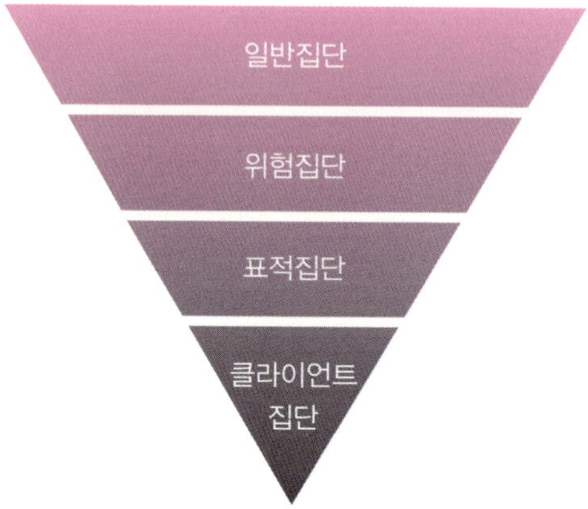

● 그림 2-4 **프로그램 참여자 구성**

① 일반집단: 일반집단은 해당 문제나 욕구를 가질 수 있다고 판단되는 가장 포괄적인 대상인구집단이다. 일반적으로 프로그램의 대상자는 지역이나 국가 내에 거주하는 전체 인구가 될 수도 있으며, 문제나 욕구의 속성과 관련이 있는 전 인구집단이 되기도 한다.

② 위험집단: 일반집단 중에서 프로그램을 통해 개입하고자 하는 문제에 특히 노출될 위험이 크거나 욕구 차원에서 높은 욕구를 가질 수 있는 인구집단을 의미한다. 위험집단의 규모는 일반집단에서 문제나 욕구가 발생하는 비율을 통해 추정하게 된다. 위험집단 추정 시에 성, 연령, 지역, 학력, 소득, 주거형태 등의 인구사회학적 요인과 그 분포의 특성을 제시할 수 있다.

③ 표적집단: 표적집단은 프로그램 개발자가 직접적으로 서비스를 제공하고자 의도하는 인구집단이다. 위험집단에 속해 있는 인구집단이 문제나 욕구가 있다고 해서 모두 프로그램의 대상자가 되는 것이 아니다. 위험집단 중에서도 특히 문제의 개입이 절실히 필요하거나 우선적 욕구충족이 수행되어야 할 인구대상을 선정해야 하는 것이다. 위험집단 중 표적집단을 선정하는 방법은 여러 가지 욕구조사방법을 통해 이루어질 수 있는데 일반적으로 프로그램이 지역을 기반으로 하기 때문에 지역적 분포가 가장 자주 활용된다.

④ 클라이언트 집단: 클라이언트 집단은 실제적으로 프로그램에 참여하여 서비스, 교육, 상담, 정보제공 등의 받게 되는 프로그램의 직접적 참여자를 의미한다. 프로그램 개발자는 클라이언트 집단의 선정기준, 우선순위, 모집방법(동의 과정 포함) 등에 대해서 구체적으로 명시해야 한다. 첫 번째 프로그램 대상자의 선정 기준에는 연령, 지역, 소득수준, 문제의 심각성 수준, 기타 조긴 등이 활용되며 두 번째로 우선순위는 대상자가 초과할 때 어떠한 원칙을 가지고 대상자를 선정했는지를 제시한다. 세 번째로 프로그램 대상자를 어떠한 모집방법을 통해서 프로그램에 참여시킬 것인가를 고려해야 한다.

표 2-9 서비스 대상자 산출 근거

<table>
<tr><th>대상 구분</th><th>서비스 대상자 산출 근거</th><th colspan="2">단위수(명)</th></tr>
<tr><td>일반 대상</td><td>남한에 거주하고 있는 탈북 이주민 수</td><td colspan="2">889명*</td></tr>
<tr><td>위험 대상</td><td>남한에 거주하고 있는 탈북 청소년 수
(탈북 대학생 70명 + 탈북 중·고등학생 40명)</td><td colspan="2">110명**</td></tr>
<tr><td>표적 대상</td><td>위험집단 중 서울시 거주 탈북 청소년 수
(탈북 대학생 70명 + 탈북 중·고등학생 40명)</td><td colspan="2">110명**</td></tr>
<tr><td>클라이언트 수</td><td>표적집단 중 관련 기관/인사를 통해 의뢰 및 추천을 받은 탈북 청소년 중 프로그램에 참가하기를 희망하는 탈북 청소년 수
(탈북 대학생 5명 + 탈북 중·고등학생 5명)</td><td>10명</td><td>20명</td></tr>
</table>

	프로그램에 참가의사를 밝힌 남한 청소년 중 면접을 통해 프로그램의 대상으로 적합하다고 인정되는 남한 청소년 수 (남한 대학생 5명 + 남한 중 · 고등학생 5명)	10명	

*: 통일부 북한자료센터(http://unibook.unikorea.go.kr)
**: 통일부 관계자 면담 내용.

최근에 고지된 동의가 중요시되고 있다. 클라이언트로서 적합한 조건을 충족하고 있더라도 프로그램에 참여할 의향이 있는 사람만을 클라이언트 집단으로 선정할 수 있다. 청소년전문가는 프로그램에 참여하는 잠재적 클라이언트에게 프로그램의 목적, 대상조건, 주요 내용, 참여로 인한 혜택 및 피해, 대안 등에 대해 자세하게 설명해야 한다. 이후 클라이언트가 자발적으로 참여 여부를 선택할 수 있음을 알려주고 참여 여부를 최종적으로 결정하게 해야 한다. 의사결정능력이 미흡한 아동, 정신장애인 등의 경우 고지된 동의서를 작성할 수 있는 의사결정능력이 미흡한 경우가 있을 수 있다. 이때에는 가족이나 전문가 등으로부터 대리동의서, 이중동의서를 받도록 해야 한다.

2) 목적 및 목표 수립

(1) 목적(Goals)과 비전(Vision), 사명(Mission)

프로그램의 목적은 조직의 비전 및 사명(vision)과 연결되어 있다. 목적은 궁극적으로 청소년이 변화되는 성과에 맞춰 목표를 아우를 수 있는 추상적인 것이어야 한다. 따라서 목적을 작성할 때에는 프로그램에서 개입하려는 구체적 대상자를 제시하고 현재 청소년집단이 충족하지 못한 욕구나 해결할 문제 상태를 제시하도록 한다. 그리고 클라이언트의 욕구를 충족시키거나 문제를 해결하기 위한 구체적 방법(활동)을 제시하여 프로그램을 참여한 이후에 클라이언트의 욕구와 문제의 변화 상태나 지향점을 제시하도록 해야 한다.

(어떠한 상황에) 있는 00(대상)에게 (무슨: 내용) 프로그램을 제공함으로써 (무엇: 직접적 결과)을 향상시켜 (무엇: 기대효과)하도록 하는데 프로그램의 목적이 있다.

(2) 목표(Objectives)

목표는 목적을 보다 구체화한 프로그램의 궁극적인 지향점을 지니며, 청소년에게 나타날 바람직한 결과를 의미한다. 즉 목적의 구체화된 행동목표로서 측정 가능하고 수량적이어야 하며 성취할 수 있는 결과지향적이어야 하는 것이다. 목적, 목표, 평가는 서로 매치(match)될 수 있도록 일목요연하게 작성되어야 한다. 이러한 목표의 종류로는 다음과 같이 5가지로 분류될 수 있다.

① 상위목표와 하위목표: 상위목표는 목적에 가까운 목표로서 주로 지향점을 구체적으로 드러내는 것이고 하위목표는 목적을 성취하기 위한 실제적인 행동이나 과업으로 결과목표, 성과목표, 총괄목표 등이 있다. 프로그램의 하위목표는 프로그램의 목표를 논리적으로 분화시키는 과정을 통해 만들어진다. 하위목표는 세부목표로도 칭하며, 목표(상위목표)와 구분된다. 하위목표의 경우 프로그램을 통해 달성하고자 하는 것에 대한 설명으로 프로그램이 잘 진행되면 결과적으로 그 하위목표들이 달성되어야 한다. 프로그램 성과에 대한 평가는 하위목표의 달성 여부를 통해서 가능하다.

② 과정목표와 결과목표: 과정목표는 어떤 결과에 이르기까지 수행해야 할 행동이나 과업을 합리적인 흐름으로 나열하고 기한을 두어 성취해야 하는 바를 뜻한다. 결과목표는 어떤 행동이나 과업을 수행함으로써 얻

어지는 결과, 측정 가능한 용어로 구성된다.

③ 산출 목표와 성과목표: 산출 목표는 어떤 행동이나 과업을 수행함으로써 얻어지는 결과 그 자체를 뜻한다. 성과목표는 어떤 행동이나 과업의 결과로 인해 발생하는 변화를 뜻한다.

④ 성취목표와 과정목표(Kettneret al., 2016): 성취목표는 달성해야 할 결과(achievement objective)를 의미하고 과정목표는 결과를 달성하도록 하는 방법(process objective)을 의미한다.

⑤ 이용자목표와 영향목표(최일섭, 이창호, 1993): 이용자목표는 어떤 활동이나 과업을 수행한 정도 혹은 이용한 정도를 뜻한다. 과정(산출)목표와 유사한 개념으로 프로그램의 문제지표(problem indicators)에 얼마만한 충격효과를 줄 것인지를 구체화하는 목표이다. 영향목표는 어떤 활동이나 과업을 통해 발생한 효과를 뜻하며 성과목표와 유사한 형태이다. 얼마나 많은 수의 서비스를 클라이언트로 하여금 그 서비스를 이용하도록 할 것인가를 정하는 목표이다.

목적과 목표를 잘 수립하면 프로그램명을 잘 기획해야 한다. 프로그램명에는 분명한 대상이, 무엇이 향상되도록, 어떻게 할 것인지의 내용이 나타나야 하며 부제인 경우는 기발하고 창의적으로 작성해야 한다.

예시1

"탈북 · 남한 청소년의 자조집단을 활용한 사회통합프로그램"

「한겨레 청소년 통일정보단」 양성 사업

예시2

"시각장애청소년과 비장애청소년들의 지역사회 문화공연을 통한 역량강화 프로그램"

-에덴- (add&: adolescent dreaming concert &)

예시3

"도농청소년과 함께하는 경제체험 캠프 '엘프(ELF) 만들기'"

Economy + Local youth = Friends

3) 프로그램 설계(구성 및 내용 조직화)

(1) 프로그램 개발 모형

프로그램 구성 및 내용 조직화를 위한 프로그램 설계에서는 논리모형, 개입연구모형, 근거기반 실천모형의 지식체계 고려하여 개발하여야 한다.

① 논리모형(logic model)

논리모형은 한 프로그램에 내재된 변화이론을 시각적으로 설명하는 방식으로 하나의 프로그램 안에 있는 중요한 요소들을 설명하고 평가의 어느 부분이 가장 중요한지 확인하기 위한 도구이자 접근방법이다. 논리모형은 체계이론과 성과관리를 기반으로 만들어진 것으로 프로그램이 상황에 따라 역동적인 변화를 일으킬 때 시각적으로 인과관계를 반영함에 유용하다. 또한 프로그램의 과정과 성과를 간결하게 표현하여 평가가 용이한 특징을 지닌다. 논리모형은 프로그램 관계자들 간의 소통을 촉진시켜 평가도구로서 유용하여 성과 관리 측면에서 국내, 외 공공 및 민간 영역에서 활발히 적용되고 있다.

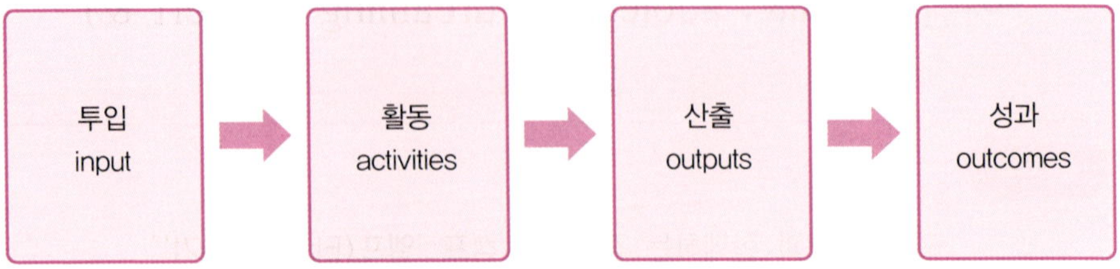

그림 2-6 **논리모형**

투입은 프로그램에 들어가는 인적, 물적 자원으로 이때의 자원은 자금의 근거 혹은 현물로 주는 기여의 영역에서 예산과 직원, 장비와 비품뿐만 아니라 조직이나 사람들 간의 네트워크, 지역사회 자원 등 포함한다.

활동은 바람직한 목적을 가져오기 위해 프로그램에서 선택한 활동으로 프로그램의 목적 달성을 위해 이루어지는 모든 활동의 단계를 포함한다. 서비스나 교육의 제공, 지역사회위원회 설립, 전문적 개발 제시, 새로운 정보 캠페인 시작 등이 모두 여기에 포함된다.

산출은 활동의 결과로 나타나는 산출물로 보통 숫자로 표현된다.

성과는 궁극적 목표와 목적을 달성해 나가며 따르는 변화를 의미한다. 바람직한 성취 혹은 변화는 프로그램 참여자의 행동, 지식, 기능 수준 등에 있어 나타나는 구체적인 변화 의미이다.

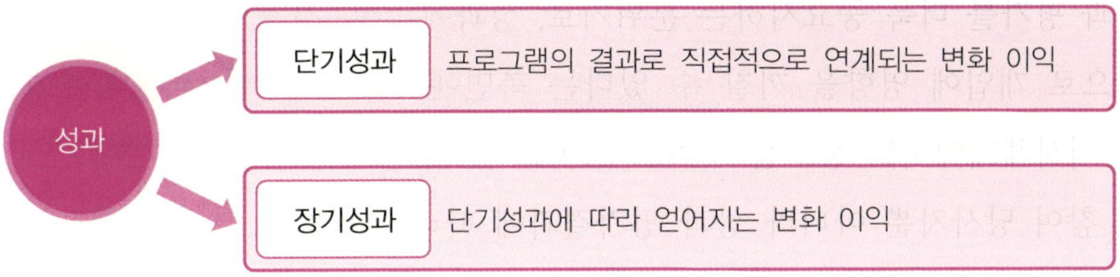

그림 2-7 성과의 구성

② 개입연구모형(intervention research model)

개입연구모형은 5단계에 걸쳐 프로그램을 구성하는 모형이다.

- 1단계: 문제분석과 프로젝트 기획단계 - 문헌고찰과 욕구조사를 통하여 문제를 확인하고 분석하여 프로젝트의 목적을 설정하고자 하는 단계
- 2단계: 정보수집과 통합단계 - 프로그램 목적에 맞는 성공적인 모델의 요인에 관한 정보를 수집하고 통합하는 과정으로 이를 통해 프로그램에 반영할 프로그램 구성 요소를 설계
- 3단계: 디자인단계 - 지금까지 수집된 자료 정보를 통합하여 원형 프로그램을 구성하는 단계로서 디자인의 타당성 확보
- 4단계: 초기 개발과 현장실험단계 - 초기 프로그램을 실천현장에 적용 실시하여 가능성을 탐색하며 후기 프로그램 수정에 반영
- 5단계: 평가 및 수정개발단계 - 프로그램 결과에 대해 양적, 질적 조사방법을 모두 활용하여 과정평가를 포함한 프로그램의 효과성 평가단계

③ 근거기반 실천모형(evidence-based practice model)

근거기반 실천모형은 근거기반실천의 개념을 바탕으로 프로그램의 효과성에 관한 근거를 체계적이고 종합적으로 분석하여 프로그램을 개발하는 모형이다. 휴먼서비스 영역에서는 청소년에게 제공한 서비스의 평가와 효과성 측면을 중시하며 최근 정부, 학계, 사회 전반적으로 근거(evidence)에 기반한

성과 평가를 더욱 중요시하는 분위기로, 성과에 따라 정책의 방향과 그를 기반으로 개입에 영향을 끼칠 수 있다는 측면에서도 정부 및 관련부처, 기관 등 거시체계에서도 중요한 의미로 쓰이고 있다. 근거기반 실천모형은 프로그램 참여 당사자뿐 아니라 성과 평가결과에 따라 정책의 방향과 그를 기반으로 개입에 영향을 미친다고 보는 모형이다.

(2) 프로그램 구성의 개념과 절차

가. 프로그램 구성 시 고려할 사항

① 프로그램 대상자에 대한 고려: 프로그램 대상자의 인원, 특성, 연령, 성별 등에 대한 고려가 사전에 필요하다.

② 프로그램 주체기관에 대한 고려: 프로그램에는 실시하는 주체기관의 의도가 분명하게 담겨 있어야 한다.

③ 프로그램 활동내용에 대한 고려: 프로그램 활동내용에는 구체적인 장소와 시간, 프로그램 내용의 양과 질, 수행방법, 사용될 장비나 도구, 환경 등이 고려되어야 할 것이다.

④ 프로그램 담당자에 대한 고려: 프로그램은 반드시 전문인력에 의해 수행되어야 한다. 특히 인간을 대상으로 하는 서비스에는 프로그램 담당자의 역량이 매우 중요하게 작용된다. 일반적으로 프로그램을 수행할 때 담당자로는 직접 지도하는 프로그램 지도자, 공동지도자, 슈퍼바이저, 강사, 자원봉사자 등을 포함할 수 있다.

⑤ 프로그램에 필요한 예산에 대한 고려: 흔히 인건비, 관리비, 기자재 및 비품집기비 등이 포함된다.

⑥ 프로그램 평가에 대한 계획: 프로그램 평가에 대한 계획이다. 프로그램을 실행하는 궁극적인 이유는 프로그램이 설정한 목적과 목표를 달성하기

위해서일 것이다. 따라서 시행된 프로그램의 결과가 언제, 어떻게, 누가, 어디서, 그 결과를 평가할 것인가에 대한 상세한 계획을 가지고 있어야 한다.

나. 프로그램 활동내용 선정의 원리

프로그램 활동내용 선정의 원리로는 합목적성, 동기유발, 성취 가능성, 포괄성(다양성), 현실성, 지역성, 효율성 등이 있다.

① 합목적성: 프로그램 내용이 프로그램이 의도한 목적과 목표와 논리적으로 연계성을 잘 가지고 있어야 함을 의미한다.

② 동기유발: 프로그램 내용 선정에서 중요한 것 중 하나는 대상자의 동기유발이다. 프로그램의 성패는 대상자들이 얼마나 흥미를 가지고 참여하느냐에 달려 있다고 해도 과언이 아니다. 따라서 대상자의 동기유발을 위해 프로그램이 꼭 필요하다는 인식을 갖도록 해야 하며 흥미를 불러일으키는 요소를 포함시키는 것도 중요하다.

③ 성취 가능성: 프로그램에서 수행하고자 하는 내용들이 실제 대상자들이 할 수 있어야 하고 이는 성취와 연결되어야 한다. 아무리 내용이 좋다고 하더라도 대상자들이 참여를 포기하거나 기관에서 프로그램을 수행할 여건이 되지 않아서 프로그램을 실시할 수 없다면 성취 가능성이 낮다고 봐야 할 것이다. 따라서 프로그램의 내용을 대상자가 성취할 수 있고, 기관에서 실제로 실현할 수 있는 가능성이 있는지를 살펴보는 것도 중요하다.

④ 포괄성(다양성): 프로그램의 목적과 목표를 달성하기 위해 프로그램 내용이 포괄적이고 다양하게 제공되어야 한다. 한 가지 목적 또는 목표를 이루기 위해 한 가지의 프로그램 활동이 제공되기보다는 여러 가지 활

동이 다양하게 제공되는 것이 목적과 목표 달성에 더 도움이 될 것이다. 동일한 목적이나 목표를 달성하는 프로그램은 프로그램 간 상호 연관성이 있어야 할 것이다.

⑤ 현실성(실용성): 프로그램 내용이 사회적인 요구에 적합하고 사회에 적용될 수 있는 현실성 있고 실용적인 내용이어야 한다.

⑥ 지역성: 프로그램 내용을 선정할 때에는 프로그램이 진행되는 지역의 특수성이 반영되어야 한다.

⑦ 효율성: 프로그램 내용을 선정할 시 얼마나 시간, 경제적으로 효율적인지도 고려해야 한다. 들어가는 노력이나 비용, 에너지에 비해 성과가 어느 정도 될 것인지 등의 효율성은 자원이 제한되어 있는 환경에서 프로그램 내용을 선정할 때 중요하게 고려해야 하는 부분이다.

다. 프로그램 활동내용 조직의 원리

프로그램 활동내용 조직 시에는 다음과 같은 원리를 고려하여 작성하도록 한다.

① 연속성을 가진 프로그램으로 개발

프로그램 내용을 조직함에 있어서 단회성으로 끝내기보다는 연속성을 가져야 한다. 프로그램을 통해 반복적인 경험을 하게 되면 대상자들이 자기 것으로 수용하고 소화해낼 가능성이 높다.

② 서열에 맞도록 배치

계열성의 원리는 프로그램 내용이 서열에 맞도록 배치되는 것을 의미한다. 프로그램 내용이 계열성을 갖기 위해서는 프로그램 내용 간에 밀접한 관련성을 가져야 하며, 쉬운 것에서 어려운 것 순으로 배치하는 것이 좋으며, 단순하고 구체적인 것으로부터 복잡하고 추상적인 것으로 배치하는 것이 좋다. 또한 익숙한 것으로부터 생소한 것으로 배치하는 것이 도움이 된다.

③ 통합성을 가진 프로그램으로 조직

통합성의 원리는 프로그램을 조직할 때 분류되는 내용들이 상호배타적인 것이 아니라 넓은 범주에서는 통합된 성질을 가지는 것을 의미한다. 프로그램이 달성하고자 하는 목적과 목표 아래에 상호관련성이 확보되어야 한다는 것이다.

④ 전체에서 부분으로 구체화

프로그램을 구성할 때에 프로그램에 대한 전체적인 이해를 도울 수 있는 프로그램을 먼저 배치하고, 세부 프로그램이 진행되는 것이 바람직하다. 오리엔테이션을 활용하여 전체적인 의도를 전달하는 것도 좋은 방법이 될 수 있다.

⑤ 자발성과 창의성을 자극하는 활동을 먼저 배치하기

프로그램은 참여자의 자발성과 창의성을 극대화할 수 있도록 해야 하며, 이러한 프로그램이 초기에 배치되어야 전체 프로그램을 이끌어가는 데에 도움이 될 것이다.

라. 프로그램 구성의 절차

프로그램 구성 시 다음과 같은 절차에 따라 구성하도록 한다.

① 다양한 자료 검색

프로그램 개발에서의 다양한 자료 탐색은 필수적이다. 프로그램의 구성요소와 활동요소, 활동내용 등을 도출하기 위한 다양한 자료들은 관련 주제의 국내외 학술논문, 학위논문, 학회의 워크숍 등의 발표자료, 학술저서, 정부기관 및 연구기관 등의 출판자료, 인터넷 사이트나 블로그, 기업 등의 출판자료 등을 검토할 수 있다.

② 기존 프로그램 비교/분석

관련 자료 수집 시 필요한 키워드를 정한다. 다양한 기존 자료들에서 활용하고 있는 다양한 활용 내용의 요소들을 수집한다. 키워드를 중심으로 다양한 자료를 검색하고 수집한다. 프로그램별로 핵심 요소를 정리해 두거나 여러 프로그램을 비교/분석하는 방식도 가능하다.

③ 프로그램의 구성요소와 활동요소 추출

프로그램과 관련된 이론을 충분히 탐색, 그에 근거하여 프로그램 구성요소를 추출한다. 프로그램 구성요소는 목표에 대한 핵심 키워드이다. 이러한 구성요소들은 전체 프로그램 속에서 한 회기 또는 여러 회기에 걸쳐 진행될 수도 있다. 또한 프로그램의 목적과 목표를 이룰 수 있도록 프로그램 안에 여러 가지 구성요소들이 존재할 수 있다.

다음으로 프로그램의 구성요소가 정해졌다면 이를 직접적으로 실행에 옮겨 구현될 수 있는 활동요소들이 정해져야 한다. 충분한 이론적 탐색 없이 임의로 구성요소나 활동요소를 선정하게 되면 프로그램 내용의 오류를 가져올 수 있다. 즉, 이론적 배경을 근간으로 한 다양한 자료들을 검토하여 프로그램의 목적과 목표를 달성할 수 있는 구성요소를 산출한 후, 그 각각의 요소들이 다시 그것을 구현할 수 있는 활동요소로서 구현된다. 그러나 그보다 중요한 것은 청소년 프로그램 개발자 나름대로의 철학과 학문적 토대를 가지고 청소년들에게 어떠한 신념과 이념을 전수하고 제공할 것인가에 대한 기초를 마련하는 것이다. 이러한 기초가 마련되어야만 가치를 높일 수 있다.

④ 프로그램 활동내용 구상

구성요소와 활동요소를 바탕으로 새로운 프로그램의 활동내용을 구상한다. 기존 프로그램의 활동내용들이 프로그램의 목표달성을 위해 적절한지 살펴보고, 구성요소를 제대로 반영하고 있는지도 검토한다. 또한 대상 집단의 특성을 고루 반영한 내용인지도 살펴본다. 기존 프로그램 내용에서 잘된 부분들을 반영하고, 부족한 부분들은 개선하여 새로운 프로그램 활동을 구상한다.

⑤ 프로그램 활동내용의 선정

효과적인 프로그램 활동내용을 선정한다. 다양한 프로그램의 활동 내용들 중 프로그램에 가장 적절하면서도 효과적인 프로그램 활동이 무엇인지 고려하고, 선정기준을 구체적으로 마련한 후, 다양한 평가과정을 거쳐 프로그램 활동을 선정한다.

⑥ 프로그램 활동내용의 조직

프로그램 활동의 내용뿐 아니라 활동의 순서도 적절하게 배치하는 것을 고려한다. 프로그램의 활동 순서를 결정할 때에는 대상집단의 발달적 특성이나 프로그램 참여자들의 친밀감 정도, 프로그램 활동이 목표를 달성하는데 있어 논리적인 순서 등을 고려하여야 한다. 프로그램 참여자들이 가장 잘 집중하고 몰입할 수 있는 순서로 배치한다.

⑦ 사전실시(pre-test)

유사 대상자들을 구성하여 실제로 실시해 본다. 이를 통해 프로그램의 부족한 부분을 수정, 보완한다.

⑧ 프로그램의 지침서 제작

프로그램을 개발자뿐 아니라 여러 지도자들이 실시할 수 있는 가능성을 고려하여 세부적인 활동내용이 포함된 지침서를 마련하는 것이 좋다.

(3) 대안(체) 프로그램 개발

대안(체) 프로그램 개발과 관련된 모형으로는 점증주의, 포괄적 합리주의, 제한적 합리주의모형 등이 있다. 각각의 개념과 차이는 다음과 같다.

① 점증주의모형: 프로그램 대상자의 문제해결이나 욕구충족을 위해 어떠한 개입전략 및 서비스를 결정할 것인가의 대안 선택을 점증주의적 방법으로 결정하는 것이다. 과거에 수행했던 프로그램을 기준으로 설정하고 프로그램의 증가분과 여러 사회적 압력에 의해 필요해진 변화만을 고려하여 대안을 구상하고 선택하는 것이다.

② 포괄적 합리주의모형: 정해진 목표를 달성하기 위해 모든 가능한 대안을 열거하고 체계적 분석방법을 통해 개입전략 및 서비스를 선택하는 방법이다. 표적집단의 욕구 및 문제를 구체화하고 중요도 평가를 통해 우선순위를 정하기 위해 먼저 욕구조사를 수행한다. 다음으로 기존 서비스 대안에 대한 어떤 사전 배려도 없기 때문에 기관의 상황, 예산 등을 고려하지 않고 대안을 제시하게 된다. 최종적으로 문제 및 욕구의 중요도와 서비스 대안별 효과성 등에 대한 평가를 통해 프로그램 활동들을 결정하게 된다.

③ 제한적 합리주의모형: 욕구와 대안을 선택하는 체계적 방법에서는 포괄

적 합리주의모형을 취하지만, 욕구와 대안의 범위를 한정한다는 점에서 차이점이 있다. 해결해야 할 문제를 몇 개의 하위 분석단위로 나누고 단위별로 가능한 대안의 확인과 선택을 하는 것이다. 지역사회 문제해결의 목적 및 목표를 미리 알고 있다는 전제하에서 문제의 논리적 틀을 만들고, 이를 바탕으로 조사문항을 구상하여 서비스 대안들을 탐색하는 것이다.

이러한 모형에 맞춰 대안 프로그램으로 개발한 뒤, 대안 프로그램 선택 시에는 최적의 대안을 선택할 수 있도록 다음과 같은 기준을 고려하여 선택하여야 한다. 대안들의 비교 검토에서 주로 사용되는 기준은 크게 타당성과 실행 가능성이다. 타당성은 효과성, 효율성, 적합성, 형평성, 평등성 등으로 대안들을 비교분석하는 것이다. 실행 가능성은 기술적 실행 가능성, 경제적 실행 가능성, 이용자 확보 가능성, 사회윤리적 실행 가능성, 정치적 실행 가능성 등을 검토하는 것이다.

가. 타당성 기준

① 효과성(effectiveness): 프로그램의 목적을 달성하는 데 기여한 정도

② 효율성(efficiency): 프로그램의 목적을 달성하는 대안들에 대해 노력 변수를 고려하여 산출량을 측정

③ 적합성(adequacy): 민감성(responsiveness)이라고 하며 프로그램이 얼마나 청소년의 문제를 잘 해결하거나 욕구를 잘 충족시킬 수 있는가를 평가

④ 형평성(equity): 공평성이라고도 하며 프로그램에 참여하는 청소년이 다른 제약 없이 자신의 능력과 노력에 따라 대접을 받고 있는가를 측정

⑤ 평등성(equality): 개인에 대한 결과의 평등을 보장하는 의미

나. 실행 가능성 기준

① 기술적 실행 가능성

② 경제적 실행 가능성

③ 이용자 확보 여부

④ 사회윤리적 실행 가능성

⑤ 정치적 실행 가능성

4) 프로그램 실행

프로그램 실행은 프로그램의 목적과 목표를 달성하기 위해서 설계했던 프로그램 활동들을 직접적으로 수행하는 과정을 의미한다. 프로그램을 설계하기에 앞서 프로그램을 수행할 기관의 상황을 분석하는 것이 사전에 이루어져야 한다. 프로그램을 수행할 때 지역사회의 요구나 활용성 등을 고려해야 프로그램이 성공할 확률이 높을 것이다.

다음 단계로 수행되는 프로그램 실행에서는 세부계획을 점검하여 홍보를 통한 대상자 모집, 지역사회 자원 확보, 인테이크와 더불어 각종 서류 및 자료의 준비와 작성으로 서비스를 제공하며 양질의 서비스를 제공하기 위해 모니터링이나 서비스 질 관리 등의 구체적 노력을 하게 된다.

프로그램 실행단계에서는 프로그램을 수행하고 운영 관리하는 과정에서 반드시 다음과 같은 내용을 실행해야 한다.

① 프로그램 실행을 위한 최적의 제반 여건을 확보할 수 있도록 다양한 기법과 전략을 활용하도록 한다.

② 프로그램 실행이 보다 효과적으로 이루어질 수 있도록 지역사회에서 획득할 수 있는 인적 및 물적 자원을 최대한 활용하도록 한다.

③ 계획된 프로그램의 활동들은 진행과정에서 필요에 따라 적합하게 조정하도록 한다.

④ 진행과정에서 클라이언트 집단에게 계속적인 강화요인을 제공하고 관계증진 및 유지에 신경 써야 한다.

⑤ 참여자들의 경험 및 반응을 고려하여 프로그램 활동내용에 반영하도록 한다.

(1) 프로그램 홍보(마케팅)

프로그램 참여자를 누구로(표적집단) 할 것인지에 대해 어느 정도 윤곽이 잡히면 대상이 될 수 있는 잠재적 수요자에게 프로그램에 대해 알리고 참여를 권장하게 된다. 프로그램 홍보대상을 정할 때, 프로그램에 직접적으로 참여자뿐 아니라 그 주변인물도 포함시킬 수 있다. 프로그램은 같더라도 홍보하는 대상이 누구인지에 따라 주안점을 다르게 두기도 한다. 프로그램을 홍보할 때에는 프로그램의 제목(주제), 프로그램 대상자, 신청사격, 목적 및 목표, 간략한 내용, 일시 및 장소, 참가비용, 담당자 연락처, 신청방법 등이 포함될 수 있다. 프로그램의 홍보방법으로는 과거에는 포스터나 유인물, 홍보부스(길거리 홍보), 우편물이나 가정통신문, 신문이나 방송매체 홍보 등이 많이 활용되었다면 최근에는 핸드폰 문자메시지나 인터넷을 통한 홍보들이 활성화되어 있다.

① 인쇄 및 홍보물	⑦ Social Network Services(SNS)
② 홍보용 비디오 제작 및 상영	⑧ 인터넷 홈페이지에 홍보
③ 우편물	⑨ 인터넷 배너로 홍보
④ 대중매체 광고	⑩ 기관 이용자 및 자원봉사자를 통한 구두 홍보
⑤ 직접방문	⑪ 전화
⑥ 이벤트 및 특별행사	⑫ 길거리 홍보 등

(2) 실행인력

효과적인 프로그램의 수행을 위해 프로그램 지도자뿐 아니라 필요한 경우 공동지도자가 필요하며, 프로그램 전반에 걸쳐 슈퍼비전을 줄 수 있는 슈퍼바이저, 특정 프로그램에 대한 강사, 자원봉사자 등이 실행인력으로 포함될 수 있다.

(3) 프로그램 실행계획 수립

프로그램 실행계획을 위해서는 다음과 같은 사항들이 점검되어야 한다(김창대 외, 2015). 이 요소들을 사전에 점검하고 난 후 프로그램을 진행한다면 프로그램 실제 진행상황에서 발생하게 될 문제점을 미리 예방할 수 있을 것이며, 원활한 프로그램 진행에 도움이 될 것이다. 또 궁극적으로 프로그램의 목적과 목표를 달성하는 데에 기여할 것이다.

표 2-10 프로그램 실행 준비를 위한 실무 체크리스트(김창대 외, 2015)

구분	점검 사항
예산 확보 및 진행	1) 필요한 예산의 확보가 가능한가? 2) 원하는 일정에 맞추어 경비 지출이 가능한가? 3) 경비 지출에 필요한 구비서류 및 양식은 무엇인가?
인적 체제는 누가 어떻게 관리할 것인가?	1) 지도자는 섭외되었는가? 2) 강사료의 협의와 지급방식은? 3) 지도자 연락처는 확인했는가? 4) 관련 기관과의 협의가 필요한가? 5) 운영진의 역할 부담이 명확하게 이루어졌는가?
물리적 자원과 환경 정비	1) 장소는 잘 준비되었는가? – 장소는 크기, 밝기, 환기, 온도는 적절한가? – 프로그램 진행에 적합한 좌석 배열이 가능한가? (책상 및 의자 등) 장소 배치는 적절한가? 2) 기자재 및 설비는 잘 준비되어 있나? – 필요한 기자재는 무엇인가?(칠판/화이트보드, OHP, VTR, 노트북, 빔 프

	로젝트, CD 플레이어 등) – 음향시설은 적합한가? (마이크, 스피커, 녹음기 등) – 그 외 필요한 교구 및 준비물은 잘 갖추어졌는가?
프로그램 홍보와 참여자 모집	1) 홍보 채널과 홍보 방법은? 2) 프로그램에 대한 홍보가 충분히 이루어졌는가? 3) 참가자 접수방법이 명확하게 전달되었는가? 4) 접수창구는 누가 맡는가? 5) 별도의 사전 면담이 필요한가? 6) 참가자 접수 담당자는 누구인가? 7) 참가자에게 참석 확인이 이루어졌는가? 8) 참가자에 대한 안내 및 통지는 잘 이루어졌는가? (사전 준비물, 목적, 일시, 장소 등에 대한 안내)
프로그램 진행 관련 사항	1) 장소안내는 잘 이루어졌는가? (사전 확인, 장소 안내문 부착 등) 2) 사무절차에 대한 안내가 잘 이루어졌는가? 3) 출석 체크는 어떻게 하나? 4) 명찰 및 유인물은 준비되었는가? 5) 간식 및 음료수 준비는 적절히 이루어졌는가? 6) 필요한 자료는 준비하였는가? (필기도구, 자료 등) 7) 지도자, 운영진과의 사전 준비사항에 대한 점검이 이루어졌는가? (외부 강사라면 강의일정, 장소, 시간 등에 대한 사전 확인이 이루어졌는가? 강사와의 접촉자는 누구인가?) 8) 진행에 필요한 제반 사항을 누구에게 문의하고 확인하는가? 9) 기록 계획이 있는가? 기록 준비는 되어 있는가? (녹음기 혹은 VTR, 기록용지와 필기도구 등)
안내 및 위험 관리	1) 만일 기록을 한다면 사전 동의는 구했는가? 2) 참가자에 대한 안내가 잘 이루어지는가? 3) 궁금한 사항, 돌발 상황에 대한 문의 창구가 공지되었는가? 4) 비상 의약품 준비가 잘 되었는가?

(4) 프로그램 실행의 주요 과업

가. 프로그램 각 단계 및 과업

프로그램 실행 시에는 ① 참여자의 자발적 동의 ② 비밀보장의 원칙 ③ 프로그램 실행 결과에 대한 정직성 ④ 지도자의 편견 배제 등의 윤리 원칙을 잘 지키면서 수행해야 한다. 프로그램 진행은 프로그램의 전체 기간 및 회

수, 시간대, 공간, 비용 등을 결정해서 구조화하도록 해야 한다. 프로그램 실행은 준비단계 - 초기단계(집단구조화) - 중기단계 - 종결단계의 4단계로 각 단계에서의 과업은 다음과 같다.

① 준비단계

- 온오프 다양한 방법으로 프로그램을 홍보한 후 대상자를 모집한다.
- 프로그램에 대한 자발적 참여 및 동의도 매우 중요하다.
- 참여를 희망한 구성원들이 본 프로그램에 적합한지 선별한다.
- 프로그램 진행 시 지도자와 필요한 예산, 프로그램 구성, 장소, 시간 등에 대해 준비한다.

② 초기단계

- 오리엔테이션을 실시하여 집단에 대한 정보를 제공한다.
- 다음으로 집단성원들이 소개하는 시간을 갖는다.
- 집단의 목적과 목표를 소개한 후 집단지도자와 집단성원들의 역할도 설명한다.
- 집단에서 지켜야 할 규칙에 대해 나눈다.
- 프로그램의 전체 기간 및 회수, 시간대, 공간, 비용 등을 설명한 후 집단구성원들의 동의를 구한다.
- 청소년지도자와 집단구성원, 집단구성원들 간 라포(rapport)를 형성하는 프로그램을 마련하여 진행한다.
- 구성원들의 개별목표를 설정한다.

③ 중기단계

- 중기단계는 집단의 역동이 활성화되는 시기이다. 집단구성원들이 적극

적으로 프로그램에 임하고 자신의 감정을 솔직하게 표현할 수 있도록 한다.

- 지도자와 구성원들 간 깊은 신뢰관계가 이루어져야 하며, 집단응집력이 고조되는 단계이다.
- 프로그램의 목적과 목표를 달성하기 위해 본격적으로 작업하는 단계이다.
- 프로그램을 진행하는 동안 진행 회기별 평가를 통한 지속적 모니터링이 필요하다.
  - 집단 회기를 시작할 때에는 지난 회기 때 느낀 것과 배운 것, 일주일 동안 경험했던 바를 나눈 후, 금번 회기에서 경험하고 싶은 것에 대해 얘기하도록 한다. 집단지도자는 지난 회기 때 느꼈던 생각, 관찰 내용 등에 대해 다룬다.
  - 집단 회기를 마무리할 때에는 해당 회기 때 다루었던 내용을 요약하고, 집단원들이 느낀 부분에 대해 나눈다. 성원들에 대해 인정, 강화하도록 한다. 또한 프로그램에서 배운 내용을 일상생활에 어떻게 적용할 것인지 나누고, 필요한 경우 과제를 주어 수행해 오도록 한다. 또한 다음 회기에 다루고자 하는 희망사항을 표현하도록 한다.

④ 종결단계

- 프로그램의 목적과 목표를 달성되었으면 프로그램을 마무리 짓는 시기이다.
- 집단경험에서 도움이 된 점과 아쉬운 점에 대해 나누며, 새롭게 변화한 부분을 실생활에 적용될 수 있도록 돕는다.

또한 프로그램 실행과정에서 프로그램 관리(프로그램 활동들에 대한 점검 및 조정), 기록 및 정보관리, 모니터링, 서비스 질 관리 등이 수반되어야 한다.

나. 프로그램 진행 관리

프로그램 진척 상황의 검토와 보고 및 프로그램의 완성을 위하여 구체적인 시간이 계획돼야 프로그램의 목적 및 목표를 달성하기 위한 프로그램 진행이 가능하게 된다. 프로그램 진행계획의 작성과 검토는 여러 가지 관리 방법을 결정하여 프로그램이 효율적으로 진행하도록 실질적 수단을 제공할 수 있게 하여야 한다.

① 시간별 활동 계획 도표

1910년경 미국의 사업가 Henry Gantt가 개발한 것으로, 가로에는 월별 또는 일별 시간을 기재하고 세로에는 주요 세부목표 및 관련 활동을 기재하는 도표이다. 주로 프로그램의 진행 상황 및 목표 성취 등을 파악하는 마일스톤(milestone)의 도구로 사용된다. 이 기법은 프로그램의 목표를 달성하기 위해 일정 기간 수행해야 할 과업과 활동을 나열하여 시간적 순서에 따라 막대도표를 활용하여 표기하는 방법이다. 활동과 진행 사이의 상관관계를 보여주지 못하는 단점을 가지고 있다.

② 월별 진행카드

특정 활동이나 업무를 월별로 구분하여 조그마한 카드에 기재하는 방식으로 시간별 활동 계획도표와 유사하다. 특정 활동이나 업무를 월이 기입된 카드에 작성하여 간단하게 활용할 수 있는 방법으로 기법은 업무의 시간에 따라 변경하여 이동시키는 데는 편리한 장점을 가지고 있지만, 과업과 완성된 활동 간의 상관관계를 보여주지는 못하는 단점이 있다.

③ 총괄 진행표

프로그램의 활동들에 대한 흐름을 시각적으로 보여주는 그림차트로 프로그램의 진행과정을 한눈에 조감해 볼 수 있도록 총괄적으로 나타낸 것을 말한다. 사전적으로 논리 순서, 작업공정, 제조공정, 조직도 등을 그래픽으로 표현하기 위한 형식으로 이 기법을 사용하여 프로그램 진행에 대한 관리를 프로그램을 시작하는 단계부터 프로그램을 종결하는 단계까지 모두 포괄하여 모니터링할 수 있게 된다.

④ 방침관리기법

관리 사이클에 따른 프로그램 관리기법으로 일본 기업의 기획방법에 기초하여 고안되었다. PDCA(Plan, Do, Check, Action) 관리 사이클은 해결해야 할 문제나 목표가 주어지면 목표를 설정하고 조직의 자원을 결집시키는데 초점을 두어, 조직구성원의 역할을 분담하고 노력을 조정하기 위해 사용되는 기법이다. 방침관리기법의 수행절차는 PDCA 관리 사이클에 따라 원 계획이 수립되면, 계획을 실행하는 과정에서 도출되는 상황과 문제를 점검하여, 원래의 계획을 수정 및 보정하는 일련의 절차를 순환시켜 나간다.

다. 프로그램 기록관리 및 정보관리

① 기록관리

프로그램 실행을 위한 기록은 프로그램 준비단계(프로그램 계획서, 욕구조사서, 계약서, 프로그램 평가 서류: 사전평가서 · 과정기록지 · 출석표 · 과제수행지 등), 프로그램 실행단계(개별 기록: 상담기록 · 관찰기록 · 정보수집, 집단 기록: 집단과정기록 · 집단활동진행일지, 중간평가서), 프로그램 종결단계(전체 프로그램 평가서, 종결기록, 개별 구성원 목표달성 기록, 의뢰서, 종결서, 사후지도계획서 등)로 구성된다. 프로그램 기록은 다음과 같은 목적으로 관리되어야 한다.

- 모든 청소년활동을 기록으로 남겨 문서화
- 효과적인 서비스를 위한 모니터로 실천과정을 기록하면서 자신의 활동 점검, 개선
- 청소년이 이동할 경우에도 사례의 지속성을 유지
- 전문가 간 의사소통이 가능하고 팀활동의 매개
- 슈퍼비전의 활성화 클라이언트와 정보 공유

이러한 기록의 부수적 기능은 실천, 기관행정, 전문적 교육과 발전을 지원하는 것이다. 청소년전문가는 좋은 기록을 남기도록 훈련받아야 한다.

표 2-11 좋은 기록과 잘못된 기록

좋은 기록	잘못된 기록
• 서비스 결정과 행동에 초점을 둔다. • 사정, 개입, 평가의 기초가 되는 내담자의 상황에 대한 정보가 들어 있다. • 각 단계의 목적, 목표, 계획, 과정과 진행을 포함한 서비스 전달에 대한 정보가 들어 있다. • 상황묘사와 청소년전문가의 견해가 명확하게 분리, 관찰사항과 해석을 정확히 표현한다. • 구조화되어 있는 정보를 효과적으로 문서화할 수 있고 쉽게 추출해낼 수 있다.	• 철자가 틀리고 잘 끊어지지 않는 문장을 사용한다. • 반복되고 장황스러운 문장을 사용한다. • 행위자가 식별되지 않는 문장이 있다. • 의미 없고 과장되고 전달력이 부족하다. • 근거(관찰과 평가) 없는 결론을 내린다. • 상황에 대해 독단적인 견해와 부정적인 내용을 주로 표현한다.

② 정보관리

최근 들어 정보관리 영역의 중요성이 대두되고 있다. 프로그램 정보관리는 기관조직에서 정보관리체계를 통해 수행하게 된다. 청소년 기관, 시설은 조직의 효과성 및 책임성을 검증하기 위하여 행정적으로 다양하고 많은 분량의 서류를 요구하고 있는 사회제도적 환경이다. 데이터가 의미, 지식, 아이디어, 결론 등을 도출할 수 있도록 변환되었을 때만이 정보가 될 수 있다. 최근에는 정보관리시스템으로 회계, 관리, 세무, 고객관리, 이력, 시 · 군 · 구 보고

를 한다. 이러한 정보의 종류로는 지역사회 정보, 청소년 정보, 서비스 정보, 직원 정보, 자원 정보 등이 있다.

- 지역사회 정보: 인구통계학적 정보, 사회적 · 경제적 특성에 관한 자료, 서비스를 받고 있는 대상자의 범위 확인, 유사 서비스 제공기관과 재원의 목록 등
- 이용청소년 정보: 이용청소년의 현존 문제, 개인력, 서비스 수혜 유형, 서비스 기간, 사회경제적 · 가족적 특성, 고용상태, 만족도 측정과 서비스 성과 등
- 서비스 정보: 기관의 서비스 단위, 청소년 수, 일정한 기간 내에 서비스를 제공받은 청소년 수와 서비스가 종결된 청소년 수, 서비스와 관련된 활동에 관한 설명 등
- 직원 정보: 프로그램 수행에 참여한 시간, 프로그램 담당기간, 직원의 임면에 관한 사항, 직원의 전직과 보직 변경 등
- 자원할당 정보: 전체 비용, 특수한 유형의 서비스 비용, 예산 및 결산보고서를 위해 필요한 자료 등

라. 프로그램 모니터링

프로그램 모니터링은 기획 및 설계된 프로그램이 원래 의도한 방향으로 진행되고 있는지를 확인할 수 있는 실질적인 점검 장치로 목표달성을 위해 반드시 수행되어야 하는 과정이다. 프로그램 모니터링을 수행하는 주체는 기관 내부와 외부로 구분할 수 있다. 프로그램 실행하는 과정에서 수행단계별로 모니터링을 실시함으로써 프로그램의 다양한 차원에서 정보와 자료가 수집될 뿐 아니라 프로그램 수행과 관련된 문제점이 탐색되고 개선할 수 있는 방안을 마련한다.

프로그램 모니터링 방법은 프로그램 모니터링의 유형으로 설명될 수 있다.

① 관리정보 시스템: 프로그램에 참여하는 청소년의 특성과 참여인원에 대한 정보를 통해 모니터링 한다(적용 책무성).
② 성과측정을 위한 모니터링: 책무성에 대한 프로그램 산출과 성과의 양과 질에 관한 종합적 점검에 초점을 두고 모니터링 한다(영향 책무성).
③ 과정평가를 통한 모니터링: 프로그램이 실제 의도한 서비스가 클라이언트 체계에 전달되고 있는지에 관해서 전반적인 프로그램 운영과 서비스 전달에 비추어 점검 또는 검토하며 주요 방법으로 프로그램 감사, 적용대상 측정, 과정분석 등이 있다(재정, 적용, 영향 등).

마. 프로그램 질 관리

① 프로그램 질 관리 개념

프로그램은 서비스 제공 활동, 행정활동, 지역사회활동 등을 수행하지만, 가장 핵심적인 내용은 욕구 및 문제를 가진 청소년에게 서비스를 제공하는 활동이다. 프로그램 관리자는 질 높은 서비스를 제공하기 위해서 서비스 질 관리를 반드시 수행해야 한다.

② 서비스 질 관리 접근방법

청소년 프로그램은 청소년 프로그램을 전달하는 인력의 전문성에 의해 가장 영향을 많이 받는다는 점에서 최근 들어서 인적 자원 관리가 서비스 질 향상을 위한 방법으로 자주 활용되고 있다. 이론적 접근모형으로 조직적 접근방법(조직문화, 리더십, 품질관리체계), 분석적 접근방법(욕구 및 만족도 조사), 인적 자원 접근방법(제공인력), 시스템적 접근 등이 있다. 질 관리를 위한 접근모형에서 가장 포괄적인 접근이라 할 수 있는 시스템적 접근은 체계론적 관점에서 투입, 전환, 결과 및 성과로 구분하여 서비스 질 관리를 위한 다양한 방법과 노력을 전개하는 방법으로 많이 활용될 수 있다.

③ 서비스 질과 만족도 조사

프로그램에서 청소년 및 보호자 만족도 조사를 통해 서비스 질 관리 및 평가를 시도하지만, 서비스 만족도 조사에서 이용자와 수혜자가 "대체로 만족한다"고 응답한다는 것을 유의해야 한다. 이는 이용자가 제공받는 서비스 자체를 고맙고 감사하게 받아들이는 경향성과 프로그램을 성공적으로 참여한 청소년만을 대상자로 하여 조사에 대한 신뢰를 얻을 수 없기 때문이다. 만족도 조사의 왜곡을 방지하기 위한 방법으로 만족도 차원의 다양화, 조사방법의 다양화, 조사시점과 형태의 다양화, 신뢰도와 타당도가 확보된 조사도구의 활용 등이 있다.

5) 프로그램 평가

(1) 청소년 프로그램 평가의 개념

평가는 논리적이고 과학적인 사정방법을 사용하여 정책이나 프로그램의 효과성, 효율성을 높이고자 하는 의도적인 노력의 과정이다. 평가(evaluation)의 사전적 정의는 사물 또는 그 속성에 대한 가치판단을 의미한다. 즉 가치(value)를 부여하고, 비평(criticizing)을 가하는 것이다. 또한 평가는 점검(checking), 검토(monitoring) 등과 같은 간단한 의미로도 활용된다. 그러나 평가대상의 과거 및 현재 상황, 변화과정 및 결과 등에 대해 심층적으로 분석하는 종합적인 평가의 의미를 한다. 그러므로 평가는 사물과 사건에 대하여 가치를 부여하는 것뿐만 아니라 어떤 사업이나 활동의 목표달성 정도 및 계획수행의 효과 · 효율성 수준을 검사, 조사, 점검, 심사, 판단, 평정, 측정하고 수정, 개선하는 것을 총칭하는 개념이다.

프로그램 평가는 프로그램을 실행한 후에 프로그램의 성과, 가치, 효과를 판단하는 것을 의미한다. 프로그램과 관련된 제반 요소에 가치를 부여하고, 비평하는 일련의 과정이다. 청소년분야에서의 평가란, 프로그램 혹은 기관의 계획, 수행, 성과 등 제반 활동을 체계적으로 가치판단하는 것이다. 행정에서는 이러한 평가를 행정관리 수단으로 인식한다. 즉 평가는 어떠한 욕구를 지닌 사람들에게 적절한 서비스가 제공되는가? 어떻게 또는 무엇에 관한 적절한 서비스를 제공하는가? 프로그램 참여자인 서비스 이용자는 변화되었는가? 어떠한 서비스는 효과적인가? 효율적인가? 서비스이용자는 현재의 서비스에 만족하는가? 이번에 적용한 개입방법은 과거보다 효과적이었는가를 파악하는 데 초점을 두게 되어 행정관리 수단으로써의 역할을 지닌다는 것이다(성규탁, 1994).

이때 고려되는 제반요소에는 프로그램 진행과정, 물적 · 인적 자원, 프로그램의 목적과 의도, 프로그램 내용, 프로그램의 결과 등이 있다. 프로그램 평가는 프로그램과 관련된 제반 요소 중에서 프로그램의 의도, 프로그램의 내용, 프로그램 참여자, 프로그램 운영을 평가의 주 대상으로 삼아 프로그램의 가치를 판단하고, 프로그램의 성과를 진단하며, 프로그램의 목표, 내용, 활동, 산출물, 비용(투입) 등에 관한 정보를 제공하려는 일련의 과정인 것이다.

프로그램 평가의 목적에는 다음과 같은 네 가지 목적이 있다. 첫째, 프로그램의 가치나 장점을 판단하거나 결정하기 위하여 프로그램을 평가하는 것이다. 둘째, 프로그램의 효과 및 영향을 파악하고 판단하기 위한 것이다. 셋째, 프로그램의 목적달성 정도를 확인하기 위하여 실시한다. 넷째, 프로그램에 대한 의사결정을 보조하기 위한 것이다.

(2) 청소년 프로그램 평가의 기능과 영역

청소년 프로그램 평가의 기능은 평가대상에 대한 이해, 진단, 치료의 기능, 프로그램의 구성요소들을 개선시켜 주는 기능, 청소년들의 학습동기를 유발시키는 심리학적 기능, 청소년들을 지도 · 상담하기 위한 기초자료 제공의 기능, 프로그램의 질적수준을 유지 · 향상시켜 주는 기능 등의 5가지로 정리해 볼 수 있다.

① 평가대상에 대한 이해, 진단, 치료의 기능: 청소년의 성취 정도를 정확히 이해하고, 성취 정도에 문제가 있는 요인을 발견, 확인하여 그 대책을 세울 수 있게 한다.

② 프로그램의 구성요소들을 개선시켜 주는 기능: 청소년에 대한 평가결과는 교수자, 지도방법, 교육 프로그램의 효과성을 평가하는 데 유용한 증거로 활용되어 프로그램 구성요소들의 개선을 가능하게 해준다.

③ 청소년들의 학습동기를 유발시키는 심리학적 기능: 평가결과를 확인하여 학습의욕을 촉진시켜 주는 기능을 한다.

④ 청소년들을 지도 · 상담하기 위한 기초자료 제공의 기능: 평가의 결과는 프로그램 효과에 관한 진단, 판정뿐 아니라 청소년을 지도, 상담하기 위한 자료로도 활용될 수 있다.

⑤ 프로그램의 질적수준을 유지 · 향상시켜 주는 기능: 프로그램에 참여한 청소년들이 단순히 교육 프로그램을 수료하는 것을 넘어서 바람직한 지식, 기술을 습득했는가를 확인해 주고, 프로그램이 의도했던 목표가 실현되었는가를 설득력 있게 보여준다. 또한 프로그램의 목표를 보다 더 잘 달성할 수 있도록 개선되기 위해서 어떠한 변화가 있어야 할 것인지를 탐색해 줌으로써 의사결정자들이 전반적인 운영전략을 수립하는 데

기초자료로 활용할 수 있도록 도와준다.

청소년 프로그램 평가의 영역은 평가하고자 하는 대상 및 범위를 말한다. 따라서 다음과 같은 프로그램 영역을 주로 대상으로 평가하게 된다.

① 프로그램 목적: 프로그램이 궁극적으로 의도하는 바가 성취되었는가를 확인하는 데 초점이 있다. 주로 목표지향 평가의 원리와 절차에 따라 수행된다.

② 프로그램 내용: 프로그램의 질적인 측면에 관심을 가지고 프로그램 내용의 혁신성, 현실성, 즉시성, 적용성, 요구반영 정도 등에 초점을 둔다. 탈목표 중심 평가의 원리와 절차에 따라 평가가 수행된다.

③ 프로그램 운영: 프로그램 운영과 관련된 환경적인 제반 요인, 시설, 매체, 수강료, 강사자질 등을 종합적으로 확인하고 점검한다. 의사결정 중심 평가의 원리와 절차에 따라 수행된다.

④ 참여자 반응: 프로그램에 참여했던 사람들의 프로그램에 대한 인식, 태도, 느낌, 호감도, 만족도 등을 파악하는 데 초점이 맞추어진다. 탈목표 중심 평가와 참여자 중심 평가의 원리와 절차에 따라 수행되며 설문이나 인터뷰를 통해 참여자 반응이나 만족도를 알아볼 수 있다.

(3) 청소년 프로그램 평가의 원칙과 원리

청소년 프로그램 평가의 원칙은 다음의 네 가지로 정리될 수 있다. 첫째, 청소년의 욕구와 서비스 간의 관계는 매년 전문적으로 조사되고 평가되어야 한다. 둘째, 청소년 관련 기관에서는 프로그램과 서비스의 성과 측정, 모든 이용자에 대한 대표적인 표본, 평가에 대한 사후관리, 6개월 동안 실시된 프로그램에 대해 청소년의 성장 및 발전 측정 등의 평가시스템을 갖추고 있어야 한다. 셋째, 프로그램 평가 시스템은 이용자 선정기준, 제공된 서비스의 목록, 측정 가능한 목표들, 측정일자, 목표의 우선순위, 효과성와 효율성 측정, 프로그램에 대한 만족도 측정 등을 포함해야 한다. 넷째, 프로그램 평가체계에서 얻어진 정보는 프로그램의 중단, 지속, 향상을 위한 의사결정에 활용될 수 있어야 한다.

최근에는 프로그램 평가 윤리적 이슈들이 중요시되고 있는데 이에 따른 지침은 다음과 같다.

- 지침 1: 청소년 프로그램 평가를 위해서 참여하는 청소년은 반드시 자발적이어야 한다.
- 지침 2: 프로그램 평가에 참여하는 청소년은 평가 참여로 인해 발생하는 불편이나 위험과 혜택 등에 대해 충분한 정보를 반드시 제공받아야 한다.
- 지침 3: 프로그램 평가 참여로 인한 결과로 어떠한 위험도 없어야 한다.
- 지침 4: 민감한 개인정보는 보호받아야 한다.

또한 프로그램 평가가 객관적, 과학적, 합리적으로 이루어지기 위해서는 몇 가지 원리가 요구된다.

첫째, 바람직성을 평가할 수 있는 가치판단기준이 설정되어야 한다. 평가는 관련된 정보를 수집, 분석, 해석하는 경험적 · 해석적 접근에 의해 이루어진다. 평가의 과정에서 바람직성에 대한 평가는 반드시 이루어져야 하며, 이를 위해서는 가치판단의 기준이 명확히 설정되어 있어야 한다.

둘째, 평가는 프로그램이 진행되고 있는 현장이나 실제상황 속에서 이루어져야 한다. 평가는 프로그램이 지니고 있는 문제를 발견하고, 진단하고, 치유책을 강구하고, 문제를 예방하는 활동이므로 프로그램이 진행되는 실제 상황 속에서 이루어져야 한다.

셋째, 평가는 의사결정 또는 전략 수립을 촉진하기 위한 활동이어야 한다. 평가는 프로그램의 목적과 목표가 제대로 수행되었는지를 판단하는데 중요한 목적이 있다. 따라서 평가결과는 차후의 의사결정과 정책수립을 위한 귀중한 출발점이 되며 특정의 목적과 목표를 지향하고 있는 프로그램이 어떻게, 언제, 어느 방향으로 진행되어 가고 있는지를 분명히 밝혀내야 한다.

넷째, 평가는 지속적 · 종합적으로 전개되어야 한다. 프로그램이 종료되는 시점에서만 이루어지는 것이 아니라, 프로그램 기획의 단계에서부터 지속적으로 이루어져야 한다. 또한 순환적으로 반복되어 이루어져 프로그램의 목적 및 목표와 관련된 모든 활동들이 모두 포함되어 있어야 한다.

최근에 부각되는 있는 임파워먼트 평가원칙은 다음과 같다.

① 프로그램의 질에 영향을 주는 것을 목표로 해라.
② 프로그램 이해관계자와 함께 평가에 대한 권한과 책임을 가져라.
③ 평가기준을 고수해라.
④ 평가를 이해하기 쉽게 설명하라.
⑤ 프로그램 이해관계자와 협력을 강조해라.
⑥ 이해관계자의 평가실행 및 결과활용 역량을 키워라.
⑦ 프로그램을 개선하기 위해 평가결과를 활용해라.
⑧ 프로그램 개발단계에서 실행될 수 있도록 해라.
⑨ 프로그램 기획에 영향을 줘라.
⑩ 프로그램 실무자의 자기평가를 제도화해라.

(4) 프로그램 평가 유형 및 평가모형

청소년이 프로그램에 대해 느낀 호의성 정도는 청소년 만족도 평가를 의미하며, 프로그램을 통해 청소년이 습득한 지식, 태도, 기능은 효과성 평가를 말한다. 프로그램 이수 후 실생활에서의 나타난 긍정적 변화는 실생활적용도 평가이며, 프로그램에 투자한 시간과 노력, 비용 등에 대비한 교육성과는 효율성 평가이다. 다양한 평가 유형은 다음과 같다.

① 형성평가와 총괄평가(평가시기 및 목적)

형성평가는 프로그램을 운영하는 도중에 수행되는 평가로서 프로그램을 진행하는 과정에서 도출되는 문제점을 발견하여 프로그램을 수정하거나 보완을 목적으로 이루어지는 평가조사이다. 이중에서 운영과정 평가는 프로그램이 원래 계획한 대로 수행되고 있는지를 분석하여 향후 프로그램 운영전략을 수립하고 프로그램의 중단 · 축소 · 유지 · 확대 여부를 결정하는 평가이다. 협의적 형성평가는 프로그램이 의도한 효과나 예상치 못한 긍정적 및 부정적 부수효과 등이 발생한 경로를 파악함으로써 총괄평가를 보완하는 기능을 수행하는 평가이다.

총괄평가는 프로그램이 종결된 이후 프로그램의 결과를 평가하여 프로그램의 성과와 영향을 파악하고자 하는 평가방법이다. 이러한 총괄평가는 목적에 따라 효과성 평가와 효율성 평가로 구분된다. 효과성 평가 질문은 의도했던 프로그램 효과가 과연 프로그램으로 인해 발생하였는가, 프로그램을 통해 얻어진 효과는 프로그램 목표와 대비하여 어느 정도 달성되었는가, 프로그램 효과의 크기는 해결하고자 했던 사회문제나 욕구를 해결하는데 충분한가 등이다. 효율성 평가 질문은 프로그램을 위한 직접적 비용은 얼마인가, 부작용이나 사회적 충격을 포함한 사회적 비용은 얼마인가, 프로그램 효과는 비용을 상쇄할 만큼 큰 것인가이다.

② 질적 평가와 양적 평가(연구방법)

질적 평가는 수량화하지 않은 자연스러운 상황에 대한 관찰이나 면접을 통해 귀납적으로 자료를 획득하고 분석이다. 연구목적에 적합한 개별화된 집단이나 개인에서 나타나는 내 · 외면적 인간행위와 상호작용 그리고 그 흐름과 총체적 증거에 대해 심도 있는 통찰과 객관적인 관찰기록 또는 세부묘사를 추구한다. 반면 양적 평가는 평가를 위해 수집되는 자료가 주로 계량화되고, 실험조사와 같은 조사설계를 통해 객관적 자료가 연역적으로 분석되는 평가방법이다. 샘플집단을 대상으로 척도를 활용한 설문지나 계량화된 측정기준을 사용하여 측정하거나 수립된 수량적 결과들에 대하여 통계적 이론을 기반으로 하여 결과를 기술하고 가설을 검증해 모집단의 특성을 추정한다. 양적평가는 표집절차, 대상자 선정, 프로그램 설계, 표준화된 척도를 활용한 평가지표 선정, 통계수행 등의 과정을 통해 이루어진다.

■ 표 2-12 **질적 · 양적 평가방법의 특징**

구분	질적 평가방법론	양적 평가방법론
가치의 역할	주관적	객관적
유형	귀납적	연역적
응답자에게 부과된 구조의 정도	낮음	높음
(개입의 또는 응답의)조정 정도	낮음	높음
관찰을 위해 소모되는 시간의 양	많음	적음
조사자와 주제 사이의 사회적 거리	낮음(가깝다)	높음(멀다)
조사자의 역할	주제와 관련된 동반자	기술자
수집된 자료의 특징	연성자료(soft data; 수량화되어 있지 않은 자료들, 예를 들어 문자, 단어, 사진, 상징 등)	강성자료(hard data; 주로 수량화되어 있는 자료들, 예를 들어 숫자, 퍼센티지, 비율 등)

평가의 강조	평가조사의 과정을 중시	평가조사의 성과 또는 결과를 중시
평가조사방법의 유형들	• 민속학적 조사(ethnograpic study 또는 현장조사, field study) • 사례조사	• 단일사례 또는 단일 집단조사 (사후조사, 사전-사후조사) • 실험(experimental)조사 • 준실험조사
자료수집방법	• 구조화되지 않은 공식적 인터뷰, 심층인터뷰, 열린 형태의 인터뷰 • 관찰	• 설문조사: 질문지(또는 구조화된 질문지를 이용)

③ 내부평가와 외부평가(평가주체)

내부평가는 평가를 수행하는 주체가 프로그램을 직접 수행하는 것이다. 기관의 관리자, 프로그램 관리자, 프로그램 수행인력 등 조직 내의 구성원이 수행하며 과정이나 결과에 대한 자기반성적 평가의 성격이 강하다. 외부평가는 외부인에 의해서 평가를 수행하는 것이다. 프로그램을 수행하는 조직의 구성원이 아닌 기관 밖의 전문가가 컨설턴트로서 수행하며 조직운영이나 프로그램의 개선을 목표로 한다.

④ 적합성 평가와 메타평가(분석단위)

적합성 평가는 하나의 프로그램이 의도한 목적을 달성했는지에 초점을 두고 평가하는 것으로 개별 프로그램에 대한 효과성 평가가 이루어지기 전에 해당 프로그램의 목표가 사회적 가치에 부합하는지 여부를 살펴보는 평가이다. 메타평가는 다양하게 실행된 각 프로그램의 평가결과를 종합적으로 분석함으로써 경험적 근거가 축적되고 검증된 프로그램 요소를 도출하기 용이하다는 장점이 있다.

한편 프로그램 평가에 유용한 평가모형으로는 목표달성 평가모형, CIPP 평가모형, 판단 평가모형, 제4세대 평가모형, 해결 가능성 모형, 설명일반화

해결가능성모형은 목표달성 평가모형과 유사하다. 여러 해결책들의 효과성을 평가하며 내적 타당도가 극대화되는 조사설계이다. 설명일반화모형은 효과적인 해결책을 여러 가지로 본다. 외적 타당도를 중시하고 여러 가지 상이한 환경하에서 효과성을 검사한다. 이해관계자모형은 이해관계자들의 욕구충족 정도를 확인하는 데 중점을 둔다. 주로 운영위원회, 법인이사회에서 보고자 하는 자료를 구성하는 것이다.

표 2-13 Mcguire Matrix(맥과이어의 설득모형 변형)[1]와 CIPP모형

<table>
<tr><th rowspan="2">투입 / 산출</th><th rowspan="2">지도자</th><th colspan="2">메시지 주제</th><th rowspan="2">채널
(운영)</th><th rowspan="2">청소년</th><th rowspan="2">효과성</th></tr>
<tr><th>경제지식</th><th>도농교류</th></tr>
<tr><td>1. 주의, 선호</td><td rowspan="4">중간평가</td><td rowspan="4" colspan="5">사후평가
(종합평가)</td></tr>
<tr><td>2. 이해, 설득</td></tr>
<tr><td>3. 기억, 저장</td></tr>
<tr><td>4. 행동, 강화</td></tr>
</table>

이 외에도 평가방법을 기준으로 한 모형으로 다음과 같은 접근방법이 있다.

① 목표지향 평가 접근법(attainment of objective approach)

목표지향 평가 접근법은 프로그램을 실시하기 이전에 미리 설정해 두었던 프로그램의 의도와 목표를 중심으로, 청소년들이 프로그램 참여를 통해 어느 정도 도달하였는가를 판단하는 일련의 과정을 말한다. 즉 프로그램의 목표를 어느 정도 달성했는가에 초점을 둔 평가방식이다.

목표지향 평가 접근법의 진행과정은 ① 프로그램 계획 단계에서 미리 예상되는 결과, 즉 프로그램 목표를 설정한 후 ② 실행과정을 통해 발생된 결

1) Mcguire (1989). "Attitudes and attitude change", Handbook of social psychology.

과를 측정하고, ③ 그 결과를 평가의 기준(criterion)이 되는 목표와 비교하여 ④ 그 가치를 판단하게 되는 과정을 거친다.

표 2-14 목표지향 평가 접근법의 장단점

장점	단점
① 평가기준 설정이 용이하며, 평가결과의 해석이 용이하다. ② 평가에 소요되는 시간이 비교적 짧다. ③ 프로그램 참가자의 성과를 쉽게 수량화할 수 있다.	① 프로그램과 관련된 다양한 자원을 고려하지 못한다. ② 프로그램 목표설정이 잘못될 경우 평가는 의미가 없게 된다. ③ 의도하지 않은 부수적인 결과들이 인정되거나 평가되지 않을 수 있다.

② 의사결정 평가 접근법

의사결정 평가 접근법은 의사결정자에게 필요한 정보를 제공하여 의사결정을 돕는데 초점을 맞춘 방식이다. 평가는 프로그램 운영자의 의사결정을 돕는 수단적 기능을 가지기 때문에 의사결정 평가 접근법은 프로그램 운영자의 입장에서 평가한다. 즉, 프로그램 운영자가 프로그램을 지속적으로 시행할 것인가를 결정하기 위해 수행하는 것이다. 평가자는 단지 프로그램에 대한 정보와 자료만을 수집할 뿐이며, 자료에 대한 가치판단은 의사결정자에 의해 이루어지게 된다. 의사결정 평가모델에서는 상황평가, 투입평가, 과정평가, 산출평가, 활용평가 등을 실시한다. 상황평가는 프로그램 실행 여부 및 프로그램 목적 설정과 관련된 평가이고, 투입평가는 설정된 목적 달성을 위해 필요한 수단을 구체화시키는 평가이다. 과정평가는 설계한 대로 실천하기 위한 결정과 관련된 평가이며, 산출평가는 프로그램을 통해 즉시적으로 나타난 변화에 대한 평가이다. 마지막으로 활용평가는 프로그램 종료 후 실제 현장에서 활용하는 정도에 대한 평가이다.

■ 표 2-15 의사결정 평가 접근법의 장단점

장점	단점
프로그램의 계획, 시행, 평가단계를 모두 포괄하는 유용한 정보를 제공한다.	현장의 개선이나 혁신을 위한 평가에 초점을 두기보다는 현상 유지를 위한 평가, 의사결정자의 결정을 합리화해 주는 평가가 될 수 있다.

③ 탈목적 평가 접근법(goal-free approach)

탈목적 평가 접근법은 프로그램이 자체적으로 설정해 놓은 목표달성의 여부에 관심을 두지 않고, 오히려 현재의 프로그램이 어떠한 결과를 산출하고 있는가를 규명하는 평가방식으로 프로그램의 목적보다는 참여자의 반응과 만족정도에 관심을 기울인다. 평가자는 프로그램 참여자의 요구가 무엇인지를 판단해야 하고, 프로그램의 내용과 활동이 참여자를 만족시켰는지 아니면 참여자의 요구가 충족되었는지를 확인하는데 초점을 맞춘다. 청소년교육, 복지, 활동 현장에서 프로그램 참여자들의 반응을 체크하고, 그들의 만족 정도와 요구 충족도를 파악하는 것을 의미한다. 실질적으로 청소년 실천현장에서 이 평가방법은 가장 일반적으로 사용되고 있다.

④ 실험평가 접근법(experimental evaluation model)

실험평가 접근법은 프로그램의 기여도에 초점을 맞춘 평가방식이다. 프로그램과 관련된 특정 변화의 원인이 본질적으로 프로그램과 직접적으로 관련성이 있는가, 있다면 프로그램이 그러한 변화에 어느 정도 기여했는가를 판단하는 평가모델인 것이다. 실제로 프로그램 참여자의 행동 변화를 위해 실험 집단을 만들어 프로그램의 효과를 평가한다. 이러한 유형으로는 사전-사후 효과분석방식, 실험-비실험집단 비교방식 등이 있다.

⑤ 참여자 평가 접근법(participation evaluation model)

참여자 평가 접근방식은 평가의 대상과 주체가 따로 구별되지 아니하고 프로그램에 참여했던 사람들이 행하는 비판적 숙고과정(critical reflection process)을 통해 산출된 결과를 평가로 규정하는 방식이다. 이러한 평가모델은 평가도구를 별도로 제작하기 보다는 참여자들이 직접 자신들의 행위를 되돌아보고, 각 행동을 공유한 후, 비판적 숙고과정을 거쳐, 자신의 삶 속에 프로그램의 결과를 적용시켜 나가는 일련의 과정절차를 따르기 때문에 "Doing-Reflective-Apply" 과정으로 불리기도 한다. 참여자 평가는 자기반성, 집단회합, 집단평가회, 역할연기 등 다양한 형태로 추진될 수 있는데, 참여자 평가 접근법에서는 프로그램 참여자 혹은 청소년의 권리를 옹호하는 임파워먼트가 강조된다.

표 2-16 프로그램 평가 접근법

실험적 접근	통제집단과 실험집단을 상호 비교하여 인과적 관계를 도출하여 객관성과 과학적 방법을 확보
목표 지향적 접근	목표를 명확히 설정하고 그 달성 여부를 평가하는 것
의사결정 중심적 접근	관리상의 의사결정과 프로그램 수행을 모니터링하기 위해서 체계적인 정보의 수집과 분석을 강조
이용자 지향적 접근	평가의 유용성 측면에서 강조
반응적 접근	사회 지향적 접근과 체계적인 방법을 결합한 것

(5) 프로그램 평가 기준

프로그램을 올바로 평가하기 위해서는 일정한 기준이 있어야 하며, 기준은 프로그램의 성공이나 실패를 판정할 수 있는 잣대가 된다.

① 노력성: 투입 수/ 활동 수

프로그램을 위해 동원한 자원의 정도와 활동의 양이 어느 정도인가에 대한 것이다. 프로그램을 위한 예산 및 인력의 투입이 많고, 실제적인 활동이 많을수록 높은 평가를 받게 된다. 구체적인 노력성을 평가하기 위한 자료로 참여한 청소년 수, 인적 자원 투입 정도, 물적 자원 투입 정도, 업무수행활동 등이 이에 해당된다.

② 효과성: 긍정적 변화

프로그램이 기획한 목표를 어느 정도 달성했는가를 측정하기 때문에 프로그램 평가에서 가장 중요시되는 기준이며 가장 활발하게 적용되고 있다. 프로그램에 참여하고 있는 청소년이 얼마나 변화하였는가와 어느 정도의 성과를 얻었는가를 측정하게 된다. 프로그램 평가기준으로 효과성을 적용할 때는 프로그램의 실행 이전에 명확한 목표를 설정해야 한다. 효과성을 평가하기 위한 자료원으로는 청소년 인지적/감정적/행동상의 변화, 청소년과 가족 및 사회적 변화 등이 있다.

③ 효율성: 단가 비교

일반적으로 자원을 최소한 투입하여 효과를 최대한 이끌어내는 것을 의미하며, 투입자원(자금, 시간, 인력, 물리적 공간 등)과 산출(서비스 제공 실적)이나 성과(클라이언트 변화 정도)의 비율관계를 통해 측정된다. 효과성에서 노력성을 산출적으로 나누면 효율성 지표가 나오게 된다. 서비스 질을 일정한 수준 이상으로 유지하는 것을 전제한다. 프로그램에 투입된 자원의 총비용, 프로그램의 단위 산출물당 비용, 프로그램의 효과성을 화폐가치로 환원한다.

④ 영향: 사회적 파급효과/지역사회 임팩트(community impact)

영향은 프로그램의 사회적 파급효과에 초점을 둔다. 프로그램의 장기성과로서 사회적 조건의 변화에 초점을 둔다고 할 수 있다. 위험집단과 표적집단 내에서의 변화 정도, 사회지표상의 변화에 대한 실증적 기대 정도 등을 제시할 수 있다.

⑤ 서비스 질: CT 만족도 + 제공 인력 전문성(자격/교육) + 자문 + 조직체계

프로그램의 평가기준으로 서비스의 질은 목적을 달성하는 데 필요한 방법과 기술을 얼마나 적절하게 사용했는가와 관련된 것으로 서비스제공자의 자격요건이나 서비스 제공방법이 전문적 기준에 적합한지를 검토함으로써 평가된다. 프로그램의 전문성을 의미하며, 프로그램의 전문성은 제공자의 전문성으로 평가받는다. 이용자중심에서 평가되어야 하므로 청소년 만족도가 중요하다. 측정하는 지표로는 인력의 전문자격 소유 여부와 정도, 전문교육을 받은 횟수, 외부 전문가 자문 정도, 프로그램에서 활용하고 있는 전문지식과 기술의 발전상태, 청소년 만족도 등이 이에 해당된다.

⑥ 과정: 과정 적절성 + 성과와 과정 연결성

노력이 산출로 옮겨지는 중간과정 또는 절차를 의미한다. 산출물이 만들어지기 위한 이전 단계로서의 중간과정이 체계적이고 합리적으로 구조되었는지 초점을 두고 접근할 수 있다. 미리 정해진 절차나 규정에 따라 서비스가 제공되었는지 초점을 두고 접근할 수 있다. 계획한 활동의 수행 정도, 과정목표(산출 목표) 달성 정도, 성과목표와 과정목표의 연계성 등이 자료원이다.

⑦ 형평성: 공정성

프로그램의 혜택이나 서비스가 대상집단 내에 공평한 방법으로 적절하게

배분되었는가에 초점을 두고 접근한다. 일반적으로 청소년의 프로그램에 대한 접근성을 적용하여 시도된다. 구체적인 방법으로는 대상집단에 동일한 접근 기회가 주어지는지의 여부 및 정도와 프로그램 활동이 지역 내에 균등하게 배분되는 정도 등이다.

■ 표 2-17 **평가준거**

평가준거	예시적 준거	질 문
효과성 effectiveness	교육효과 평가	프로그램이 가치로운 결과를 야기하였는가?
효율성 efficiency	교육비용/수익률	투입된 노력에 대비 산출된 결과는 어느 정도인가?
적정성 adequacy	문제해결 능력 평가	프로그램에 의해 문제해결이 어느 정도 이루어졌는가?
형평성 equity	교육기회 및 자원배분 근거 평가	비용과 효율이 개인 혹은 집단 간에 공평하게 배분되었는가?
대응성 responsiveness	환경에 대한 프로그램의 적절한 대응 여부	사회적 요구, 청소년의 요구에 적절히 대응하였는가?
적절성 appropriateness	적정성을 제외한 모든 준거 검증	프로그램의 결과가 실제로 가치로운가?

또한 어느 장학재단에서는 청소년기관의 프로그램을 평가하는 방법으로서 전반적인 사업 실행현황, 참여자의 성장 및 변화(학생, 교강사 등), 프로그램의 성장 및 변화, 지역사회와의 관계, 파급효과, 네트워크 등, 사업평가 및 모니터링 진행상황 등의 내용을 평가하기도 한다.

표 2-18 평가 예시 ①

<table>
<tr><th>평가
단계</th><th>평가 영역</th><th>평가지표</th><th>평가결과활용</th><th>평정방법</th></tr>
<tr><td rowspan="5">사전평가</td><td rowspan="2">1.1 활동계획부문</td><td>1.1.1 활동계획의 적정성</td><td rowspan="2">컨설팅 제공</td><td rowspan="2">평가의견</td></tr>
<tr><td>1.1.2 운영여건의 적정성</td></tr>
<tr><td rowspan="3">1.2 참가자부문</td><td>1.2.1 경제지식의 수준</td><td rowspan="3">프로그램 계획
참고</td><td rowspan="3">평정척도</td></tr>
<tr><td>1.2.2 지역 고정관념에 대한 수준</td></tr>
<tr><td>1.2.3 본 프로그램에 대한 기대</td></tr>
<tr><td>중간평가</td><td>2.1 지도자부문
(지도자)</td><td>2.1.1 운영인력의 적절성</td><td>컨설팅 제공</td><td>평가의견</td></tr>
<tr><td rowspan="5">최종평가
−100점</td><td rowspan="2">3.1 활동운영부문
(채널) −20점</td><td>3.1.1 청소년들의 참여도</td><td>컨설팅/평점 10점</td><td rowspan="2">평가의견 및
평정 척도</td></tr>
<tr><td>3.1.2 홍보계획의 적절성</td><td>컨설팅/평점 10점</td></tr>
<tr><td rowspan="2">3.2 역량개발부문
(메시지와 효과성)
−60점</td><td>3.2.1 목표의 달성수준−경제지식</td><td>컨설팅/평점 30점</td><td rowspan="2">평가의견
평정척도</td></tr>
<tr><td>3.2.2 목표의 달성수준
−지역 간 고정관념</td><td>컨설팅/평점 30점</td></tr>
<tr><td>3.3 활동운영부문
(청소년) −20점</td><td>3.3.1 청소년들의 만족도</td><td>컨설팅/평점 20점</td><td>평가의견
평정척도</td></tr>
</table>

■ 표 2-19 **평가 예시 ②**

	하위목표	측정방법	측정대상	측정시기	자료출처	목표 기대치 (성공의 기준)
1	'한겨레 대학생 자원활동단'을 조직한다.	조직 여부	서울 거주 탈북·남한 대학생	조직기간 말	–	조직 결성
2	탈북·남한 청소년의 남·북한의 이해를 증진시킨다.	통일과 남·북한에 대한 인식(이미지) 척도 설문지 작성	'남·북한교실' 참가자 (탈북·남한 대학생)	'남·북한교실' 사전·사후	'심진섭'의 척도를 재구성	사전 검사 점수에서 50% 향상
		〃	'문화·언어·학습·봉사교실' 참가자(탈북·남한 청소년)	'문화·언어·학습·봉사교실' 사전·사후	〃	〃
3	'한겨레 대학생 자원활동단'의 '한겨레 통일리더단'을 운영할 수 있는 능력을 개발한다.	문제해결 능력 자기평가 (SPSI 자기보고형 질문지) 작성	'자원활동교실' 참가자 (탈북·남한 대학생)	'자원활동교실' 사전·사후	'이미정'의 질문지를 재구성	사전 검사 점수에서 20% 향상
4	탈북 청소년의 사회적응 (문화·언어·학습·인간관계 형성 능력)을 증진시킨다.	학업수행 평가 척도 설문지 작성	'문화·언어·학습·봉사교실' 참가자(탈북 청소년)	'문화·언어·학습·봉사교실' 사전·사후	'오경자·홍강의·고려원·박난숙'의 척도를 재구성	사전 검사 점수에서 50% 향상
		사회적응 척도 설문지 작성	〃	〃	'김영미'의 척도를 재구성	〃
		진로결정 수준/진로준비 행동/진로정체감 검사	〃	〃	'김봉환'/'이혜성·홍혜경'의 척도를 재구성	〃

(6) 청소년 프로그램 평가과정

Skidmore(1983)는 평가의 단계를 다음의 12단계로 보고하고 있다.

1. 프로그램 목표를 결정한다.
2. 평가를 실시하기 위해 재정자원을 할당한다.
3. 평가기술 요원을 고용한다.
4. 평가 고문과 계약을 체결한다.
5. 조직 목표달성을 위한 측정 가능한 지표로 전환시킨다.
6. 평가 개념에 관해 관리자와 참모를 훈련시킨다.
7. 평가체계를 설계한다.
8. 정보체계를 개발하고 이를 정당화하고 집행한다.
9. 서비스를 받고 있는 수혜자와 서비스를 받고 있지 않는 유사집단의 지표에 관한 자료를 수집한다.
10. 두 집단에 관한 자료를 목표 기순과 비교한다.
11. 평가를 개발하고 집행함에 있어서 각 전문분야의 전문가들의 활동을 조정한다.
12. 평가결과를 보고한다.

이를 고려하여 청소년 프로그램 평가과정은 평가 목적 설정, 평가 영역 및 대상 선정, 세부목표 설정, 평가준거의 설정, 평가지표 및 도구 개발, 평가방법 수립, 평가실시, 프로그램 평가자료 분석, 프로그램 평가결과의 활용 순으로 정리해볼 수 있다.

① 평가의 목적 설정

평가의 목적 설정단계는 프로그램 평가를 실시하게 된 배경과 동기를 확인하고, 프로그램 평가를 왜 실시하게 되었는가를 명확히 하여 프로그램 평가의 목적과 의도를 설정하는 단계이다.

② 평가의 영역 및 대상 선정

평가의 영역 및 대상 선정단계에서는 프로그램 평가의 의도에 맞게 프로그램 평가의 영역과 대상을 선정한다. 평가의 영역으로는 프로그램 목적 도달평가, 프로그램 내용 평가, 프로그램 운영 평가, 참여자 반응 평가 등이 있다.

③ 평가의 세부목표 설정

평가의 영역 및 대상을 선정하고 나서는, 평가영역별로 확인하고자 하는 구체적인 평가 목표를 설정해야 한다. 세부목표를 설정할 때는 프로그램 목표 도달 정도와 수준, 프로그램 내용의 적절성과 차별성, 프로그램 운영, 참여자의 구체적인 반응과 관련된 세부목표 등을 설정해야 한다.

④ 평가준거의 설정

프로그램 평가를 위해서는 반드시 기준이 필요하다. 무엇을 평가할지가 매우 중요한데 프로그램의 효과성, 효율성, 적정성, 형평성, 대응성, 적절성, 청소년의 변화 정도 등이 보편적으로 평가준거로 설정된다.

⑤ 평가지표 및 도구 개발

평가지표 및 도구 개발과정에서는 구체적으로 상태와 수준을 확인하고 측정할 수 있는 지표를 개발한다. 지표 개발은 가시적으로 확인할 수 있도록 구체적이어야 하며, 명확해야 한다. 지표가 개발되면 지표들을 측정 · 확인하기 위한 도구를 개발해야 하는데, 도구의 유형으로는 의견조사형, 반응조사형, KAP형, 통신충실도, 표준화평가척도 등이 활용된다.

⑥ 평가방법 수립

평가지표 및 도구 개발한 후에는 평가를 어떻게 실시할 것인가의 구체적인 방법을 수립해야 한다. 평가방법은 6하 원칙에 의해 구체적으로 수립되어야 한다.

⑦ 평가 실시

평가방법이 수립되면, 평가목표를 달성하기 위한 평가의 내용 및 도구가 제작되면 정하여진 방법에 따라 평가를 실시하도록 한다.

⑧ 프로그램 평가자료 분석

자료분석의 절차 과정은 ① 데이터의 편집(editing): 수집된 자료의 검토, 수정, 보완 ② 부호 붙이기(coding): 자료를 부호화, 계량화하는 과정 ③ 표 만들기(tabulating): 각 범주별로 단순 집계표(cross table) 작성 ④ 통계분석(computing): 각 집단의 특성을 파악하기 위한 통계분석 등을 실시한다. 프로그램의 목적 및 목표, 내용에 따라 백분비, 빈도 분포, 집중경향(평균, 중위수, 최빈치), 변산도(표준편차, 사분편차, 범위), 상관관계, 변인 간 유의차 검증 등으로 분석한다.

⑨ 프로그램 평가결과의 활용

평가자료의 분석과 해석이 끝나면 그 결과를 어떻게 활용할 것인가를 결정해야 한다. 프로그램 평가는 평가를 위한 평가가 되어서는 안 되며, 프로그램을 개선하는 데 활용되어야 한다. 평가결과는 프로그램의 개정, 프로그램의 마케팅 등에 활용될 수 있다. 청소년지도자는 청소년 프로그램 평가과정을 통해 프로그램의 가치를 체계적으로 평가하고 해당 프로그램을 개선하거나 지속적으로 운영할 것인지를 판단해야 할 뿐만 아니라 프로그램의 이해관계자(stake holders)에게 효과적으로 알리고 보고하는 과업을 담당해야 한다.

생각해볼 문제

프로그램 기획에서 평가까지 잘 수립하기 위해서 어떠한 노력들을 펼쳐야 하는지에 대한 성찰이 요구된다. 또한 이 장의 내용대로 가상으로 청소년 프로그램을 개발해 보도록 한다. 그러기 위해서는 정확한 개념과 이를 적용한 실천활동이 이루어져야 한다.

참고문헌

강명순(2007). **한국의 빈곤아동과 지역아동센터의 법제화에 관한 이론과 실천**. 부스러기.

강철희 외(2003). **사회복지 행정론**. 현학사.

김경중 외(1997). **자원봉사론**. 양서원.

김영종(2010). **사회복지 행정**. 학지사.

김영종, 권순애(2023). **사회복지 프로그램 개발과 평가**. 학지사.

김장곤(2023). **NCS 기반 사회복지 프로그램 개발과 평가**. 공동체.

김진우(2023). **사회복지 프로그램 개발과 평가**. 공동체.

김진화 외(1999). **시회교육 프로그램 평가**. 교육과학사.

김학주(2008). **사회복지 프로그램 개발과 평가**. 청목출판사.

김희성(2008). **사회복지프로그램 작성법**. 공동체.

무지개청소년센터(2008). **교과서로 떠나는 다문화 이해교육**. 무지개청소년센터.

무지개청소년센터(2008). **다른 빛깔 같은 우리**. 무지개청소년센터.

민성혜, 김경은, 김리진(2009). 다문화가족 부모-자녀관계 및 자긍심 향상 프로그램 워크북. 보건복지부.

박재연(2021). **사회복지 프로그램 개발과 평가**. 신정.

양점도 외(2012). **사회복지 프로그램 개발과 평가**. 양서원.

우수명(2004). **프로그램 개발과 평가**. 인간과 복지.

김진우(2024). **사회복지 프로그램 개발과 평가**. 공동체.

윤성호(2021). **사회복지 프로그램 개발과 평가**. 양서원.

이민홍(2019). **사회복지 프로그램 개발과 평가**. 양서원.

정무성(2006). **사회복지 프로그램 개발론**. 학현사.

정민정 외(2005). **사회복지프로그램 개발과 평가**. 창지사.

조성우, 안정선, 최승희, 김정선(2024). **사회복지프로그램 개발과 평가**. 학지사.

지은구(2005). **사회복지 프로그램 개발과 평가.** 학지사.

한국교육개발원, 한국여성정책연구원(2010). 다문화가족 자녀교육 역량증진을 위한 자조모임 프로그램 개발 및 운영방안 연구. 경제인문사회연구회.

한국문화관광연구원(2010). 문화기반시설 다문화 프로그램현황 및 개선방안. 한국문화관광연구원.

한국보건사회연구원(2010). 다문화가족 교육관계자 지원프로그램 개발 및 운영방안 연구. 한국교육개발원.

한국양성평등교육진흥원(2008). 다문화가정 남성을 위한 젠더의식향상 교육 프로그램 개발. 여성가족부.

한국청소년 정책연구원(2008). 사회통합을 위한 청소년 다문화교육 활성화 방안. 한국청소년 정책연구원.

황성철(2005). **사회복지 프로그램 개발과 평가.** 공동체.

김상곤, 최승희, 안정선(2014). 사회복지프로그램 개발과 평가. 학지사.

김창대, 김은하, 김형수, 신울진, 이상희, 최한나(2015). 상담 및 심리교육 프로그램 개발. 학지사.

성규탁(1994). 사회복지프로그램의 평가. 사회복지, 제122호.

CHAPTER

03 청소년활동 프로그램

FOCUS ON PRACTICE

YOUTH PROGRAM

DEVELOPMENT AND EVALUATION

학습목표

1. 청소년활동 프로그램 개발에 대한 이론적 개념을 알 수 있다.
2. 청소년활동 프로그램을 개발할 수 있다.
3. 학교협동조합의 개념에 대해 알 수 있다.

핵심키워드

청소년활동 프로그램 개발, 학교협동조합

1 청소년활동 프로그램 개발

1) 청소년활동 프로그램 개발 원리

청소년활동 프로그램은 형식에 치중되는 게 아닌 그 속에서 청소년들에게 어떤 것들이 유용할지 그리고 그것들을 어떻게 현실 속에서 구현해 낼지 그 고민의 흔적들이 프로그램 개발 원리라고 볼 수 있다.

첫째, 청소년 프로그램은 서비스 주대상자인 청소년에게 맞춰서 진행되어야 한다. '현장에서 요구하는 자질은 무엇인지, 실질적인 서비스는 어떤 방식으로 구현될 수 있는지' 같은 질문들이 요구된다.

둘째, 청소년의 입장에 입각하여 자신들의 역량 및 사회 구조적인 측면에서 개발이 이루어져야 한다.

셋째, 청소년이 필요로 하는 것은 무엇인지에 대한 시장조사가 필수이며,

그것이 자신들의 직접적인 행동에 영향을 주는 주체에 대한 연구가 매우 중요하다는 점이다.

넷째, 프로그램 개발에 선행되어야 할 절차인 전략 수립에 대해서 개인 및 집단적 관점에서 수행되어야 한다. 이를 위해 협력적 그리고 합리적으로 의사결정이 추진되어야 한다.

다섯째, 프로그램 개발은 다각도로 모색되어야 할 집단적 성격을 띤 집합체적 요소가 강하다. 이를 위해 한 가지 속성으로만 운영되는 개발 모델은 지양되어야 한다.

2) 청소년활동 프로그램 개발의 중요성

청소년 프로그램 개발은 대안적 교육의 성격을 가지고 있다. 바꿔 말하면, 성적과 같은 가시적인 인지 부분의 역량 개발보다는 눈에 보이지 않는 잠재 역량을 개발하는 데 목적이 있다(마상욱, 2019).

첫째, 청소년 프로그램은 공교육에서 제공하지 못한 교육 서비스를 받을 수 있도록 하는 보완적 성격을 지니고 있으며, 이는 학교 현장의 한계에 대안이 될 수 있다.

둘째, 청소년 프로그램은 학교 현장에서 충족되지 않는 서비스를 양 · 질의 효과를 보장한 서비스로 수혜자인 청소년이 직접적으로의 발전 계기를 갖게 하며 이는 곧 청소년의 역량 강화에 도움이 되게 한다.

셋째, 청소년 프로그램 개발은 청소년지도사의 전문성을 담보로 구현되는 서비스로서 실질적인 효과를 거두기 위하여 그 형식은 논리적으로 구조화되어야 한다.

2 청소년활동 프로그램 개발 과정

청소년활동 프로그램 개발과정에 대한 논의와 관련하여 가장 기본적인 프로그램 개발과정의 통합 모형을 보면 다음과 같다. 청소년 프로그램 개발의 통합적 모형은 프로그램 기획, 프로그램 설계, 프로그램 마케팅, 프로그램 실행 그리고 마지막으로 프로그램 평가로 구성된다. 이들 단계를 구체적으로 살펴보면 다음과 같다.

1) 프로그램 기획

프로그램 기획은 프로그램 개발을 상승시키고 프로그램 참여자의 기대를 이끌어낸다. 프로그램 기획과 관련하여 김진화(2005)는 크게 네 가지 차원으로 설명하고 있다. 첫째, 추진팀 구성과 운영(프로그램 개발팀 구성과 워크숍 운영), 둘째, 상황분석(프로그램 개발의 타당성 분석, 프로그램 운영 기관 분석, 지역사회 및 사회적 맥락 분석), 셋째, 고객 분석(청소년 고객 맵핑, 요구 및 필요 분석, 우선순위 설정), 넷째, 기본 방향 설정(프로그램 개발 범위, 프로그램 형태, 프로그램 개발 모델 설정) 등이다.

2) 프로그램 설계

프로그램 설계란 프로그램 기획단계에서 확인된 교육적 요구와 필요를 기초로 프로그램 내용과 방법을 선정하고, 조직하는 과정을 말한다(권일남 외, 2020). 프로그램 설계의 과정으로는 해당 기관이나 단체가 요구하는 이념적 특성에 근거하여 프로그램의 목표를 정하고, 이를 달성하기 위한 프로그램 내용 기획, 그리고 이를 참여자들에게 정확히 전달할 수 있도록 하는 방법 모색, 그리고 프로그램 지도안으로 구성된다.

프로그램 활동을 설계하기 위해서 프로그램 개발자는 몇 가지 기본요소를 고려해야 한다. 김진화(2005)는 이와 관련하여 7가지 기본요소를 고려하여 작성해야 한다고 하였다. 즉, 프로그램 설계에서 ① 무엇을 해야 하는가? ② 왜 해야 하는가? ③ 언제 해야 하는가? ④ 어디서 해야 하는가? ⑤ 누가 하는가? ⑥ 누구를 위해서 하는가? ⑦ 어떻게 집행해야 하는가 등을 명확하게 제시해야 한다(이남 외, 2023: 146).

이상의 질문을 기반하여 프로그램 설계를 위한 일련의 과정을 거치면 프로그램의 지도안을 만들 수 있는데, 프로그램의 설계 및 지도안의 작성 시에는 다음의 사항을 유의해야 한다(마상욱, 2018).

첫째, 프로그램의 설계에 있어 계획된 프로그램은 참가자들의 요구를 만족시켜 줄 수 있는 중요한 수단이 됨을 숙지하여야 한다.

둘째, 프로그램의 실시방법을 다양하게 활용하면 할수록 상황 변화에 유동적으로 대처하기 위한 방안을 미리 마련해 두어야 한다.

셋째, 프로그램 설계 시 참가자의 자주성을 존중하는 전개를 위하여 청소년들이 의견을 개진할 수 있는 시간을 편성해 두어야 한다.

프로그램 설계 시 유의점으로는 참가대상이 같은 청소년이라고 하더라도 성, 연령, 지역, 사회계층, 교육적 배경 등 가지고 있는 속성이 다르므로 프로그램 대상집단 내의 청소년의 속성과 특성을 구체적으로 파악해야 한다.

3) 프로그램 마케팅

청소년 프로그램의 마케팅이란 청소년 시설 및 단체가 프로그램에 많은 청소년들의 참여를 유도하기 위해 취해지는 여러 가지 조치들을 포괄적으로 지칭하는 개념이다(송병국, 2007). 프로그램 마케팅에는 생산물(Product), 진흥(Promotion), 장소(Place), 가격(Price)의 4P 구성요소가 필요하다. 첫째, 생산물(Product)은 기관에서 산출된 프로그램이나 서비스를 뜻한다. 둘째, 진흥(Promotion)은 기관이 창출한 프로그램을 잠재적 고객에게 알리고 다양한 커뮤니케이션 기법을 사용하는 것이다. 셋째, 장소(Place)는 기관에서 개발된 프로그램을 어느 장소에서 운영하느냐 하는 것이다. 넷째, 가격(Price)은 기관이 기관에서 운영되는 프로그램에 보다 더 많은 고객들이 이용할 수 있도록 프로그램 가격, 즉 수강료와 같이 잠재적 고객이 지불하는 비용을 결정하는 것이다(권일남 외, 2020).

프로그램 마케팅의 기본 과정은 총 7단계를 거친다(이남 외, 2023: 148).

첫째, 사명(mission)의 성립이다. 청소년 프로그램 마케팅은 청소년 단체와 정신에 맞는 사명 수립이 먼저이다. 청소년 단체의 설립 정신과 이념에 맞는 사명을 분명히 하는 곳에서 프로그램 마케팅이 시작된다. 둘째, 기회(opportunities) 및 위협(threats) 분석 그리고, 셋째, 조직의 강점(strengths)과 약점(weakness) 분석이다. 넷째, 마케팅 목표의 설정, 다섯째, 마케팅 전략의 형성, 여섯째, 실행계획 형성과 실행, 일곱째, 피드백과 통제 등으로 구분된다.

4) 프로그램 실행 및 운영

프로그램 실행이란 성인 또는 참여자를 대상으로 전개되는 프로그램을 전개하는 활동이다. 즉, 프로그램 활동을 지원, 촉진, 안내하고 그와 관련된 환경을 조성해 주는 전략으로 개념화한다는 것을 의미한다(권일남 외, 2020). 프로그램 실행의 의미를 살펴보자면, 첫째, 프로그램 실행에 있어 지도자는 프로그램의 내용을 공동체를 지향한다는 목표를 갖고 기획해야 한다는 점.

둘째, 프로그램 실행은 참여자들의 활동 범위를 안내해 주고, 동기를 유발시키고, 촉진하는 행위를 포함하는 것이며, 셋째, 프로그램의 실행은 단순한 지식습득에 머무르는 것이 아니라, 생활 역량을 증진시키는 목표하에 이루어져야 한다는 점이다.

5) 프로그램 평가

청소년 프로그램 평가는 청소년활동의 내용, 청소년활동 참여자, 청소년활동 운영을 평가의 대상으로 삼아 그 속에 내재된 본연의 가치를 진단하고 이를 통해 실질적 정보를 제공하는 하나의 절차를 의미한다.

교육활동이나 프로그램과 관련해서 평가는 네 가지로 정의될 수 있다. 첫째, 프로그램의 가치나 실적을 판단하는 것이다. 둘째, 프로그램의 효과와 영향력을 점검하는 것이다. 셋째, 프로그램이 추구하고자 하는 목표를 다시 되새겨보는 것이다. 넷째, 프로그램에 대한 참여자들의 의사 행위를 파악하고 이를 보편화시키는 것이다. 이는 프로그램 평가를 하는 데 있어 기초자료를 확보하고 청소년활동 프로그램 발전에 보탬이 되기 위함이다.

3 청소년활동 프로그램 사례

청소년활동 프로그램 사례 분석(김남선, 2007)에 대해 살펴보자.

1) YMCA(대구)

(1) 연혁

① 1918년 9월 15일

교남기독교 청년회란 이름으로 대구 제일교회 내에 회관을 두고 발족, 초대회장에 이만집 목사, 초대총무에 김태련 조사가 피선되고 회원수는 100여 명에 이르렀으며, 이만집 회장 등은 독립만세 사건으로 옥고를 치르기도 하였다.

② 1921년 12월 2일

남기독교 청년회로 인준을 받아 조선기독교 청년회 브락만(Brock-man), 신흥우, 이상재 등이 참석하는 등 대성황을 이루었다. 당시 연사로 월남 이상재 선생, 내쉬(Nash) 선교사, 이대위 목사 등이었다.

③ 1925~1945년

선교사회의 특별보조금 3,500원으로 지금의 제일교회 남쪽 길 건너 붉은 벽돌 2층 양옥을 건립하고 영신여학교를 개설, 여자 초급교육을 실시하는 한편 대구시민대운동회, 농촌부흥강연회와 계몽운동, 금주운동, 성경 야학, 학생 기독청년회 수양회 등의 활동을 하였다.

④ 1936년

여름 독일의 베를린올림픽에서 마라톤 경기에 나가 1등한 손기정 씨, 3등 남승룡 씨에게 전 국민을 대표하여 축전을 내고 그들의 환영축하 대표로 김정오 회장이 활약하였다.

⑤ 1956년 12월 29일

재단법인 대구기독교청년회(YMCA)로 문공부의 인가를 받고 이어 고등기술학교를 설립, 직업교육에 힘썼다.

⑥ 1960년~1980년

고교Y활동의 전성기이며 대학Y가 KSCF로 통일되면서 YMCA 지도력의 위기론까지 대두되었지만 고교생의 민주적 서클활동, 대학생의 농촌봉사활동, 도시빈민촌의 의료봉사, 지역 조직사업(센타와 신협), 신구교 신년 교례회를 비롯한 에큐메니칼운동, 싱어롱 Y운동, 관광조사원교육, 월요세미나, 시민논단, 성서연구 등 도약의 발판을 이루었다.

⑦ 1981년~1990년

사회체육부 신설, 시민중계실 개설, 근로청소년 학교(야학) 설립, 청소년 해변 캠프장 개설, 각 대학 YMCA 재창립, 외채 절감을 위한 시민 자구운동 전개, 청년선교대회, 국제청년의 해 기념 청년 문화대회, 평신도 신학강좌, KBS-TV 시청료 거부운동, 교육 민주화 선언, 새회관대지(1,008평) 확보, 자유공정선거캠페인 및 감시단 활동, 민족 공동체 형성과 평화통일 심포지엄, 양담배 추방 실천결의대회, 시민 공명선거실천시민운동, 21세기 대구 만들기 캠페인, 사회복지사업 등 이 땅에 하나님 나라를 확장하는 데 시대적 사명을 다하고자 애썼다.

⑧ 1991년~현재

대구 수돗물 페놀 오염사태 시민대책활동, 지구의 날 시민생명축제, 청소년문제 연구소 개설, 올림픽 기념 국민생활관 수탁 운영, 국제 문화 교육센터(남부지회) 개관, 모포해양청 소년 캠프장 신축개관, 성서 어린이집 수탁운영, 주민 도서열람실 개관, 재일 한국YMCA 돕기 성금생방송모금(MBC와 공동, 1,520만원 접수), 공명선거 실천을 위한 시민운동 전개, 도 공동체 생활협동운동, 담배자판기 설치금지 조례개정 서명 운동, 노인대학 프로그램 개강, 어린이 농구단 창단, 한완상 부총리 초청「민족의 평화와 통일」강연회, 창마이 YMCA(태국)과 형제 결연, 아시아 4개 YMCA(대구, 구마모토, 창마이, 서안) 연대 국제협력 프로그램 강화, 회원대회 유지전문 지도력 개발 등으로 성장 일로에 있으며 21세기 안전한 지역사회 만들기와 인간화 사회의 강화에 매진하고 있다.

(2) 조직목표 혹은 중점시책

YMCA는 시청년회(지방YMCA)를 모체로 하여 전국연맹, 아시아연맹, 세계연맹의 조직체계를 가지고 있다. 그리고 YMCA운동의 기본 조직단위는 클럽이다. 초기의 YMCA는 선교적 목적의식을 지닌 청년들의 자발적 결사로 나타났거니와 이러한 자발적 결사체가 도시단위, 지역단위, 전국단위, 그리고 나아가서는 세계적인 차원의 운동으로 발전하게 된 것이다. YMCA 내에서는 무수히 많은 조직들이 있으나, 이것들은 각자가 독립성을 가지면서도 전체로서 하나가 되는 유기적인 연결을 맺고 있다. YMCA의 조직과 기구는 회원 개개인의 주체성을 최고로도 발휘할 수 있도록 돕는 것이라야 하며, YMCA는 회원들의 힘과 헌신을 모아 효율적으로 운동을 전개할 수 있는 체계를 갖추고자 하는 것이다. 대구 YMCA는 회원총회와 이사회, 위원회 및 실무자의 기구체계를 가지고 있으며, 회원조직으로는 연령별, 계층별, 직종별, 관심별로 구성된 각급 클럽들을 가지고 있다.

(3) 기구도

① 회원총회

2년마다 개최는 총회는 YMCA의 조직상 최고의 기구로서 사업 및 재정보고, 이사 및 감사의 선거, 헌장 개정 및 주요 안건 처리의 기능을 갖는다. 총회원의 자격을 일반적으로 만 18세 이상의 사람으로 3년 이상의 계속 회원으로서 소정의 회원교육을 마친 자로 구성된다.

② 이사회

이사회는 총회에서 선출된 이사들로 구성되며 YMCA의 관리운영을 책임진다. 이사회의 주요 기능은 사업계획, 예산과 결산, 자산의 관리와 유지, 총무 및 간사의 임용, 법률상 책임의 수행 등이다.

③ 위원회

이사회는 목적과 사업관리 헌상언구 · 기획 · 청소년 선교활동 · 시민사업 · 교육문화사업 · 보건체육 · 국제협력 · 건축 · 지회운영 등을 상설기구로 설치하여 사업추진에 관한 조언과 심의를 구한다.

④ 실무자

YMCA는 유지지도력(이사 · 위원)과 전문지도력(총무 · 간사)의 상호협력을 통해 사업을 추진한다. 총무와 간사는 YMCA운동의 실무를 책임지는 전문지도력이다.

(4) 실시 프로그램

① 유아 프로그램

프로그램명	기간	프로그램 내용
동화구연	주1회	꿈과 사랑이 담긴 동화를 자기 언어와 동작으로 표현하기 발성연습, 율동, 동화 들려주기
종이표현동화	주1회	종이를 접고 자르는 과정 속에서 창의력과 창조력, 집중력, 색감각을 길러줌, 손놀림을 통하여 두뇌를 자극하여 두뇌발달을 시키는 교실
신문활용교육	주1회	다양한 정보가 담겨 있는 신문을 통해 생각하기, 모으기, 분석하기, 쓰기를 통해 스스로 학습법을 익히고 사고력, 창의력, EQ개발에 도움을 주는 수업
과학교실	주1회	주위에 일어나는 재미있는 현상을 스스로 실험하고 분석하고, 토론하는 과학에 흥미를 가지게 하는 생활 위주의 과학교실
병아리 글동산	주1회	솔직한 그대로의 생활을 쉽고 재미있는 문장 표현으로 다듬어 주는 짧은 글쓰기 교실
영어동화나라	주1회	ROLE PLAY, CHANT GAME, SONG 등을 통해 즐겁고 재미있게 영어에 접근하여 자연스럽게 영어와 동화를 배움
그림나라	주1회	단순히 그리는 것이 아닌, 느끼고 창조적으로 표현하며 정서발달에 도움이 되고 표현력도 길러줌
동화구연, 그림나라, 신문 만들기, 영어동화나라, 글동산	주1회	20일간의 방학기간을 이용한 집중교육 프로그램

② 청소년 프로그램

프로그램명	기간	프로그램 내용
신문활용논술	주1회	특정과목이 아닌 사회, 정치, 경제, 문화, 생활, 정보 등의 다양한 현장을 학습하도록 유도, 통합적인 교과과정을 접목, 논술력을 강화한 교실
에디슨 과학교실	주1회	교과서뿐만 아니라, 교과서 밖의 물리적, 화학적, 생물학적 현상들을 직접 관찰하고 실험함으로써 어린이의 과학적인 사고력, 사물에 대한 탐구력을 길러주는 교실
신문활용교육	주1회	다양한 정보가 담긴 신문을 통해 생각하기, 모으기, 분석하기, 쓰기를 통해 스스로 학습법을 익히고, 사고력과 창의력 EQ를 개발하는 교실
동화구연	주1회	의성어, 의태어, 성대묘사, 동화의 구성력 키우기, 동화 발표하기 등 동화를 자기언어와 동작으로 표현할 수 있게 하는 교실
영어동화나라, 신문 만들기, 동화구연, 신문활용논술	여름방학, 겨울방학	20일간의 방학기간을 이용한 집중교육 프로그램

③ 성인 프로그램

프로그램명	기간	프로그램 내용
요술풍선	주1회	매직벌룬과 풍선장식으로 나뉜다.
교양교실	주1회	
동화구연 전문가반	주1회	말하기, 듣기 지도를 위한 동화구연, 손 유희와 주의집중을 위한 동화, 동화개작의 필요성과 방법 등 다양한 동화를 접하는 교실
종이접기 자격증반	주1회	단순히 접는 것에 그치지 않고 꾸미기와 만들기를 조형놀이화시키고, 유아들과 함께 할 수 있고 다양한 협동작품 및 환경미화 꾸미기 등 현장감 넘치는 실습 위주의 수업
NIE 전문가과정	주1회	신문에 대해 알아보고, 신문활용 교육과정을 배움. 그 외 신문제작을 실습함
수화교실	주1회	청각장애자와 함께하는 아름다운 공동체를 만들어가며 매주 화요일은 언어를 위한 수화, 목요일은 노래를 이용한 수화를 배우며 발표회를 가짐
레크리에이션	연2회	레크리에이션의 이해와 노래, 춤, 게임, 화술, 체육놀이, 연극, 야외활동과 캠프, 이벤트 등을 배움

2) 노인종합복지회관(경산시)

(1) 설립배경

어르신들에게 건강 · 교양 · 오락 · 문화 등의 종합서비스를 제공하여 보람 있고 건강한 노후생활을 지원하고자 경산시가 중앙정부의 사업을 유치하여 건립하게 되었고, 2000년 9월 23일 사회복지법인 전석복지재단이 경산시로부터 위탁받아 2000년 11월 7일 개관하여 지역사회 어르신들에게 각종 편의를 제공하는 노인복지 전문기관이다.

(2) 운영목표

① 참여하는 어르신
② 배우는 어르신
③ 건강한 어르신
④ 존경받는 어르신

(3) 설립목적

경산시노인종합복지회관은 지역 내 어르신들의 건강한 삶과 여가활동을 위해 다양한 복지서비스를 제공하여 삶의 질 향상과 건강한 노후생활을 도모하고, 각종 상담, 사회교육, 보건 · 의료복지 및 재가복지사업 등의 통합적인 서비스를 제공함으로써 건강하고 보람된 노후를 보낼 수 있도록 돕는 데 그 목적이 있다.

(4) 프로그램 현황

지역사회 어르신의 건전한 노후생활을 위해 각종 사업의 서비스를 제공함으로써 기능 회복 및 어르신 스스로의 재활의지 고취와 사회 재참여의식 증대를 통해 사회구성으로서의 정상적인 생활유도를 목적으로 하고 있다.

가. 노인정보대학 운영(2003년)

① 사업 개요

분야별 전문가와 함께 지식과 정보를 공유하고 보다 풍부한 교양 및 시사와 관련된 교육, 어르신들의 건전한 취미생활, 노후생활, 노후건강 유지 및 일상생활과 밀접한 학습 프로그램, 현장방문 등의 생동감 있는 수업방식으로 새로운 정보 획득의 기회를 제공

② 사업 목표

- 평생교육의 기회 제공
- 빠르게 변화하는 사회에 능동적이고 적극적으로 대응하는 신어른상 구현
- 다양한 프로그램 실시를 통한 노인들의 교육에 대한 욕구를 충족시킴으로 노인들의 삶의 질을 향상시킴
- 유익한 프로그램 제공으로 노인정보대학위 위상 정립

③ 사업 내용

- 사업기간: 1월~12월
- 교육과정: 1년 2학기 운영(수료증 수여)
- 교육체계: 노인정보대학 운영을 위한 학장 및 자문위원을 두고 학장은 학습과정을 검토하고 소정의 과정을 이수한 회원에 대해 수료증서 수여

- 교육정원: 100명
- 수행인력: 외부강사, 전문가 초청
- 등록방법: 노인교실 등록과 동일

④ 교육 내용

과 목 명	일 시	주 당	분 야	비 고
올바른 문화답사를 위한 기획과 실제	1월~3월	11주 강의	문화 · 예술 · 한국 역사의 이해와 문화체험을 통한 실질적이고 다각적인 문화 이해 도모	1학기
한국의 문학과 영화	4월~6월	11주 강의		
통일과 북한 이해	7월~9월	12주 강의	역사 · 철학 · 한국 및 국제사회의 경제 · 금융 · 환경의 이해 도모와 핫이슈의 토론을 통한 한국사회의 다각적인 이해 및 분석	2학기
한 국 사	10월~12월	10주 강의		

나. 노인교실 운영

① 사업 개요

노후의 건전한 여가활용의 장으로 지역의 어르신들에게 다양한 건강, 취미, 문화 등의 프로그램을 개발, 활성화하여 어르신들의 적극적인 참여를 유도하고, 평생교육의 장으로 아름다운 노후생활을 영위할 수 있도록 이용자 중심의 적절한 평생교육 프로그램을 실시한다.

② 사업 목표

- 여가 프로그램의 활성화
- 체험 · 경험 중심의 프로그램 내용화
- 단계별 학습 방식 도입을 통한 수준별 학습에 대한 욕구를 충족시킴으로

써 노인들의 삶의 질을 향상

- 노인복지 서비스의 소외지역인 읍 · 면 지역의 중점적 홍보를 통한 회원 확보

③ 사업 내용

- 사업시기: 1년 2학기 운영(1학기: 1월~6월, 2학기: 7월~12월)
- 대상: 경산시내 거주 복지회관 이용을 희망하는 60세 이상 어르신
- 수행인력: 담당 사회복지사 및 각 프로그램 담당 강사
- 프로그램 내용: 총 34과목

⑤ 프로그램 개발 방법

- 기존 프로그램 활용
- 타 기관 방문하여 활성화되는 프로그램 도입
- 어르신들에세 설문/욕구조사 실시 → 반영

⑥ 홍보방법

- 연 1회 복지관 운영보고서 작성 → 회원 및 타 기관(노인단체) 배부
- 반기 1회 소식지 발간 → 회원 및 타 기관(노인단체) 배부
- 언론매체 활용하여 가입 안내(경산 향토신문, 경산 자치신문)
- 전단지, 현수막, 가가호호 방문, 타 기관과의 접촉(대한노인회, 경로당, 기관단체 등)

3) 대구광역시 청년센터(청년공동체 활성화사업 '청년감각')

사업개요	• 사업기간: 2023. 1.~12. • 사업대상: 대구지역에 거점을 두고 활동하는 청년(19~39세)으로 구성원이 5인 이상이고 구성원 70% 이상이 청년인 공동체(법인 및 단체), 구성원 60% 이상 대구 거주 • 사업내용 – 청년공동체 모집 및 선정심사위원회 개최 - 청년공동체 출범식 및 과업수행비 지급 – 과업수행 및 멘토링 지원 등 – 네트워크 기획단 구성 및 회의 운영 (4회 이상) – 네트워크 모임 2회 – 청년공동체 활동 지원 및 관리
추진일정	• 1월 계획수립 완료 / 청년공동체 모집 • 2월 청년공동체 선정심사 • 3월 청년공동체 활성화사업 출범식(기획단 구성) 및 과업 수행비 교부: 4월~10월 청년공동체별 과업수행(멘토 및 자문단 운영지원 포함): 5월~9월 네트워크 모임 및 기획단 운영회의 실시 • 3월~10월 타 청년사업 연계: 10월 최종 성과공유회 • 11월 성과공유회(행정안전부 주최): 11월 청년공동체 과업 수행 종료 및 정산
기대효과	• 지역사회 문제해결을 위한 지역 활동 주체들과 협력체계 형성 • 지역에 청년들이 안정적으로 정착할 수 있도록 활동 및 경제적 자립기반 조성 • 청년들의 지역사회 자원과 네트워크를 통해 지역정착 및 정주율 제고 • 청년들이 쇠퇴해가는 지방에 정착하도록 지원함으로써 지역 활력 제고

사업명	세부사업명	진행결과 요약
1. 청년공동체 모집	홍보 및 모집	• 접수기간: 1월 25일(수)~2월 15일(수) • 모집대상: 대구에 거점을 두고 활동하는 청년공동체 • 홍보방법: 청년센터 홈페이지, 소셜 네트워크(SNS), 청년단체 방문 및 안내 • 접수결과: 총 60팀 접수
	선정심사	• 심사방법: 서류심사 및 면접심사 • 심사일정: 2월 20일(월), 2월 28일(화) • 심사대상: 청년공동체 활성화사업 지원 청년공동체 • 결과안내: 청년센터 홈페이지 게시 및 문자 안내 • 심사결과: 총 10팀 선정

	선정팀 운영매뉴얼 발송	• 1차발송: 3월 2일(목) • 대 상: 청년공동체 활성화사업 선정팀 • 내 용: 사업 추진일정, 활동계획서 및 예산계획서 작성안내, 단체등록 등
	추가서류 제출	• 제출기간: 3월 2일(목)~3월 24일(금) • 제출대상: 청년공동체 활성화사업 선정팀 • 제출서류: 예산계획서 및 사업자등록증, 단체 고유번호증
2. 청년공동체 교육	보조금 통장 및 전용카드 발급	• 발급기간: 3월 27일(월) • 제출대상: 청년공동체 활성화사업 선정팀 • 제출서류: 통장사본 2면(계좌번호면, 잔액면)
	e나라도움 교육	• 교육일자: 3월 14일(화), 3월 17일(금) • 교육장소: e나라도움 대구사무소 • 교육내용: e나라도움 사업등록 및 교부신청 • 참여인원: 1차(14명) 2차(14명)
3. 출범식	출범식	• 일 시: 2022년 3월 17일(금) 13:00~14:00 • 장 소: 상상홀(대구 중구 중앙대로 402, 2층) • 참석대상: 청년공동체 활성화사업 선정 10팀 • 주요 내용: 사업소개, 네트워크 행사 기획단 구성
4. 선정팀 사업비교부	선정팀 예산 계획서 수정 및 사업등록	• 수정기간: 3월 28일(수)까지 • 대 상: 청년공동체 활성화사업 선정 10팀 • 내 용: 예산안 수정, 사업등록 및 확정 완료

4 학교협동조합

1) 학교협동조합의 정의와 도입 배경

학교협동조합은 "학교를 중심으로 지역사회의 다양한 구성원이 참여하는 학교 내 협동조합이 평생학습을 통한 경험 기반의 지역상생 · 사회적경제 교육을 강화하여 지속적으로 미래 인재를 양성할 수 있도록 학교협동조합의 지속 가능한 발전과 확산을 지원하는 사업"이라고 학교협동조합 중앙지원센터는 정의하고 있다.

2013년부터 늘어나기 시작한 학교협동조합은 전국의 전체 학교 대비 학교협동조합을 설립한 학교는 적지만 영향력은 점점 더 높아져간다. 2012년 12월 협동조합기본법의 시행으로 학교협동조합은 탄력을 얻게 되었고, 2013년 경기도 교육청에서 전국 최초로 학교협동조합을 시작하였다. 학교협동조합 운영은 해당 지자체와 학교가 해결할 수 없었던 문제들을 해결할 방법을 모색하는 동력 자원으로서 미래의 교육 서비스의 발전적 모델로 구현될 수 있는 역량이 있으며 가지고 있는 잠재력이 몹시 풍부하다. 배현순(2021)은 마을교육공동체를 기존 공교육의 정형화된 틀을 뛰어넘어 아이들의 삶의 터전인 마을과 학교, 그리고 지역사회 간의 유기적인 상호협력을 통해 배움의 앎과 삶이 어우러지도록 하는 교육생태계 복원활동으로 보고 있다(고낙원, 2023: 5-7).

2) 학교협동조합의 현황과 유형

학교협동조합의 유형은 사업 대상과 운영 구상에 따라 나뉜다(고낙원, 2023: 7).

첫 번째 유형은 학교를 소유하는 조합원이 학생 학부모, 교사집단으로 나뉘며 학교의 교육 체계에 초점을 맞춘 형태이다.

두 번째 유형은 학교에서 설계한 사업들을 협동조합으로 운영하는 형태이다. 그리고 학교와 지역주민들이 함께 공동체의 문제들을 해결하기 위해 사업체를 꾸려나가는 방식도 나타나고 있다.

세 번째 유형으로 사업 실천 모델이 있다. 이는 매점 중심 모델, 돌봄 및 방과 후 모델, 현장체험학습 모델, 기타 사업 모델 유형으로 세분화될 수 있다.

3) 청소년 관련 협동조합

(1) 청소년 관련 협동조합의 의미

청소년 관련 협동조합은 청소년, 학부모, 교직원, 지역주민 등으로 구성된 마을공동체가 민주적으로 운영되고 교육 · 사회적 가치를 실천하며 공익적으로 기여하는 지향점으로 민주적 운영, 공익적 기여, 교육적 · 사회적 가치를 실천한다(안명선 외, 2022). 학교협동조합은 조합원으로 청소년이 활동할 수 있으며 운영하는 주체로서 책무성을 지니고 시장조사, 물품구매 등 일을 통해 실질적인 현장 경험을 쌓을 수 있는 계기를 마련해 준다. 그리고 각종 회의들을 진행하면서 협력의 본질을 배울 수 있으며 공동체 생활의 기본 자질을 함양시켜 준다.

둘째, 자신의 의사를 원활히 피력하기 위해 공동의 가치를 준수하며 직접 성과를 도출해 내기 위해 이사로 활동하려 하는 마인드가 형성되어 협력의 가치를 제고할 수 있는 계기가 되었다.

셋째, 협동조합의 일원으로 생활하면서 자신만의 노하우를 만들 수 있었으며 이를 선 · 후배에게 전수해 줄 수 있는 계기를 마련하였고 미래 시민으로서의 역량 함양에 한발자국 더 다가설 수 있는 받침대가 형성되었다.

(2) 추진 배경 및 운영 목적

정부는 2017년 10월 18일, 제3차 일자리위원회를 개최해 소셜 벤처 등 사회적경제를 새로운 일자리 창출뿐 아니라 사회문제 해결과 사회적 가치 확산의 장으로 인식하고, 적극적으로 활성화고자 '사회적경제 활성화 방안'을 확정 · 발표했다. 이 방안은 사회적경제 부문에 대해 정부 차원에서 수립한 최초의 대책이다. 이에 교육부는 '사회적경제 활성화를 위한 학교 내 협동조합 지원 계획'을 2018년 9월 6일 확정 · 발표했다.

학교협동조합의 설립과 운영과정을 지원해 줌으로써 단순히 학교협동조합 수를 늘리는 것보다는 단위학교가 사회적경제의 학습 및 체험 공간으로 거듭나고 학생들의 자치 역량 및 민주시민의식 함양을 기르는 데 목적이 있다. 또한 지역사회와 연계한 다양한 진로 체험의 기회를 제공해 주어 자기주도적 진로 설정 및 실천 역량을 길러주고, 학교협동조합 운영을 통해 이웃을 배려하고 공익을 추구하는 공동체 역량을 함양하는 데 학교협동조합 설립 지원의 목적이 있다.

(3) 운영과정

지역연계 진로체험 기회 확대 및 사회적 가치를 추구하는 민주적 공동체 역량 함양을 위해 학교교육과정에 사회적경제 교육을 반영하고 사회적경제 학습 · 체험공간을 마련하고자 2017년 행복드림학교, 2018년 자기경영학교 사업 영역 중 하나로 자체 추진하였다. 특수교육 대상 사업으로 2018년 11교 대상 1억 3천만원을 지원하였고, 2019년에도 78교의 학교협동조합형 자기경영학교를 대상으로 1억 7백만원을 지원하였다. 지원학교 수는 줄었으나, 본격적으로 학교협동조합 설립을 희망하는 학교들을 집중적으로 지원하여 내실 있는 운영을 하였다.

2020년에는 학교협동조합 사업을 자기경영학교 지원사업에서 분리하여 독자적으로 운영하게 됨으로써 11교를 대상으로 학교협동조합 운영교와 설립 희망교로 분리하여 1억 3천 9백 4십만원을 차등지급하였고, 2021년에는 중학교 대상 사회적경제 동아리 운영교를 추가하여 지원대상 학교수를 17교로 늘려 1억 2천 8백 51만원을 지급하였다. 학교협동조합 운영교 숫자를 늘리기 보다는 사회적경제 교육의 저변 확대 및 학교 교육과정 반영 중심으로 추진

방향을 바꾸었다.

4) 청소년 관련 협동조합의 사례

청소년 협동조합은 교사, 학부모, 청소년이 협동조합의 일원이 되어 학교 내의 다양한 사업에 관여하여 그 수익금을 해당 지역 사회에 환원하는 것을 방침으로 두고 있다.

(1) 사례 1

복정고등학교는 학교매점 '복스쿱스(Bok's Coops)'는 공립학교에서 학생들이 대규모로 참여해서 만든 첫 학교협동조합의 사례다. 학생들은 학교 매점 운영방식에 대한 해결과정에서 대학생협연합회와 타 고등학교의 매점 사례를 현장방문이나 온라인 인터뷰를 통하여 판매품목이나 운영시간 등을 결정하였다. 즉 책을 읽거나 강의를 듣는 등 간접경험 대신 직접 다른 협동조합과 매점을 조사하여 학생이사들 간에 협의과정을 거쳐 문제를 해결하였다. 또한 학생이사들은 매점의 친환경 간식에 호응하지 않는 학생들을 상대로 친구들을 설득하고 어려움이 생길 때마다 홍보단을 구성하여 친환경 간식이 건강에 좋고 수익금이 학생복지사업으로 들어간다는 점을 홍보하는 등 학생들 스스로 고민하고 답하고 문제를 해결하였다(홍공숙, 2016: 27).

(2) 사례 2

부산 만덕고등학교 '산드레'는 부산 최초의 학교협동조합이다. '산드레'는 학교청소년들에게 건강한 먹거리를 제공하기 위해 학부모, 교사, 지역주민 90명이 '산에 들에'라는 의미로 자연을 닮은 친환경매점으로 운영하며 건강한 먹거리를 제공한다는 의미로 시작되었다. 학교에서 점심시간에 운영되는 매점으로 경제활동을 하고 그러한 경제활동을 통해 스스로 의사결정 주체가 되며 문제를 해결하는 능력과 책임감을 배우며 민주시민의 소양을 함양하고 있다(안명선 외, 2022: 301).

(3) 사례 3

'DAM COOP'(담큽)은 학교 영농마이스터센터 내에 학교 농산물판매생산장을 마련하여 직접 생산한 농산물을 판매하고 있다.

주요 사업내용으로는 첫째, 대구 · 경북 로컬푸드 이종협동조합연합회와 연대하여 농산물 유통 및 판매, 지역주민을 대상으로 청소년들이 직접 생산한 농산물을 스스로 포장하고 가격을 매겨 학교 내 매장에서 진열 및 판매를 한다. DAM COOP(담큽) 조합원은 대구 농업 마이스터 고등학교 학생 모두가 생산자 조합원이다(안명선, 2022: 302).

생각해볼 문제

1. 청소년활동 프로그램의 효능감은 어디서 기인하는 것일까?
2. 학교협동조합의 활성화 방안은 무엇인가?
3. 청소년활동 프로그램 개발 시 필요한 역량은 무엇인지 설명하시오.

참고문헌

고낙원(2023). 학교협동조합을 통한 학생 창업동아리와 지역자원의 교육협력 사례 연구. 강원대학교대학원 석사학위논문.

권일남(2016). 청소년 정책의 지속적 성과를 이룰 청소년단체의 새로운 출구전략. **한국청소년활동연구, 2**(1), 43-73.

김남선(2007). **평생교육 프로그램 개발론.** 대구대학교 출판부.

김진호, 권일남, 이광호, 최창욱(2020). **청소년활동론.** 한국방송통신대학교출판문화원.

대구광역시 교육지원청 교육백서(2023).

마상욱(2018). **청소년 프로그램 개발 및 평가.** 공동체.

마상욱(2019). 세4차 산업혁명시대의 청소년활동방향 연구. **한국청소년활동연구, 5**(1), 61-80.

박주희, 주수원(2015). 만들자, 학교협동조합. 맘에 드림.

배현순, 이희수, 이효영(2021). 마을교육공동체 운영 활성화 방안 연구: 부산 다행복교육지구사업을 중심으로. **열린교육연구, 29**(2), 87-107.

안명선, 박선희, 김상범, 박주현, 천정웅(2022). **청소년활동론.** 양성원.

안정주(2021). 부산광역시 학교협동조합 운영사례분석. 한국교원대학교 교육정책전문대학원 석사학위논문.

유진이(2021). **청소년 프로그램 개발과 평가.** 양서원.

이남, 김용탁, 김종국(2023). **청소년활동론.** 양성원.

전동만, 장수한(2021). **청소년활동론.** 양서원.

홍공숙(2016). 학교협동조합의 운영실태와 활성화방안 연구. 한국교원대학교 교육정책전문대학원 석사학위논문.

CHAPTER

04

청소년 인권과 참여

FOCUS ON PRACTICE

YOUTH PROGRAM

DEVELOPMENT AND EVALUATION

학습목표

1. 청소년 인권과 참여에 대해서 폭넓게 이해할 수 있다.
2. 청소년 인권과 참여 프로그램 개발과 평가에 필요한 관점과 접근방법에 대해서 이해할 수 있다.
3. 청소년 인권과 참여 프로그램 개발과 평가를 할 수 있다.

핵심키워드

청소년 인권, 세계인권선언, 유엔아동권리협약, 청소년 참여

청소년의 인권은 무엇일까에 대한 고민에서부터 시작하여 청소년의 주도적인 참여가 있는 프로그램은 개발이 가능한지, 이 과정에서 청소년의 인권과 참여의 관점에서 기획된 프로그램은 청소년과 사회에 어떤 영향을 미치는지에 대한 평가까지 생각해 본다. 여러분은 청소년 인권과 참여에 대해서 자연스럽고 편안한 감정을 느끼는가? 인권과 참여의 관점에서 청소년 프로그램 개발과 평가는 어떻게 할 수 있을까? 본 장에서는 청소년의 인권과 참여에 대한 폭넓은 이해를 통해서 청소년 프로그램 개발과 평가에서 적용 가능한 방식을 알아가는 데 목적을 두고자 한다.

청소년의 인권과 참여를 알기 위해서는 인권, 청소년의 인권, 청소년 참여 의미와 특성을 살펴보아야 한다. 또한, 청소년 인권과 참여에 대한 개념적 논의를 넘어 청소년 인권과 참여 보장을 위한 구체적인 활동의 방향을 청소년 프로그램과 연관하여 살펴보고자 한다. 이를 위해서는 청소년의 인권과 참여에 대해 어떠한 태도를 갖고 있으며, 이를 어떻게 인식하고 있는지, 그리고 청소년의 인권과 참여 수준을 향상시킬 수 있는 프로그램 개발과 평가

가 필요하다. 청소년 인권을 향상시키기 위해서는 무엇보다 청소년의 권리가 무엇이고, 자신의 삶에 영향을 미치는 중요한 의사결정과정에 청소년의 주체적인 참여가 이루어질 수 있도록 권한 부여와 더불어 참여 환경을 조성하는 것이 필요하다. 이를 위해서는 청소년 인권의 이해와 권한 부여, 참여가 이루어질 수 있는 프로그램이 개발되고 운영되어야 하며, 또한, 이에 대한 적절한 평가과정을 통해 청소년이 시민사회구성원으로서 성장할 수 있도록 지원해야 한다. 본 장에서는 청소년 인권과 참여에 대해서 살펴보고, 인권과 참여의 관점에서 청소년 프로그램 개발과 평가의 방향을 탐색하고자 한다.

1 청소년 인권의 이해

1) 인권의 정의

인권이란 인간이 태어나면서 기본적으로 마땅히 누려야 할 보편적이고 절대적인 권리로서, 한 국가의 구성원이라면 누릴 수 있는 권한이다. 인권의 사전적 의미는 사람이 사람답게 사는 데 필요한 것으로써 당연히 인정된 기본적 권리 또는 인간이 자연인으로서 누려야 할 당연한 권리를 의미한다(국가인권위원회, 2004). 그러므로 인권은 인간이 태어나면서 기본적으로 마땅히 누려야 할 보편적이고 절대적인 권리이다. 그러나 인권은 권리, 권익, 권리옹호 등 다양한 용어로 혼용하여 사용되고 있다. 그래서 인권은 한 마디로 규정하기 어렵지만 보편적으로 인간이기 때문에 당연히 가지는 권리, 인간답게 살아가기 위해서라면 반드시 누구에게나 보장되어야 하는 권리이며, 도덕적 · 가치론적 차원에서부터 법과 제도 그리고 사회규범적 차원에서 포괄적인 개념으로 이해된다(손병돈, 2008).

인권에 대한 이해를 위해서는 먼저 법체계에서 어떻게 접근하고 있는지 알아보아야 한다. 대한민국 헌법에 명시된 인권의 정의는 모든 국민은 인간으로서 존엄과 가치를 가지며, 행복을 추구할 권리를 가진다(헌법 제10조). 국가는 개인이 가지는 불가침의 기본적 인권을 확인하고 이를 보장할 의무를 가진다. 또한, 인권이란 "대한민국 헌법 및 법률에서 보장하거나 대한민국이 가입 · 비준한 국제인권조약 및 국제관습법에서 인정하는 인간으로서의 존엄과 가치 및 자유와 권리를 말한다"(국가인권위원회법 제2조 제1항)라고 명시되어 있다.

그렇다면 인권은 어떻게 해서 형성되어 왔는지 역사적으로 살펴보면, 프랑스 혁명선언문을 생각하게 된다. 1789년 프랑스 혁명의 결과로 일구어진 프랑스 혁명선언문은 프랑스 의회에서 채택되었는데, 인간과 시민의 권리선언을 기본으로 구성된 인권선언문이다. 프랑스 인권선언 제1조에서 "인간은 권리로서 자유롭고 평등하게 태어났다"라고 명시함으로써 인간과 시민의 권리는 천부인권사상에 기초하였음을 강조하였다(천정웅, 2021).

인권은 인간으로서 갖는 권리를 말하기에 인간의 모든 삶은 권리와 연결된다. 인권을 이야기할 때 가장 많이 거론되는 준거는 세계인권선언이다. 1948년 세계인권선언 이후 인권에 대한 수많은 논의가 이루어져 왔지만, 인권의 실체를 명료하게 제시하기는 다소 어렵다. 그럼에도 불구하고 1948년 세계인권선언 이후 국제사회는 인권이 단순한 규범이나 이상이 아닌 법적인 구속력을 가진 국제규약으로서 인권을 매우 중요하게 여기고 있다.

■ 표 4-1 법과 선언의 인권 정의

구분	내용
대한민국 헌법 제10조	모든 국민은 인간으로서의 존엄과 가치를 가지며, 행복을 추구할 권리를 가진다. 국가는 개인이 가지는 불가침의 기본적 인권을 확인하고 이를 보장할 의무를 진다.
대한민국 국가인권위원회법 제2조	인권이란 헌법 및 법률에서 보장하거나 대한민국이 가입·비준한 국제인권조약 및 국제관습법에서 인정하는 인간으로서의 존엄과 가치 및 자유와 권리를 말한다.
프랑스 인권선언	제1조 인간은 자유롭게 그리고 평등한 권리를 가지고 태어났다. 제2조 모든 정치적 결사의 목적은 그 무엇도 침해할 수 없는 인간의 자연권을 보전하는 데 있다. 그 권리는 자유, 재산, 안전 그리고 압제에 대한 저항이다.
세계인권선언 제1조	모든 사람은 태어날 때부터 자유롭고 존엄성과 권리에서 평등하다.

출처: 천정웅(2021).

인권의 정의를 세계인권선언에서는 인간이 누구이고 무엇을 하든지 존엄한 존재로서 존중받을 권리로 규정하고 있다. 구정화 등은 세계인권선언의 내용을 구체적으로 7가지, 즉 기본적 권리, 보편적 권리, 약자를 위한 권리, 책임을 동반한 권리, 개인과 집단을 포괄한 권리, 정당성의 기순으로 국가권력을 제어하며, 사회변화 요구로 설명하고 있다(구정화·설규주·송현정, 2004).

세계인권선언의 내용은 다음과 같다.

첫째, 인권은 인간이 갖는 기본적 권리이다. 인권선언에 따르면 인권은 인간의 본성에 기초하여 나온다. 여기서 인간의 타고난 존엄성은 인간으로서의 생존을 위해 최소한으로 필요한 것이라기보다는 인간으로서의 삶을 위해 기본적으로 요구되는 것이다. 즉, 존엄한 삶을 위한 기본적인 것으로써 사회에서 한 인간의 삶이 어떤 수준 이하로 떨어지는 것을 막아주는 것이 인권이다. 이런 의미에서 인권은 사람의 권리가 아니라, 사람답게 살 권리이다. 사람의 사람다움을 실현하는 권리이며 인간으로서 존엄성과 가치를 존중받으며 살 수 있도록 해주는 것이 바로 인권이다.

둘째, 인간이 갖는 보편적 권리이다. 인간의 권리가 되기 위해서는 누구에게나 적용되는 일반적이고 보편적인 성질을 가져야 한다. 이 때문에 인권은 아무런 조건 없이 오직 인간이라는 이유로 모든 인간에게 적용할 수 있어야 한다. 즉 인권은 성, 인종, 종교, 민족, 정치적 입장, 사회적 신분의 차이와 상관없이 '인간'이기 때문에 가질 수 있는 보편적인 것이다. 따라서 인권은 인간이 소유하는 권리의 최고 가치이며 보편적인 도덕적 권리로 보아야 한다.

셋째, 인권은 약자를 위한 권리이다. 하지만 인권이 누구나 가지는 '보편적 권리'와 대립되는 의미는 아니다. 다만 약자들이 인간으로서 마땅히 누려야 할 여러 기본 조건을 누리지 못할 경우가 많기 때문에 '인간의 존엄한 삶을 위한 최소한의 조건'인 인권은 사회적 강자에 의해 유린당하기 쉬운 약자의 존엄한 삶을 지킬 수 있도록 하는 권리로 더 강조될 뿐이다.

넷째, 인권은 책임을 동반한 권리이다. 인권은 모든 사람이 누려야 할 권리이다. 모두가 누려야 할 권리라는 점에서 인권은 타인과의 관계를 고려하지 않을 수 없다. 내가 인권을 누릴 때 나와 동일한 인간인 다른 사람의 인권도 고려하기 때문이다. 기본적으로 인간의 삶이 타인과 관계를 맺고 있다는 점에서 인권적인 상황은 타인과의 관계 속에서 나타난다. 따라서 한 개인의 인권은 사회 제도적으로 보장되어야 하며, 아울러 타인의 인권도 사회제도적으로 보장해 주어야 한다. 이런 점에서 인권은 사회구성원의 책임을 강조한다.

다섯째, 인권은 개인과 집단을 포괄한 권리이다. 인권은 단순히 한 인간의 권리로만 제한할 수 없다. 왜냐하면 개인의 힘만으로 사회구조나 국제적 힘의 관계를 넘어서는 것은 불가능하기 때문이다. 따라서 사회집단, 사회구조에 초점을 두어야 하며 이런 경우에 인권은 더 풍부해질 수 있다. 더욱이 오늘날과 같은 세계화 시대에 국제적 불평등 구조로 억압받는 3세계 사람이나 한 국가 안에서 고통받는 소수자를 생각한다면 단순히 개인의 권리로만 인권을 규정해서는 안 된다.

여섯째, 인권은 정당성의 기준으로서 국가권력을 제어한다. 한 국가 내에 국민은 현실적으로 국가의 법과 제도의 틀 안에서 살아간다. 인권은 그러한 법과 제도가 정당한지를 판단하는 기준이 된다. 만약 인권에 비추어 정당성이 부족하거나 없을 때에는 인권이 과도한 통제와 필요 이상의 국가권력을 통제하는 역할을 한다.

일곱째, 인권은 사회변화를 요구한다. 사회제도로 보장받지 못하고 인권에 기대는 순간 인권의 주장과 함께 사회변화를 요구하게 된다. 즉, 인권은 기본적으로 한 사회의 제도, 관습, 법률의 상위개념으로 존재하기 때문에 인권 범위 밖에 있는 제도나 법률, 관습에 대해서도 변화를 요구하는 것이 궁극적으로 인권을 보호하는 것이다. 그러므로 인권은 인간의 존엄한 삶을 위한 최소한의 조건을 제시하고 그 조건에 적합하도록 사회가 변할 것을 요구한다.

종합적으로 살펴볼 때, 인권의 정의는 사람답게 살 권리이며, 인간은 그 자체로서 존엄성을 인정받고, 인간이기 때문에 갖는 당연한 권리이기 때문에 침해당해서는 안 되는 절대적인 권리이다. 그러므로 인권은 천부적인 권리로써 사람이라면 누구나 태어날 때부터 가지고 있기에 인간이라는 이유만으로 누리는 권리이며, 자신만이 아닌 권리에 국한되지 않고 타인에 대한 책임을 포함한 사회구성원의 책임까지 포괄해야 한다.

2) 인권의 특성

인권은 정치체제나 이념을 넘어서 인류사회에 보편적인 가치를 지향한다. 인권은 인간이라면 누구나 어떠한 사회적 조건에 있든 상관없이 인간이라는 이유만으로 누려야 할 평등하고 양도 불가능한 천부적 권리를 의미한다. 모든 사람은 타인에 의해 억압되지 않고 자유로울 권리가 있으며, 동등한 존엄성을 보장받을 권리를 가진다. 이러한 이유로 인권은 인종, 피부색, 성, 언어, 종교, 재산, 신분, 장애, 출생지 등에 상관없이 인간이라면 누구나 다 누려야 할 권리이다. 그러므로 인권의 보편성은 인권의 가치를 세계 인류의 규범으로 선언한 유엔이나 인권보호에 관심을 갖는 국가권력 또는 헌법, 그 자체에 의해 규정되는 것이 아니라 근본적으로 인권이라는 가치 안에 내장되어 있는 보편성에 있다. 인간의 양심과 이성, 인간다운 마음의 뿌리에 작용하고 있는 인간의 존엄성에 대한 믿음이 인권의 보편성이라고 할 수 있다(국가인권위원회, 2004). 인권의 보편성은 모든 사람에게 차별 없이 동등하게 인권이 보장되어야 함을 의미한다.

국가인권위원회에서 발간한 인권백서(2004)는 보편적 인권의 특성을 세계인권선언에서 제시한 권리를 토대로 다음과 같이 제시하였다.

첫째, 시민적 및 정치적 권리이다. 인권은 시민적 및 정치적 권리에서 국가의 정치적 억압과 폭력 또는 권력의 횡포로부터 개인의 자유를 보호받도록 하며, 공정한 재판을 받을 권리를 포함하여 신체의 자유 및 안전에 대한 권리, 가정이 보호받을 수 있는 권리, 자유로운 통신에 대한 권리, 사상 · 양심 및 종교의 자유를 누릴 수 있는 권리, 의견 및 표현의 자유, 집회 및 결사의 자유 등의 권리가 포함되어 있다.

둘째, 경제적 · 사회적 및 문화적 권리이다. 이는 일명 사회권으로 명시되는데, 사회권은 개인의 자유와 사유재산의 보호를 강조하는 자유권과는 달리 평등에 초점을 두고 있다. 권리의 내용은 인간 생존의 기본적 욕구를 충족할 권리(생존권, 질병과 재난에 대한 보호)와 노동을 하고 정당한 보수를 받을 수 있도록 하는 권리, 교육문화의 혜택을 받을 권리를 의미한다.

■ 표 4-2 세계인권선언의 보편적 인권의 특성과 권리 내용

보편적 인권특성	권리 구분	권리 내용	세계인권선언 조항
시민적 및 정치적 권리	신체보존권	각 개인의 신체적 · 정신적 안전을 보장하기 위한 것으로 생명권, 부당한 차별로부터 보호받을 권리, 노예제도 및 매매 금지, 법적 인격체로서의 인정, 고문으로부터 보호받을 권리, 국적 보호 및 국적 변경에 대한 권리	제1조~제6조, 제15조
	법집행 권리	정당한 법절차에 따라 법 심리를 받을 권리이다. 법 앞의 평등권, 인신보호권, 자의적 체포와 구금으로부터 보호받을 권리, 유죄판결 전까지 무죄로 추정받을 권리, 법의 소급 적용으로부터 보호받을 권리	제8조~제11조
	시민적 자유권	삶의 특정 부문(사적 · 공적)을 국가나 타인의 간섭으로부터 보호하기 위한 것으로서 의견의 자유, 양심의 자유, 출판의 자유, 결사의 자유 등에 대한 권리	제18조~제20조
	정치적 권리	정치사회 구성원들의 국가업무에 대한 참여와 통제를 보장하기 위한 것. 시민적 자유권에 속하는 언론의 자유, 결사 및 집회의 자유에 대한 권리와 여러 정치적 결정과 업무에 직간접으로 참여할 권리	제19조~제20조, 제21조
경제적, 사회적 및 문화적 권리	최소 필요 충족권	생존을 위해 요구되는 최소한의 물질적 조건을 충족시키기 위한 것. 기본적 의식주에 대한 권리, 건강보호에 대한 권리	제25조
	경제적 권리	본원적 생명활동의 하나인 노동행위에 대한 자유와 공정한 노동조건 및 보수보장, 최소한의 생활수준을 사회적으로 보장하기 위한 것으로서 노동에 대한 권리, 여가와 휴식에 대한 권리, 사회보장권 등	제22조~제24조
	사회적 권리	사회적 삶 속에서 노출되는 사회구성원들의 가정 및 사생활에 대한 보호, 가정을 형성할 자유에 대한 보호, 부당한 차별로부터의 보호, 자아발전의 보장 등을 위한 것으로 동등한 대우에 대한 권리, 사생활보호권, 가족형성권, 교육을 받을 권리	제 2조, 제12조, 제16조, 제26조
	문화적 권리	사회구성원들의 정신적 자아실현과 문화생활을 보호하기 위한 것으로 각종 문화공동체에 참여할 권리와 문화활동과 그 결과를 보호받을 권리	제27조

출처: 국가인권위원회(2004).

세계인권선언에서 언급된 모든 인권은 청소년에게도 동일하게 적용된다. 세계인권선언은 “인류사회 모든 구성원의 고유한 존엄성과 평등하고 양도할 수 없는 권리를 인정하는 것이 세계의 자유, 정의 평화의 기초가 됨을 인정하며”라는 문장으로 전문을 시작한다. 인권은 사람이라면 누구나 인간의 존엄성을 인정받고 권리의 자격을 가지는 천부적 권리이자 모든 사람들이 부여받는 보편적 권리로, 청소년 또한 인간의 권리를 가진 인권의 주체에 해당한다고 할 수 있다. 따라서 인권을 다루고 있는 국제협약은 아동과 청소년의 인권을 모두 포괄적으로 적용하고 있으며, 사회적 약자로서의 청소년을 보호하기 위해 각 협약 별 특정 조항을 통해 청소년을 지칭하는 대상과 구체적인 권리 내용을 명시하고 있다.

3) 청소년 인권의 의미

(1) 청소년 인권의 의미

인권은 인간의 존엄성을 존중받기 위해서 마땅히 보장되어야 할 기본적이고 필수적인 권리이며, 어떠한 상황에서도 누구에게나 차별 없이 평등하게 보장되어야 하는 보편적인 권리이다. 이러한 의미에서 인권과 권리는 구분된다. 인권이 인간 자체에 주어진 기본권이라고 한다면 권리는 한 국가의 구성원에게 법적으로 보장된 것이다. 이를 토대로 살펴볼 때, 청소년 인권에 대한 정의는 인간으로서 마땅히 보장되고 보호받아야 할 필수적인 권리를 의미한다(윤정숙, 2003). 청소년 인권은 모든 삶의 영역에서 청소년이 존중받고 성장할 수 있도록 보장되어야 하며, 청소년의 권리가 증진되어야 한다. 또한, 청소년이 권리의 주체가 되는 것을 의미한다.

청소년은 보호와 양육의 대상으로 사회의 일원으로 독립적으로 활동하기에는 다소 한계가 존재하긴 하지만, 시민사회구성원으로 주체적이고 독립적인 삶을 살 수 있도록 지속 가능한 성장이 보장되도록 청소년 인권과 참여에 대한 지원이 필요하다. 또한, 청소년을 보호의 대상이 아닌 자기결정의 주체로, 복지의 시혜 대상에서 정의로움을 요구하는 주체로 인식되어야 한다. 그러나 실제적으로 청소년은 정치적으로 모든 청소년이 선거(18세까지 참여 가능)에 참여할 수 없으며, 경제적으로도 독립하거나 경제적으로 활동하기도 쉽지 않다. 또한 청소년 인권은 가출, 가정폭력, 학교폭력, 청소년을 대상으로 한 성매매, 디지털 성범죄 등 심각한 인권 침해 문제가 발생하고 있다. 그러므로 청소년 인권 증진을 위한 국가적인 차원에서의 노력이 요구되며, 청소년 자신이 인권의 주체로서 판단하고 인권보장을 실현할 수 있도록 인권교육과 프로그램 개발, 현장에서의 실행이 요구된다.

우리나라는 유엔아동권리협약에 서명하였으며, 이를 토대로 아동과 청소년의 권리보장을 위한 다양한 노력을 하고 있다. 청소년 인권 보호 및 증진은 국가적인 책무로 여기고, 유엔아동권리협약뿐만 아니라 헌법과 우리나라가 비준한 국제인권조약에 의하여 인간의 존엄과 가치 및 기본적인 인권을 확인하고 보호하며 증진하기 위한 국가정책을 수립하고 이행하기 위해 노력하고 있다.

2015년에 수립된 청소년육성 5개년 기본계획은 청소년 인권 신장과 자율적인 참여가 주요 정책 이념으로 제시되었다. 이 시기에 만들어진 청소년참여위원회(청소년기본법 제5조의2 청소년 자치권 확대)는 청소년 정책 참여기구로서 청소년이 직접 정책에 참여하고 평가할 수 있도록 함으로써 사회구성원으로서 청소년의 시민권을 보장할 수 있는 기틀을 마련하였다. 제6차 청소년 정책기본계획(2018~2022)은 4대 정책 목표 중 하나인 청소년 참여 확대 및 권리증진 기반 조성을 설정함으로써 청소년의 인권과 권리보장 및 함양을 위한 인권교육 및 프로그램이 다양하게 현장에서 이루어질 수 있도록 하였다(박호준, 2019). 이러한 노력은 청소년 인권에 대한 인식 변화를 초래하였는데, 단순한 보호의 대상에서 권리의 주체로서 청소년을 시민사회의 한 구성원으로서 인간의 존엄성을 보장해야 하며, 그 권리가 존중되어야 한다는 이데올로기의 전환점이 된 것이다.

청소년의 인권은 그 권리의 유용성을 확보하기 위해서 널리 알려져야 한다. 이러한 측면에서 그동안 청소년 프로그램 개발은 인권의 중요성을 알리기 위한 교육 프로그램이 주를 이루고 있다. 그러나 중요한 것은 청소년 인권 프로그램을 개발함에 있어서 청소년의 보편적 인권 관점에서 점검하여 기획하는 것이 중요하며, 특정 그룹에 집중되는 것이 아니라 배제 없는 모두를 포용할 수 있는 관점에서 개발하는 것이 매우 중요하다. 또한, 청소년은 시민사회 구성원으로서 권리의 소유자로서의 동등한 지위가 청소년들과 더불어 혹은 청소년들을 위해 일하는 사람들에 의해 증진되어야 한다. 아동권리협약은 국가에 협약의 원칙 및 내용들을 적절하고 적극적인 방법으로 성인 및 청소년 모두에게 널리 알리도록 하는 의무를 지우고 있다. 그러므로 청소년을 미래의 시민과 같은 예비적 존재로 인식하면서 장차 시민으로 성장하는 데 필요한 역량과 자격, 소양을 길러주는 관점의 청소년 프로그램에서 탈피하여, 현재의 시민으로 인정하고, 사회구성원으로서 누려야 할 인권을 보장하도록 강화해야 한다. 또한, 청소년 인권의 관점은 글로벌 시민으로서의 권리인식을 지원해야 한다.

(2) 청소년 인권 관련 법제도

청소년의 인권은 국내법에 의해 제도적으로 권리가 보장된다.

첫째, 청소년의 인권은 대한민국 헌법에서 명시되어 있다. 대한민국 헌법 제10조는 “모든 국민은 인간으로서 존엄과 가치를 가지며, 행복을 추구할 권리를 가진다. 국가는 개인이 가지는 불가침의 기본적 인권을 확인하고 이를 보장할 의무를 가진다"라고 명시되어 있다. 제34조에서는 "모든 국민은 인간다운 생활을 할 권리를 가진다"라고 규정하여 청소년도 인간다운 생활을 할 권리가 동일하게 있음을 의미한다. 헌법에서 보장하고 있는 기본권은 인간의 존엄과 가치 · 행복추구권을 보장하고, 개별적인 기본권을 보장 의무를 통해 인권사상에 기초한 인간의 권리실현에 있다. 헌법에 열거된 권리는 대한민국의 모든 사람에게 그대로 적용된다. 결국 청소년은 대한민국 국민으로서 헌법상 규정된 기본적 인권을 누릴 수 있으며, 기본적 인권은 대한민국 국적이 아닌 청소년에게도 보장되는 인권으로 이해되어야 한다(나달숙, 2022). 또한, 청소년기본법 제2조 제1항은 청소년이 "건전한 민주시민으로 자랄 수 있도록 하는 것"을 기본이념으로 제시하여 청소년들의 건강한 사회구성원으로 성장할 수 있도록 권리를 부여하고 있다. 이는 청소년이 민주시민으로 건강하게 성장할 수 있는 환경을 마련해 주고 인정하는 복지를 의미하는 것이며, 건강한 사회구성원으로 성장할 수 있는 권리보장을 의미한다(김정희 · 김광병, 2020).

둘째, 1990년에 제정되고 선포된 청소년헌장(1998년 개정)은 청소년의 권리와 책임에 대한 우리 사회의 약속이며, 한 인간으로서의 인권과 한 시민으로서의 시민권을 가지고 있음을 의미하는 선언이다. 청소년헌장은 청소년 인권의 기준으로 12개의 조항으로 이루어졌다. 청소년헌장에는 청소년이 자기 삶의 주인이며, 인격체로서 존중받을 권리와 시민으로서 미래를 열어갈 권리를 가진다. 청소년은 스스로 생각하고 선택하며 활동하는 삶의 주체로서 자율과 참여의 기회를 누리며, 생명의 가치를 존중하며 정의로운 공동체의 성원으로 책임 있는 삶을 살아간다. 청소년을 둘러싼 생태체계인 가정, 학교, 사회 그리고 국가는 청소년헌장의 정신에 따라 청소년의 인간다운 삶을 보장하고 청소년 스스로 행복을 가꾸며 살아갈 수 있도록 여건과 환경을 조성해야 하는 의무가 있다. 청소년헌장에 따르면, 청소년은 생존에 필요한 기본적인 영양 · 주거 · 의료 · 교육 등을 보장받아 신체적 · 정신적으로 균형 있게 성장할 권리, 출신 · 성 · 종교 · 학력 · 연령 · 지역 등의 차이와 신체적 · 정신적 장애 등을 이유로 차별받지 않을 권리, 물리적 폭력뿐만 아니라 공포와 억압을 포함하는 정신적인 폭력으로부터 보호받을 권리, 사적인 삶의 영역을 침해받지 않을 권리, 자신의 생각과 느낌을 자유롭게 펼칠 권리, 자유로운 의사에 따라 건전한 모임을 만들고 올바른 신념에 따라 활동할 권리, 배움을 통해 진리를 추구하고 자아를 실현해 갈 권리, 일할 권리와 직업을 선택할 권리, 여가를 누릴 권리, 건전하고 다양한 문화 · 예술 활동에 자유롭게 참여할 권리, 다양한 매체를 통하여 자신의 삶에 필요한 정보에 접근할 권리, 자신의 삶과 관련된 정책결정과정에 민주적 절차에 따라 참여할 권리를 가진다(청소년헌장의 청소년 권리).

청소년의 인권은 국제적인 차원에서 세계인권선언과 유엔아동권리협약에 의해 보장된다.

첫째, 세계인권선언으로 인해 청소년의 인권은 획기적으로 증진되었다. 세계인권선언은 유엔의 목적을 실현하기 위한 주요 활동 중 하나로 1948년 12월 유엔총회에서 채택되었다. 유엔헌장에 유엔의 목적은 인권과 기본적 자유를 신장시키는 것이라고 명시되어 있으나, 세계인권선언은 인권에 대한 구체적인 기준을 명확히 제시하고 있다. 세계인권선언 제1조에는 "모든 인간은 태어날 때부터 평등한 존엄과 권리를 갖는다", 제2조는 "모든 사람은 인종, 피부색, 성, 언어, 종교, 정치적 또는 기타의 견해, 민족적 또는 사회적 출신, 재산, 출생 또는 기타의 신분 등 어떠한 종류의 차별이 없이 이 선언에 규정된 모든 권리와 자유를 향유할 자격이 있다"라고 명시되어 있다. 세계인권선언은 인간의 존엄과 권리가 세계의 자유 · 정의 및 평화의 기초라는 것과 인권 및 기본적 자유의 존중과 권리와 자유에 대한 공통의 이해 그리고 선언의 지도 교육 및 점진적 조치 등을 선언함으로써 인권의 보편화를 제시하였다(나달숙, 2022).

둘째, 유엔아동권리협약은 아동 · 청소년과 성인이 동등하게 인간으로서 마땅히 누려야 할 권리를 가진 존재임을 명시하는 국제협약으로써 1989년 유엔총회에서 만장일치로 채택되었으며, 1990년 9월 2일에 정식으로 발효되었다. 유엔아동권리협약은 1924년 아동 · 청소년권리에 대한 제네바선언과 1948년 세계인권선언 그리고 1959년 유엔아동권리선언 이후로 선언이 아닌 실제적인 협약으로 인정되어 매우 의미가 있다. 아동권리협약은 국제사회에서 아동과 청소년의 삶의 질을 향상시키기 위한 다양한 정책을 만들어 실천하며, 건강하고 안전하게 아동과 청소년이 성장할 수 있도록 최상의 환경을 만들려는 관심과 노력을 지향하고 있다. 그러므로 유엔아동권리협약은 아동 · 청소년을 권리의 주체이자 고유한 개별성을 가진 주체자로 인정하며, 시민사회 구성원으로서 아동 · 청소년이 성인과 동등하게 인간으로서 마땅히 누릴 권리를 존중받을 수 있는 존재임을 명시하는 국제협약이다. 국가는 유엔아동권리협약을 비준함과 동시에 국제법에 따라 이를 실천하기 위한 다양한 전략을 세우고 아동 · 청소년 권리 증진 및 보호를 위한 정책을 추진해야 한다(김웅수, 2017).

청소년의 인권은 아동과 청소년의 생존권, 발달권, 보호권, 참여권 등의 기본권리를 명시한 아동권리협약에 근거하여 보호받을 권리, 복지적인 지원을 받을 권리, 자신의 삶과 관련된 영역에 대해서 적극적인 의사 표현 그리고 참여권으로 나누어 설명할 수 있다.

■ 표 4-3 유엔아동권리협약의 기본원칙과 기본권

구분		내용
기본원칙	무차별의 원칙	모든 아동 · 청소년은 인종, 종교, 언어, 경제, 장애 등 동등한 권리를 누려야 함
	최선의 이익원칙	아동 · 청소년에게 영향을 미치는 모든 것을 결정할 때는 아동 · 청소년의 이익을 최우선으로 고려해야 함
	생존 및 발달 보장의 원칙	생애시기에서 특별히 생존과 발달을 위해 다양한 보호와 지원을 받아야 함
	참여의 원칙	책임감 있는 어른이 되기 위해 아동 · 청소년 자신의 능력에 맞게 적절한 사회활동에 참여할 기회를 가지고, 자신의 생활에 영향을 주는 일에 대하여 의견을 말할 수 있어야 하며, 그 의견을 존중받아야 함
기본권	생존권	적절한 생활수준을 누릴 권리, 안전한 주거지에서 살아갈 권리, 충분한 영양을 섭취하고 기본적인 보건서비스를 받을 권리, 기본적인 삶을 누리는데 필요한 권리
	보호권	모든 형태의 학대와 방임, 차별, 폭력, 고문, 징집, 부당한 형사처벌, 과도한 노동, 약물과 성폭력 등 유해한 것으로부터 보호받을 권리
	발달권	잠재능력을 최대한 발휘하는 데 필요한 권리
	참여권	자신의 생활에 영향을 주는 일에 대하여 의견을 말할 수 있어야 하며, 그 의견을 말하고 존중받을 권리

이는 청소년의 성장을 지원하는 역량을 개발할 수 있도록 보장해야 함을 의미한다. 또한, 시민사회구성원으로서 살아갈 수 있도록 모든 청소년은 적절한 의·식·주를 제공받아야 하며, 건강한 삶을 살아가며, 문화적인 생활을 누릴 수 있는 복지권, 가정과 학교 그리고 지역사회에서의 폭력과 공포, 학대와 방임에서 보호받을 권리, 청소년과 관련된 영역에서의 의사 표현 및 결정을 할 수 있는 권리와 자신이 원하는 각종 활동에 참여할 수 있는 권리가 있다.

(3) 청소년 인권지표

청소년 인권 프로그램을 개발하기 위해서는 청소년 인권지표의 항목을 참조할 필요가 있다. 청소년 인권지표는 국제인권조약 가입 및 조약의 권리이행에 대한 의무와 더불어 우리나라의 청소년 인권 수준과 인권환경 실태에 대한 모니터링을 할 수 있도록 고안되어 있다. 이를 토대로 청소년 인권 프로그램을 개발한다면 청소년 인권을 향상할 수 있는 프로그램이 될 수 있고, 청소년 인권지표의 활용은 청소년 인권 프로그램 개발의 강력한 도구 및 분석틀이 될 수 있다.

청소년 인권지표는 청소년 인구, 건강과 생존, 가족, 교육, 문화와 여가, 사회보장, 시민권과 자유, 사회적 약자 청소년 권리 등 8개 분야에 청소년 인구, 건강, 생존, 가족 형성, 가족생활, 가족문제, 교육기회, 교육여건, 교육과정 및 결과, 인권교육, 문화, 여가, 사회보장, 시민권과 자유, 사회적 약자 청소년의 인권 등 15개 관심 영역, 36개 세부 관심 영역, 142개 지표 항목으로 구성하였다(길은배 · 이용교 · 김영지, 2001). 이후 2015년 유엔아동권리협약 이행 국가보고서 작성 지침 변화에 따라서 청소년 인권지표를 유엔아동권리협약 조항을 기반으로 수정을 하였다. 청소년 인권지표 체계는 7개 대분류 구성틀을 유지하고 있으며, 24개 중분류, 52개 소분류 및 114개의 지표항목으로 구성하였다(김영지 외, 2020). 청소년 인권지표 체계는 〈표 4-4〉와 같다.

표 4-4 한국 청소년 인권지표 체계

구분	분류	지표(소분류)
인권일반 및 일반원칙	인권일반(제4조, 제42조)	인권 인프라 구축 정도, 인권에 대한 인식, 인권교육
	일반원칙(제2조, 제3조)	차별경험률 아동 · 청소년 최우선의 원칙 준수 정도
시민적 권리와 자유	의견표명권(제12조) 표현의 자유(제13조)	가정 · 학교 · 사회에서의 참여 정도
	사상, 양심 및 종교의 자유(제14조)	사상, 양심적 자유 보장 정도, 종교자유 보장 정도
	결사 및 집회의 자유(제15조)	결사 · 집회 경험률

	사생활의 보호(제16조)	용모 · 복장 · 소지품 검사 경험률, 학생 정보 보호 정도
	정보접근권(제17조)	매체 접근 미디어 리터러시
폭력 및 학대	체벌, 고문 및 기타 비인도적 취급을 받지 않을 권리(제37조, 제28조 제2항)	청소년폭력 경험률, 아동 · 청소년의 성폭력 피해 경험률, 체벌 경험률
	아동학대, 유기 및 신체적, 심리적 회복과 사회복지(제19조, 제39조)	학대 및 방임 경험 정도, 학대 피해에 대한 서비스 제공 수준
가정환경 및 대안양육	부모의 지도와 책임(제5조, 제18조)	부모와의 관계, 보호 · 보육시설 이용률 및 서비스 실태
	가정의 보호를 받지 못하는 아동 · 청소년(제20조)	입양률, 대안양육 비율, 가출 청소년의 서비스 이용률
	양육 및 보호조치에 대한 심사(제25조)	양육 · 보호조치에 대한 서비스 적절성
장애, 기초 보건 및 복지	장애(제23조)	장애아동 및 청소년보호
	생존 및 발달(제6조 제2항)	사망률, 안전에 대한 인식률
	보건서비스(제24조)	보건서비스 인프라 구축 현황, 취약계층 보건서비스 이용률, 약물남용 예방 프로그램 제공률
	신체적, 정신적 건강 증진(제24조)	신체적 건강, 정신적 건강
	사회보장 및 아동보호시설(제26조, 제18조 제3항)	아동 · 청소년복지 예산, 취약계층 아동 · 청소년지원 수준
교육, 여가 및 문화적 활동	교육에의 권리(제28조)	교육기회 보장 정도, 학교 부적응률
	교육의 목표(제29조)	학교 교육에 대한 인식, 진로 · 직업교육
	여가, 놀이 및 문화 · 예술 활동(제31조)	여가 · 문화 · 활동 인프라, 이용 만족도 및 참여 정도
특별 보호 조치	이주배경 아동 · 청소년	이주배경 아동 · 청소년의 권리보장 및 서비스 지원 정도
	소년사법	자유 박탈 아동 · 청소년 현황, 인권친화적 사법환경, 회복적 프로그램 운영
	경제적 착취	청소년 노동조건 수준, 청소년 노동인권보호 노력
	성적 착취	아동 · 청소년 성범죄자 처벌 수준, 성범죄 피해 아동 · 청소년지원 정도

출처: 김영지 외(2020).

청소년 인권지표는 청소년 인권 향상을 위해서 사회정책이나 제도가 청소년의 관점에서 변화되고 실행될 수 있도록 당사자의 의견이 적극적으로 반영될 수 있는 접촉점과 권한을 부여하는 것이 매우 중요하다. 이는 청소년의 참여와 관련이 있다.

2 청소년 참여의 이해

1) 참여의 정의

참여는 공공이란 용어와 더불어 민주주의의 가장 중요한 기둥이 된다. 참여는 사회문제, 공동의 결정 및 책임에 있어서 지역사회 구성원으로 시민들이 적극적인 역할을 하는 것으로 의미한다. 참여에 대한 정의는 매우 다양하다. 대체적으로 영향력 행사, 의사결정과정의 관여 혹은 개입, 유권자로서의 권리 참여 등으로 설명하기도 한다. 일반적으로 참여는 활동의 개입, 즉 어떤 활동에 참가하거나 특정하게는 자신에게 영향을 미칠만한 의사결정에 관여하거나 영향을 주는 과정으로 볼 수 있다(천정웅, 2011: 29).

학문 분야에 따라 참여에 대한 정의를 살펴볼 수 있는데, 정치관련 분야에서의 참여는 의사결정에 관여하는 것이며, 경제학 분야에서는 경제활동의 혜택 측면에서 참여를 설명하고 있고, 행정 분야에서는 정책결정과정에서의 영향 정도를 참여로 정의하고 있다. 의사결정과정에서 관여하는 행위로써 사회의 변화에 관심을 표하는 행위부터 다양한 사회조직에 가입하여 사회변화를 위한 행동에 이르기까지 포함되는 개념이라 할 수 있다. 그러나 참여의 주체는 성숙된 개인을 전제하는 개념으로서, 청소년의 경우 참여를 긍정적으로 보는 영역에 있어서 제한적인 부분이 있다.

앞에서 언급하였던 것처럼, 참여의 기본요소는 민주주의이다. 참여는 시민들이 지역사회를 형성하고, 그들과 관련된 모든 문제에 참여하고, 해결책을 만들고, 책임을 지는 것이다. 이러한 민주적인 권리는 모든 사람들에게 적용된다. 참여는 시민으로서 자신의 의견을 말하고, 사회문제를 해결하기 위한 대안을 마련하는 데 참여하고, 그 해결과정에 참여하는 것이다. 그러므로 참여는 시민들이 정치, 사회에서 공개적인 토론과 의사결정에 참여하는 것으로서 지역사회를 적극적으로 변화시킬 수 있는 권리와 접근성을 의미한다(Moser, 2010). 이러한 측면에서 참여의 출발점은 자신의 결정에 영향을 받는 곳이다. 참여는 단순히 사람들이 자신의 의견을 말하는 것에만 머무르지 않고, 자신에게 영향을 미치는 결정까지 참여하는 것이다. 이러한 참여는 자신의 삶의 영역을 형성하도록 적극적으로 돕는데, 이것이 진정한 의미에서 참여라고 할 수 있다. 청소년이 사회적 의사결정과정에 적극적으로 참여하면 사회 전체에 부가가치를 창출할 수 있습니다. 그들이 발언권을 갖고, 형성을 돕고, 공동 결정을 내릴 수 있다면, 이는 민주주의 구조를 강화하고 세대 간의 이해를 증진하는 데 크게 기여할 것이다.

2) 청소년 참여의 의미

청소년 참여는 '청소년은 시민이다'라는 인식에서 출발한다. 왜냐하면 청소년의 참여는 민주주의 원칙의 실현이고, 시민사회구성원의 권리이기 때문이다. 그러므로 청소년의 적극적인 참여를 위해서는 민주주의에 대한 교육이 필요하며, 자신의 목소리를 낼 수 있는 생태계가 조성되어야 한다.

청소년 참여는 자신이 속한 공동체가 어떤 방식으로 운영되고 있으며, 구성원들은 어떤 역할을 하며 어떤 권리와 의무를 가지고 있는지, 어떻게 문제를 해결해 나가고, 대안을 탐색하고, 어떻게 협력하는지, 어른만이 아닌 청소년의 목소리를 내는 것에서 출발한다고 볼 수 있다. 그동안 청소년은 시민사회구성원으로서 스스로 변화를 만들어가는 자인지 아니면 정책의 대상이거나 프로그램이나 서비스의 수혜자인지에 대한 물음에 대한 답변으로 참여의 중요성이 부각되었다.

청소년 참여는 가정, 학교와 같은 일상생활 영역에서의 참여도 있고, 청소년위원회나 청소년협의회와 같은 공공 영역에서의 참여도 있다. 또는 제도화된 청소년단체의 참여도 있으며, 조직이나 단체가 없어도 자발적 결사체로서의 청소년 참여도 있다. 이와 같이 청소년 참여는 참여 주체, 제도화 여부, 참여 영역 등에 따라 다양하게 전개된다. 청소년 참여는 청소년 자신의 상황을 변화시킬 수 있는 수단으로서 능동적, 자발적 참여를 의미하는 것(조혜영 · 최창욱, 2005)이며, 스스로를 대변하고 자신의 상황을 변화시킬 수 있는 수단이기도 하다(김영지, 2005).

청소년 참여의 정의는 여러 학자들에 따라서 다양하게 정의되고 있다. 문성호(2006)은 청소년 참여는 성인들이 책임을 포기하고 청소년 스스로 의사결정을 하는 것을 의미하는 것이라기보다는 청소년이 궁극적인 권위를 지닌 성인의 지지와 지도를 통해 의사결정과정에 직접적이며 적극적으로 관여하는 것이라고 한다. 청소년 정책과 같이 청소년들의 삶에 광범위한 영향을 미치는 의사결정과정에서 청소년이 배제되는 상황이 지속되었다는 점에서 청소년 참여의 핵심적인 개념으로 의사결정 권한을 청소년 갖도록 하는 것이다. Hart(1999)는 청소년 자신의 삶에 영향을 주고, 자신이 살고 있는 지역사회에 영향을 주는 의사결정을 공유하는 과정으로 정의하고 있다. 특히 청소년 참여활동은 청소년이 정책에 주체적이고 주도적으로 참여하여 의사결정을 할 수 있는 권한을 부여받은 경우를 지칭하고 있다.

■ 표 4-5 청소년 참여 단계 및 강도

단계	내용	참여 강도
1	성인이 이용하는 조작단계	비참여
2	장식으로 동원하는 단계	
3	명목상으로 참여하는 단계	
4	성인이 주로 지시하면서 청소년에게 정보를 제공하는 단계	형식적 참여
5	성인의 상담 또는 정보를 제공하고 협의하는 단계	
6	성인 주도로 청소년과 의사결정을 공유하는 단계	실질적 참여
7	청소년이 주도하고 실행하는 단계	
8	청소년 주도로 성인과 의사결정을 공유하는 단계	

출처: 정건희(2013). 재인용.

청소년의 의사결정권력 사이의 상호작용에서 청소년의 참여는 비참여 수준에서 실질적인 참여의 수준까지의 단계별로 살펴볼 수 있는데, Hart가 제시한 참여 사다리 8단계 모형을 들 수 있다.

청소년 참여는 시민 사회구성원으로서 청소년이 개인 또는 공동의 목표를 달성하기 위하여 다른 개인 또는 집단과 의도적으로 지속적인 상호작용을 가지면서 이룩하는 모든 활동과 그 과정을 의미하는 것이다. 청소년 참여는 청소년의 권리 중의 하나이며 청소년을 사회의 주변인으로서가 아닌 책임과 의무를 가진 시민으로 성장하게 한다. 교육철학자 페스탈로치는 머리, 가슴, 손을 활용한 교육을 실행하는 것의 중요함을 강조하였다. 즉, 머리는 교과목 위주의 학습이지만, 가슴과 손은 이론적인 학습이 아닌 지역사회의 다양한 활동과 참여를 통해서 시작됨을 강조하는 것이다. 결국 청소년기에는 교과교육뿐만 아니라 청소년참여활동을 통해서 개인 및 사회적 역량까지 발달시키는 것이 중요하다. 청소년들의 사회 참여활동이 지역사회를 중심으로 자발적이고 적극적으로 이루어질 때에 청소년들의 시민의식이 향상되었으며, 참여 수준에 따라서 임파워먼트의 역량이 향상되었다(조성희 · 김웅수, 2017).

청소년의 참여는 전 세계적으로 관심이 많고 주요한 의제로 등장하고 있고, 아동 · 청소년친화도시 인증을 통해서 도시계획과 추진과정에서 청소년의 참여를 배제할 수 없게 되어 있다. 또한, 청소년기본계획은 청소년 정책을 수립하고 추진함에 있어서 청소년의 주체적이고 주도적인 참여가 중요함을 제시하고 있다. 유니세프는 아동 · 청소년친화도시를 인증하고 있는데, 지역사회 정책결정에 아동 · 청소년이 주체가 되어 필요, 목소리, 의견을 제시할 수 있는 참여환경을 만들어 반영하는 것을 중요하게 여긴다. 그럼에도 불구하고 청소년 참여에 한계점이 있는 것은 입시 위주의 문화, 성적 하락, 주변어른들의 부정적인 반응, 입시와 관련한 인센티브로 인한 사기 저하와 관련이 있다(김남정, 2010). 또한, 청소년의 참여 환경은 성인중심적인 패러다임으로 급하게 형성되어 청소년이 배제되고 있으며, 단순한 이벤트 행사 정도의 수준에 머무는 경우가 많다.

청소년 참여는 단순히 청소년 정책결정의 의견 제시 권한을 부여받는 것을 넘어서 모든 과정에 참여하여 공동정책에까지 영향력을 행사할 수 있도록 해야 한다. 청소년 참여는 성인들이 주도하는 형태가 아닌 청소년의 자발적인 직접 참여를 기반으로 이루어질 때에 바람직한 형태로 진행될 수 있다. 이러한 청소년 참여는 청소년의 성장과 발달에 영향을 미치는데, 독립적이며 책임 있는 시민으로 성장할 수 있도록 지원하는 것이다. 청소년이 주도하는 참여환경 제공은 청소년으로 하여금 긍정적으로 사회를 바라보는 시각을 확대하며, 무엇보다 공동체의식을 확대한다(조혜영 · 최창욱, 2008). 왜냐하면 청소년은 참여과정을 통해서 타인의 의견이나 지역사회를 변화시킬 수 있는 역량을 키울 수 있으며, 지역사회의 문제에 대해서 공동체의 한 구성원으로서 해결을 위한 과정에 참여하며 행동할 수 있도록 돕기 때문이다.

1980년대 후반 우리 사회는 권위주의 사회로부터 민주화와 다원적 개방사회로의 이동이라는 커다란 변화를 겪었다. 민주화의 진전에 따른 사회 각 부분에의 투명성, 개방성 확대는 청소년 참여 · 인권 환경에도 커다란 영향을 미쳤다.

이같이 민주화 이후 사회 각 부분에서의 다양한 변화는 청소년들의 참여 · 인권의 확대에 많은 부분 긍정적인 요소로 작용하였다. 다양한 사회변화에 따른 청소년들의 참여 · 인권에 대한 정책 제시는 정책 대상이자 결정의 주체로서 청소년들과의 적극적인 소통을 기반으로 한다고 보았을 때, 민주화의 진행과 각 부분으로의 확산은 청소년들이 적극적으로 자신들의 의견을 제시할 수 있는 공간을 열어놓았으며, 제반 사회구성원들이 청소년들과 의사소통할 수 있는 장을 확장시켰다고 할 수 있다. 이는 민주화로 인해 청소년 참여 · 인권에 대한 사회구성원들의 의식 향상을 통한 사회적 기반이 공고화되었음을 의미하며, 청소년들이 정책결정에 직간접적으로 참여함으로써 정확한 문제 진단을 통한 청소년 정책 수립이 가능해졌음을 의미한다.

청소년 참여는 국가 정책적으로 중요한 과제로 진행되어왔다. 1998년 제2차 청소년육성 5개년계획(1998~2002) 수립과 청소년헌장 개정(1998)을 통해 청소년을 미래의 주역이 아닌 오늘의 주인공으로 시각을 전환하였고 청소년의 권익과 자율적인 참여를 강조하기 시작하였다. 제3차 청소년육성 5개년계획(2003~2007)에서는 계획 · 수립단계에서부터 청소년들을 참여시키려는 노력을 기울여 각 지방의 청소년육성정책 및 전국의 청소년시설에서 청소년 참여를 의무화하였으며, 제도적으로는 청소년 참여를 확대하고자 하는 움직임으로서 청소년특별회의, 청소년참여위원회, 청소년운영위원회 등의 여러 정책들을 제시하고 시행하였다.

청소년 참여에 관한 연구(최창욱 · 전명기, 2013)를 살펴보면, 청소년 참여의 정의에 공통된 의미를 다음과 같이 제시하였다.

첫째는 능동성이다. 이는 참여에 있어 다른 사람들에 영향을 받아 참여하는 것이 아니라 청소년 자신들의 판단에 따라 주체적으로 참여하는 의미이다.

둘째는 영향력 행사를 통한 변화 도출이다. 참여를 통해 자기 자신, 자신이 살고 있는 지역사회, 기관, 시설에 영향을 미친다.

셋째는 참여는 주로 의사결정의 공유와 연관되어 있다. 다시 말해, 청소년 참여는 청소년들이 주체적으로 참여하는 것, 의사결정과정을 공유하는 것, 영향력을 통해 변화를 도모하는 것이다.

청소년 참여는 청소년의 권리이다. 청소년 참여의 방향은 청소년의 주도적 참여가 가장 중요하다. 또한, 청소년의 일상적 참여 환경이 보장되어야 하는데, 청소년이 자신이 속한 지역사회 문제해결을 위한 의사결정과정에 능동적으로 참여하여 실제 영향력을 행사하는 많은 기회를 제도적으로 보장해야 한다. 청소년 참여란 청소년의 삶에 영향을 미치는 사안에 대해 청소년이 적극적으로 의견을 개진하고 행동으로 참여하는 것과 더불어 의사결정과정에서 그들의 의견을 수렴하고 반영하는 모든 것을 포함하는 것이다.

청소년 참여에 대한 관점은 전통적인 패러다임과 새로운 패러다임으로의 전환이 이루어지고 있다. 전통적인 관점은 문제 또는 정책의 대상으로서의 청소년으로 보는 경향이 높기 때문에 청소년의 참여를 부정적, 소극적으로 보는 반면에 새로운 관점은 적극적이며, 긍정적인 관점에서 청소년을 자원 또는 시민, 주체로서의 청소년으로 바라본다.

표 4-6 청소년 참여 패러다임의 전환

구분	전통적 패러다임	새로운 패러다임
기본 관점	• 문제 또는 대상으로서의 청소년	• 자원 또는 시민, 주체로서의 청소년
청소년 참여	• 축소, 소극적, 부정적	• 확대, 적극적, 긍정적
청소년의 역할	• 정책의 수혜자로서의 청소년/미래시민 • 변화의 추종자/수동적 존재	• 정책 참여자(주체)로서의 청소년/현재시민 • 변화의 유발자(주체)/능동적 존재
정책의 초점	• 소수 문제청소년의 선도 • 보호와 격리 • 문제의 예방과 치유	• 일반 청소년의 역할 수행과 활동 지원 • 참여와 역할 부여 • 행복한 성장과 역량 개발
성인과 청소년 관계	• 성인이 주도, 청소년은 추종	• 성인과 청소년의 파트너십 형성

출처: 구정화 외(2014).

3) 청소년 참여의 특성

(1) 청소년 당사자의 권리 주체성 강화

청소년 참여는 청소년이 자신의 삶에 영향을 미치는 환경과 정책의 변화를 위해서 청소년 당사자가 권리의 주체로서 적극적이고 주도적으로 활동하도록 해야 한다. 이는 수동적인 참여가 아닌 청소년의 주도적 참여를 지향하는 것이다. 청소년 참여는 지역사회에서 발생하는 사회문제를 청소년이 스스로 모색하고 결정할 수 있도록 하는 것이다. 단순히 청소년의 참여가 행사성이나 청소년지도자의 일방적인 프로그램 기획이나 지도가 아닌 청소년의 주도적 참여에 조력하는 방식이다(이혜숙 · 이영주, 2019).

이를 위한 법과 제도적인 지원, 지역사회를 중심으로 이루어지는 다양한 활동들이 이를 뒷받침해야 한다. 참여활동은 청소년 참여와 인권의식을 향상시키는 방안으로, 제도권뿐만 아니라 제도권 밖에서도 다양한 형태로 이루어질 수 있어야 한다. 제6차 청소년 정책 기본계획은 청소년의 주도적인 참여를 핵심적으로 제시하였는데, 청소년 참여의 방향으로 "주도적이며 협업적인 청소년 참여 정책으로의 전환"이라는 정책의 변화를 제시하였다. 여기서 청소년의 주도적 참여는 청소년 정책의 핵심으로 청소년의 의견수렴 수준을 넘어서 자기주도적인 활동을 기반으로 한 참여를 의미한다. 청소년 당사자가 권리의 주체로써 참여활동을 하는 것은 청소년이 주도적으로 계획하고, 선택하며, 참여하여 스스로 자율적이고 능동적으로 활동하는 것이다.

(2) 의사결정과정에 청소년의 참여 권한 부여

청소년 참여는 청소년의 의견에 귀 기울이고 이들이 의사결정과정에 참여하게 하는 권한 부여에서부터 출발한다. 또한, 청소년들에게 정보를 제공하고 청소년들이 참여하는 과정에서 이들이 제시한 의견과 경험을 존중하는 것이다. 청소년의 참여는 청소년들을 협력자로, 고유한 인간으로, 권리를 가진 자로, 동등하고 적극적인 시민으로 인식한다. 이러한 과정에서 정부의 정보나 조직 및 회의를 청소년들에게 개방하는 것만으로는 충분하지 않다. 청소년들을 참여시킨다는 것은 지속적인 변화를 의미한다. 즉, 정보의 형태 및 제공방법의 변화, 토론과 자문구조의 변화, 회의의 조직, 타이밍 및 의제의 변화를 의미한다.

청소년의 참여는 청소년의 삶과 연관된 공공의 의사결정과정에 참여하는 것이고 더 나아가 공동체의 문제해결을 위한 행동까지 포함되는데, 이러한 청소년의 참여가 공동체의식에 영향을 미치고 더 나아가 정치 참여 의사까지 영향을 미치는 것으로 나타났다(유혜영, 2014; Farthing, 2012; Quane & Rankin, 2006). 청소년 참여는 청소년의 생활역량인 대인관계, 자기성취 기술, 창의성 기술, 공동체 등에 영향을 주고 있는데, 특히 공동체 역량에 가장 높은 영향을 주고 있는 것으로 나타났다(김윤나, 2012). 청소년의 사회정치의 참여는 청소년을 시민사회의 구성원으로서의 성장과 더불어 그들의 삶에 영향을 미치는 환경을 개선하고 변화시키는 능력을 형성하게 한다.

청소년 참여활동의 핵심은 의사결정과정에 청소년에게 권한을 부여하게 되고, 적극적인 참여가 이루어질 경우 공동체의식 향상이 높은 것으로 나타났다(박가나, 2009). 그러므로 청소년 참여 제공은 청소년에게 권한을 부여함으로써 지역사회 내 자유롭게 의견을 제시하고 의사결정과정에 참여하는 환경을 만들어가는 것이다.

독일은 청소년을 위한 도시 공간을 설계할 때 청소년의 자발적인 결정에 의해 만들어지는 공간을 구상한다. 청소년들은 자신의 환경에 대한 의견을 제시하거나 디자인 참여를 통해 주체적인 참여 환경을 만들어간다. 청소년의 참여는 창의적인 공간의 개발자로서 청소년을 조직화하고 네트워크할 수 있는 환경을 구축하며, 청소년이 지속적으로 도시계획과 추진과정에 참여할 수 있도록 권한을 부여하고 있다(김안영 · 신유진, 2014). 결국 지역사회 내 청소년 참여환경은 청소년으로 하여금 지역사회 내 구성원으로써의 소속감과 유대감을 형성한다.

지방자치단체를 중심으로 이루어지고 있는 유니세프 아동 · 청소년친화도시 사업의 핵심은 청소년의 삶과 연관된 공공의 의사결정과정에 청소년이 적극적으로 참여할 수 있도록 한다. 이것이 아동 · 청소년친화도시사업에 있어서 가장 중요한 핵심 개념이라고 할 수 있으며, 아동과 청소년을 동등하고 주체적인 권리를 가진 인간이자 협력하는 동반자로 인식하는 것, 그들의 경험과 관점을 존중하는 것, 아동과 청소년을 포함하고 이들에게 정보를 공유하는 것이 아동 · 청소년친화도시 관점에서의 청소년 참여이다(UNICEF, 2015). 물론 청소년에게 지방자치단체의 모든 사안이나 정책을 공유하고 보고해야 한다는 것이 아니라 청소년과 관련한 의사결정의 과정과 제도 수립, 자료 구축, 정보 조직과 정책 수립의 전 과정에서 청소년의 의견수렴 및 의사결정과정의 참여를 보장할 수 있는 통로를 마련해야 함을 의미한다.

청소년 참여는 유엔아동권리협약 제12조에서 명시하고 있는 참여권을 바탕으로 한 것이다. 유엔아동권리협약에서 제시하는 제12조 참여에 관한 권리는 전통적으로 청소년에게 수동적이고 순종적일 것을 강조해오던 관습에서 탈피하여 부모, 교사, 보호자 등에게 아동과 청소년이 적극적이고 능동적으로 생각하고 행동할 수 있도록 독려해야 할 책임을 부여하고 있다(UNICEF, 2015). 청소년의 참여를 통하여 친화도시를 구축하기 때문에 지역사회의 청소년 참여에 대한 의미는 매우 크다고 볼 수 있다. 따라서 청소년 참여 관점에서의 지역사회의 개념과 관점, 아동과 청소년들의 관점에서의 공간적 의미로서의 지역사회, 지역사회가 청소년들에게 미치는 영향 등을 고려해 보아야 한다.

(3) 배제나 통합이 아닌 포용적 청소년 참여

청소년 참여는 대표성이 있는 청소년들의 참여가 아닌 모든 청소년이 자기 주변의 문제를 탐색하고 이에 대한 의견을 자유롭게 말할 수 있는 환경을 만들고, 청소년 정책에 있어서 배제나 통합이 아닌 포용적 참여를 지향해야 한다. 소수의 선발된 청소년이 아닌 참여 주체를 다수의 청소년, 일반 청소년으로 확대하는 것이 요구된다. 소수의 선발된 청소년만이 아니라, 관심 있는 청소년 누구나 문제를 해결하는 과정에 참여할 수 있도록 확대하는 것이다. 또한, 제도적인 참여에서 지역사회 중심의 일상적인 참여를 보장하는 것이다. 청소년 참여는 청소년의 생활공간인 가정, 학교, 지역사회 영역에서 청소년의 실생활과 밀접한 관계가 있는 일상적인 삶에서 이루어질 수 있도록 지원하는 방식이다(이혜숙 · 이영주, 2019).

국가와 지방자치단체는 청소년의 참여를 기반으로 청소년 정책을 추진하고 있는데, 이는 도시정책과 사회공동체 속에서 청소년을 고려하는 것이다. 예컨대, 청소년의회는 청소년이 직접 사회직 · 정치적인 참여를 통해 정책반영의 가능성을 확대하였다. 청소년은 자신들의 사회적 · 정치적 권리를 정책적 차원에서 어떻게 이슈화하고, 스스로 문제해결방안을 찾으며, 지역사회 정책의 결정과정에 어떻게 자신들의 요구를 대변 · 관철시키기 위해서 노력할 수 있다. 지역사회 내 정책결정은 청소년들의 권리와 관심이 실제로 반영될 수 있도록 청소년 참여를 통한 정책결정이 매우 중요하다(김웅수 · 정건희 · 박경미, 2022). 더 나아가 청소년이 프로그램과 정책을 기획함에 있어서 특별히 취약한 청소년 중 더 배제되어 왔던 학교 밖 청소년 중 사회적으로 고립된 은둔형 외톨이 청소년, 가정 밖 청소년 및 거리생활 청소년, 경계선 지능 청소년, 어린부모 청소년, 가족을 돌보는 청소년(영 케어러) 등에 대한 정책까지도 지원될 수 있도록 해야 한다.

최근에는 포용과 참여(Inclusion & participation)에 대한 논의가 많이 이루어지고 있는데, 이는 국가정책, 사회 공간 및 공동체 속에서 청소년이 포함되어 참여하고 있는지 논의하고 있다. 포용과 참여는 단지 청소년 정책에 청소년이 참여하는 수준을 넘어서 국가정책과 사회공동체 속에서 청소년이 참여하고, 사업과정 안에서 정책적 자문과 모니터링 수준을 벗어나 주체적인 참여의 권한을 부여받는 것을 의미한다.

인권적인 관점에서 포용의 핵심은 모든 인간이 태어날 때부터 자유로운 존엄성과 권리에 있어 평등하다는 세계인권선언문과 관련이 있다. 모든 사람은 정도의 차이는 있으나 잠재력과 함께 한계를 가지고 있다는 점에서 동일하다. 인권중심의 포용에 대한 관점은 예외 없이 모든 사람들이 인권의 보유자로 인식된다는 것이다. 즉, 청소년은 삶의 모든 영역에서 처음부터 법적으로 보장받고 적극적으로 참여할 권리가 있다. 유엔장애인권리협약의 기본원칙은 자율성, 자기 결정 및 포용성, 장애가 있거나 없는 사람들의 동등한 공존이다. 따라서 포용과 참여는 궁극적으로 동등한 권리를 기반으로 개별 다양성을 가진 모든 청소년의 성장과 참여과정에 관한 것이다. 포용은 사회적 배제나 통합이 아닌 포용적인 사회를 구성하는 것이다. 사회적 환경에서의 참여, 시스템 장벽 제거, 포괄적 가치 구현(평등, 권리, 참여, 다양성, 신뢰, 연민의 인정)이다. 포용은 각 개인과 그들의 정체성에 대한 존중, 모든 사람의 조직과 시스템에 대한 법적으로 보장된 접근성, 가까운 사회적 환경에서 모든 사람의 직접적인 소속과 참여에 관한 것이다. 예컨대, 취약한 청소년이 있다고 하자. 이는 단지 돌봄의 대상일 뿐만 아니라 자신을 도울 수 있는 능동적인 주체이며, 돕는 것은 공동협력과정에서의 참여자이다. 즉 포용성은 사회를 포용적인 사회로 전환하여 청소년들의 자유와 실현 기회를 늘리고 이에 상응하는 사회적 공간을 설계하는 것을 의미한다. 포용은 특별한 장소가 아니라 현장에서의 삶에 관한 것이다. 여기서는 일반적인 사회 공간에서 모든 청소년의 직접적인 소속과 참여가 매우 중요하다(Dinzinger, 2023).

4) 청소년 참여의 유형

(1) 시민사회구성원으로서의 청소년 참여

청소년은 시민으로서 누구나 가져야 할 권리를 가지고, 표현의 자유를 비롯하여 다양한 사회적 재화와 서비스에 대한 평등한 접근 등에서 동등한 지위를 가지고 있다. 시민은 사회구성원으로서 의사결정의 주체이다. 공동체 의사결정의 주체로서 지위와 권한을 지니는 시민에는 포함과 배제의 문제가 수반된다. 청소년 정책기본계획(7차)은 청소년을 미래의 예비적 시민이 아닌 현재의 시민으로 인정하여 청소년의 시민의식 함양을 위한 참여권을 확대하고 있다. 이는 청소년은 시민사회구성원으로서 실제적인 참여를 보장하고자 함에 있다. 특히 국가와 사회는 청소년에게 시민으로서 적극적으로 참여할 수 있도록 지원해야 하며, 사회적 문제해결을 위한 정책을 마련하는 일에 청소년이 참여할 수 있도록 해야 한다. 청소년은 시민적인 책임과 참여를 적극적으로 해야 한다. 시민사회구성원으로 청소년을 참여시키기 위해서는 청소년 프로그램 개발 시 청소년의 요구와 관심, 청소년들이 다른 사람들과 상호작용하고, 자신의 의견을 자유롭게 표현할 수 있도록 해야 한다.

또한, 시민사회구성원으로의 청소년 참여는 글로벌 시대가 요청하는 글로벌 시민으로서 국제적인 차원에서 인권, 평화, 빈곤, 폭력, 환경 등의 문제해결에 참여할 수 있다. 이를 위해서 국가와 사회는 국가 간의 경계가 모호해지는 현대사회에서 그 가치가 중시되는 글로벌 시민의식을 청소년들이 체득 · 실천하여 청소년 스스로 글로벌 시민으로서의 권리 주체임을 인식할 수 있도록 지원해야 한다. 국제사회가 공동으로 대응해야 하는 글로벌 인권 문제에 대해서 국제 청소년 포럼 및 봉사 등의 프로그램을 통해서 적극적으로 예방하고 실천하는 공간에 참여할 수 있도록 해야 한다.

(2) 청소년 정책과 조직에서의 참여

청소년의 참여는 청소년의 삶에 영향을 미치는 정책을 결정함에 있어 청소년이 주도적으로 참여할 수 있는 공간과 환경을 제도적으로 마련하는 것이 필요하다. 청소년참여기구와 조직은 청소년의 삶과 직접적인 관련이 있는 프로그램과 정책에 영향을 준다. 우리나라의 대표적인 청소년참여정책기구는 청소년특별회의, 청소년참여위원회, 청소년운영위원회가 있다. 또한, 청소년참여조직은 청소년자치활동을 통해서 직접적이고 주도적인 청소년활동과 참여가 이루어진다. 청소년 정책과 조직에서의 참여는 다음과 같다.

첫째, 청소년특별회의는 청소년기본법 제12조에 명시되어 있는데, 범정부적 차원의 청소년 정책 설정 및 추진 점검하기 위하여 여성가족부 및 시·도 청소년과 청소년 전문가가 함께 참여하여 토론과 활동을 통해 청소년의 시각에서 청소년이 바라는 정책과제를 발굴하고, 정부에 건의하여 정책화하는 청소년 참여기구이다. 청소년특별회의는 2004년 시범사업을 거쳐, 2005년 청소년기본법에 근거 규정이 마련되면서 매년 정기적으로 개최되고 있다. 청소년참여위원회나 청소년운영위원회가 지방자치단체 또는 청소년시설 중심의 지역 규모의 참여기구인데 반해 청소년특별회의는 전국의 청소년들이 동일한 정책의제로 함께 참여하는 전국 규모의 참여기구라고 할 수 있다. 청소년특별회의는 전국의 청소년 대표로 구성되며, 이들은 각 지역별로 청소년들이 활동, 복지, 보호를 위해 선정한 지역 예비의제를 바탕으로 출범식 및 의제 선정 워크숍을 통해 당해 연도 최종정책의제를 선정한다. 선정된 정책의제에 따라 지역별로 청소년과 전문가들의 의견수렴과 토론, 워크숍, 캠페인 등을 통해 정책과제를 발굴하고 의제연구를 통해 세부 정책과제를 선정한 후 본회의에서 이를 최종적으로 정부에 보고 · 제안함에 있어서 청소년의 참여와 권한이 있다.

둘째, 청소년참여위원회는 청소년으로 구성되어 있으며, 여성가족부 및 지방자치단체에 설치 · 운영 중인 청소년 참여기구이다. 정부는 청소년참여위원회를 통해 청소년 정책의 형성 · 집행 · 평가과정에 청소년이 주체적으로 참여할 수 있도록 제도화함으로써 청소년 친화적 정책을 구현하고 청소년의 권익증진을 도모하고 있다. 청소년참여위원회의 주된 역할은 청소년 정책의 핵심 대상인 청소년이 정책 의사결정과정에 주체적으로 참여할 수 있도록 그 기회를 제도화하는 데 있다. 또한, 청소년의 권익이 무엇인지 인식할 수 있는 기회를 제공함으로써 보다 실효성 있는 청소년 정책이 될 수 있도록 하는 것이다. 청소년 참여위원회의 활동 내용은 주로 청소년 관련 정책 및 프로그램에 대한 정책탐색 및 자문, 그리고 참여활동이다. 물론 운영 주체별로 상이한 부분은 있으나, 청소년 관련 정책 모니터링, 청소년 정책의견 제안과 정책자문, 각종 토론 · 워크숍 등 활동을 통해 청소년 개인들을 대상으로 리더십 강화와 더불어 의사결정과정에 참여를 통한 민주적 태도 형성에도 영향을 미친다.

셋째, 청소년참여기구로서 청소년운영위원회는 청소년 수련시설의 운영 및 각종 프로그램 등을 청소년들이 직접 자문, 평가, 참여하게 함으로써 청소년이 시설의 주인이 되고 청소년 수련시설 운영에 청소년의 욕구와 의견이 반영되어 운영될 수 있도록 하기 위한 것이다. 2001년 청소년 수련시설 운영지침에 시설의 청소년 참여 증진을 위한 청소년운영위원회 구성 운영 권장 사항이 명시된 이후 2004년 「청소년활동진흥법」에 명시되어 법제화되었으며, 2006년 이후 수련시설평가지표에 청소년운영위원회 항목이 신설, 포함되어(여성가족부 · 한국청소년활동진흥원 · 한국청소년 수련시설협회 · 한국청소년 정책연구원, 2012) 명실상부한 청소년참여기구의 대표적 사례로 자리매김하고 있다.

넷째, 청소년 참여 조직은 청소년자치활동을 통해 참여가 가능하다. 청소년자치활동은 청소년동아리활동, 청소년의회, 자원봉사활동, 학생회활동, 학급회의, 청소년위원회, 차세대위원회, 미래유권자연대 등의 청소년자치기구와 중 · 고등학생복지회, 중고등학생연합, 청소년 온라인의회, 청소년 인권동아리, 청소년포럼 등으로 다양하게 구성되어 있으며, 학교에서의 자치활동까지 포함될 수 있다. 자치는 사전적 의미로 '자기 일을 스스로 다스리는 것'을 뜻한다. 현실적인 면에서는 청소년이 의사결정에 참여하는 것을 뜻한다. 청소년의 자발적 참여를 기반으로 스스로 의사결정과정에 참여하며 자신들의 조직을 구성하고 청소년의 자율적 참여가 전제되어 있기에 자율적 참여가 전제되지 않은 자치활동은 존재하지 않는다. 청소년 자치활동은 청소년의 자발적 참여를 기반으로 외부의 간섭이나 압력 없이 구성원 자신의 합의와 의사결정에 의해 이루어지는 모든 청소년활동을 의미한다(정건희 · 김윤나 · 최윤진, 2010).

(3) 디지털 공간에서의 청소년 참여

오늘날의 청소년은 Z세대로 명명되는데, 이는 태어나면서부터 디지털 기기에 익숙하며, 디지털 공간의 플랫폼에 대한 적응력이 매우 뛰어나기 때문이다. 디지털 공간에서의 청소년 참여는 일상생활에서 ICT 활용이 증가하면서 새로운 의사소통방식, 문화 경험을 공유하는 새로운 공간, 자신의 의견을 주장할 수 있는 방법을 통해서 이루어질 수 있다. 끊임없이 발달하고 있는 기술적 가능성은 청소년의 디지털 공간에서의 참여와 의사결정 참여의 새로운 기회를 제공하고 있다. 특히 청소년의 스마트 기기 활용은 SNS에서 자신의 일상을 공유하며 또래와 연결되는 관계 형성이 이루어지고, 자신의 일상적인 공간을 넘어 글로벌 사회를 넘나들 수 있게 한다. 일반적으로 지역의 공간적 개념을 오프라인 중심으로 설정하였으나 디지털 공간의 영역이 확대되고 참여 수준이 높아지면서 네트워크, 소속감과 공동의 심리적 유대감 등 지역사회에서의 기본적인 내용들을 온라인 공간이 충족시키기도 한다. 마을공동체라는 지역사회의 특성을 오프라인상의 면대면의 관계에 집중할 것인지 심리적 유대감을 강조할 것인지에 대한 차이가 존재하나 지역사회의 공간적 개념에 사이버 공간은 존재하고 있다(정건희, 2014). 디지털 사회는 온라인서명운동이나 캠페인, 토론방, 사이버 시위 등 온라인 공간에서의 특정한 표현방식을 출현시켰다고 할 수 있다. 특히 청소년에게 있어 인터넷 사용의 확대는 청소년 참여의 방식을 다양화시키는 기회가 되었다. 2000년 청소년들은 두발규제에 맞서 채널 10, 아이두(idoo), 사이버유스로 불리는 청소년 웹진이 주도하여 온 · 오프라인을 통해 두발 자유화 운동을 전개하였다(김영지, 2000).

기존의 청소년 참여는 주로 청소년참여기구인 청소년참여위원회, 청소년특별의회, 청소년운영위원회, 청소년의회 등의 제도권 내 소수의 청소년만이 대표성을 가지고 참여하는 환경이었다. 그러나 디지털의 활용은 청소년의 의견이 온라인과 오프라인을 넘나들며 공간의 제약 없이 전달되게 한다. 디지털 공간은 자기표현이나 의사소통이 오프라인에 비해 자유롭게 이루어지며, 다양한 사람들의 생각을 접하기 쉽다. 청소년의 참여는 미디어를 기반으로 적극적으로 행동하고 의견을 표명하는 경우가 많아지고 있다. 사회적인 이슈에 관심이 적었던 청소년이 다양한 사회문제와 이슈에 온라인상에서 정보를 습득하고 자연스럽게 적극적으로 의견을 표명하고 있다. 결국, 디지털 공간의 확장은 청소년이 참여활동의 범위를 확장하였을 뿐만 아니라 적극적인 참여를 가능하게 하였다. 이러한 디지털 공간의 참여를 활용한 청소년 프로그램 개발은 단순히 청소년의 의견을 수렴하는 커뮤니케이션의 공간을 넘어 공공의 의사결정과정에 참여하고 영향력을 행사할 수 있도록 지원할 수 있다.

3 청소년 인권과 참여 프로그램 개발의 노하우

청소년 인권과 참여 프로그램은 인권의 정의와 의미를 기반하여 개발되는데, 기본적인 인간의 존엄성과 자유를 존중하고, 타인에 대한 존중과 배려가 토대가 되어야 한다. 또한, 청소년 인권 프로그램은 사회문제를 예방하고 차별 없는 평등한 사회를 형성하는 데 목표를 두어야 한다. 이를 위해 인권감수성과 의식, 태도 기술 등을 향상시킬 수 있는 인권교육 및 다양한 활동 프로그램으로 개발되어야 한다. 청소년 인권 프로그램은 국가차원에서 정규교육과정 중에 인권교육을 포함하여 청소년의 권리를 강조하는 교육이 이루어질 수 있도록 하였다. 그러나 여전히 학교현장에서의 인권교육은 지식을 전달하는데 주력하고 있을 뿐, 청소년을 요구와 참여를 기반으로 한 실천 프로그램 개발에는 한계가 있었다(이정민 · 이종원, 2020). 그러므로 청소년 인권 프로그램을 개발할 때에는 무엇보다 자발적이며, 교육적 목표를 가진 조직된 활동과정이며, 참여를 도모하고 학습자 중심이고, 생활기술학습과 적극적 시민의식 향상, 집합적 접근을 통해 개별 및 집단활동을 포함하는 것에 근거를 두며, 전체적이며 과정 지향적이고, 경험과 활동에 근거를 두어야 한다.

청소년 참여 프로그램을 개발할 때에는 청소년 참여가 프로그램 개발 및 운영의 기본원리가 되기에 중요하다. 청소년 참여활동은 청소년 정책과 프로그램, 운영의 주체가 되는 청소년의 욕구와 역량을 고려하여 기획되고 개발되어야 하는데, 주체가 되는 청소년의 참여가 없이 운영된다면 청소년의 적극적인 참여를 초래할 수 없다. 청소년은 청소년 활동 프로그램의 주체로서 또는 프로그램의 대상자로서 청소년이 기획, 운영, 평가의 전반적인 과정에 참여해야 한다. 그러므로 청소년 인권과 참여 프로그램은 청소년중심의 기획에서부터 최종적인 평가에 이르는 전 과정에 청소년 참여가 중요하며, 청소년의 권리이다. 청소년 인권과 참여 프로그램의 개발과 평가 시 활용할 만한 몇 가지 접근방식은 유니세프 인권, 청소년의 주도적인 참여, 프로젝트 기반(PBL), 디지털 기반 등의 차원에서 생각해 볼 수 있다.

1) 유니세프 인권 기반 접근

유니세프는 청소년 인권에 기반한 접근 반영에 대한 프로그램 평가 범주를 제시하였는데, 모든 청소년이 자신과 관련된 모든 일에 대하여 자신의 의견을 자유롭게 표현할 수 있는 의사표명권과 절차적 권리를 통한 참여권을 확보할 것을 제안하였다. 유니세프의 평가 기준에 따르면 인권에 기반한 접근법을 반영한 프로그램은 인권 기준과의 연계, 비차별, 참여, 투명성, 책무성의 5가지 범주에서 다음과 같은 내용이 포함되어야 한다. 청소년 인권과 참여 프로그램을 개발할 때 유니세프 인권에 기반할 필요가 있다.

■ 표 4-7 유니세프 인권에 기반한 접근 반영에 대한 프로그램 평가 범주

구분	내용
인권 기준과의 연계	• 프로그램이 아동권리협약과 무장분쟁 시 아동 · 청소년의 관여에 관한 선택의정서, 아동 · 청소년 매매 · 성매매, 여성차별철폐협약 및 기타 주요 국제 및 지역인권조약에서 보장하는 인권의 증진과 보호를 기초로 하여 개발되었는가?
	• 프로그램이 아동권리위원회, 여성차별철폐위원회, 인권이사회 특수절차, 국가별 정기검토에서 채택한 현황과 권고를 충분히 고려하는가?
비차별	• 비차별과 권리주체의 평등 증진이라는 원칙이 프로그램에 반영되고, 모든 프로그램 기획단계에서 고려되고 있는가?
	• 프로그램이 가장 소외되고 취약한 권리 주체들에 우선순위를 두고 있는가?
	• 가장 소외되고 취약한 권리 주체들이 참여, 포용, 책무성의 원칙에 기초하여 프로그램에 접근할 수 있도록 보장하는 시스템을 갖추고 있는가?
	• 소외와 취약성에 대해 분석할 때, 상황에 적절하게, 인종, 피부색, 민족, 성별, 종교, 언어, 정치적 의견, 장애, 국적, 출생 및 기타 지위 및 차별이 금지된 다른 사유에 따라 구분된 자료 분석을 고려하고 있는가?
참여	• 누가 권리 주체자이고 누가 의무이행자인지 상황 분석에서 분명하게 파악되는가?
	• 모든 프로그램 기획단계에 관련된 권리주체와 의무이행자가 참여하고(하거나) 혹은 그들과 협의하는가?
	• 참여를 보장하기 위한 시스템이 마련되어 있고, 참여 상황이 기록되는가?
	• 비공식적인 참여를 위한 장도 마련되는가? 특히 아동, 청소년, 여성, 사회에서 배제된 집단에 속하는 사람들과 관계를 형성하고 있는가?
	• 참여를 위한 틀이 사회 맥락에 맞고, 관련 권리주체 및 의무이행자의 상대적인 의존도 및 역량을 고려하는가?
	• 권리주체와 의무이행자에게 필요한 경우 참여를 증진하기 위해 역량을 구축할 수 있도록 지원하고 있는가?
	• 아동 및 청소년의 참여가 프로그램 의사결정에 미치는 영향이 어떠한지 나타낼 수 있는가?
투명성	• 아동권리협약과 여타 관련 조약(그 사회에서 사용되는)이 다양한 언어로 배포되고, 아동, 청소년 및 성인들 사이에서 널리 알려지도록 홍보하는가?
	• 의무이행자가 모든 프로그램 기획단계에서 정보를 공유해야 할 책임을 알고 있고 그에 부합하게 행동하는가?
	• 권리주체자가 정보가 있다는 사실을 알고 있고, 그러한 정보에 접근할 수 있도록 지원을 받는가?
	• 권리주체자와 의무이행자가 자신들이 처한 구체적인 상황에 맞는 방법을 통해 쉽게 그러한 정보에 접근할 수 있는가(가장 소외되고 취약한 사람들의 상황에 특별히 관심을 두면서)?

	• 아동권리위원회와 여타 조약기구의 최종 견해와 권고가 배포되고 널리 홍보되는가?
책무성	• 의무이행자에 대해 모든 프로그램 기획단계에서 그들의 의무이행과 관련해 설명하게 할 수 있는가?
	• 책무성을 저해하는 요인이 파악되고, 상황 분석과 심사 절차에서 그러한 문제가 다루어지고 있는가?
	• 지속적인 모니터링 절차에 의해 책무성이 증진되고 있는가?
	• 의무이행자와 권리주체자 사이에서 의무이행자의 역할과 의무에 대해 인식을 높일 수 있는 시스템이 마련되어 있는가? 가장 취약하고 소외된 사람들을 포함한 권리주체가 그러한 시스템에 대해 알고 접근할 수 있도록 지원되고 있는가?
	• 의무이행자의 행위에 대해 진정을 제기하고 적절한 시간 안에 심사를 받을 수 있는 공정하고 효과적인 시스템이 존재하는가?
	• 의무 위반으로 판단된 진정에 대해 구제 조치가 제공되고 상황을 시정할 수 있는 조치가 이행되는가?

출처: 좌동훈 외(2021). 재인용.

2) 청소년 주도적인 참여 기반 접근

청소년 당사자가 권리주체로써 참여한다는 것은 사전-기획-실행-평가단계에서 주도적으로 계획하고, 선택하고, 참여하여 스스로 자율적이고 능동적으로 활동하는 프로그램을 개발하고 평가하는 것이다. 권일남 외(2019)는 청소년 자기주도적인 참여활동을 다음과 같은 사항을 고려해야 함을 제시하였다.

첫째, 사전단계에서의 중요성 요소는 잠재적 참여 청소년들이 자신들의 요구를 스스로 인지할 수 있도록 하는 장치 개발, 활동의 진로 및 성장요인에 대한 상세한 정보제공, 청소년이 경험한 이전 활동이 무엇이었는지에 대한 탐색을 통한 참여 대상을 명확히 한 홍보, 지금의 활동을 알리는 직접적 노력이 아닌 이전 활동의 성공과 관련되는 것이었다. 이 단계에서 주도적 활동은 동기가 중요한 요소임을 알 수 있다. 청소년들이 사전단계에서 자신들 스스로의 요구를 알고 여러 가지 정보(청소년의 성장, 이전 활동과의 연관성 등)를 통해 활동을 선택할 수 있도록 하는 장치가 우선되어야 한다.

둘째, 기획단계에서 중요하고 실행도 높은 영역은 청소년에게 권한을 부여하고 청소년지도자의 수용적 태도가 중요하다. 이는 기획단계에서 자기주도적 참여활동이 되도록 하기 위해서는 청소년들이 기획에 참여하여 아이디어를 낼 수 있는 장을 마련해 주는 것, 기획을 위한 중요한 자료를 청소년 스스로가 찾아 활동에 접목할 수 있도록 할 필요가 있고, 청소년이 활동의 목표를 세우고 달성해 나갈 수 있다는 의지를 가질 수 있도록 해야 한다.

셋째, 실행단계에서는 청소년과 청소년지도자 간 소통과 청소년과 청소년 간 협업이 중요하다. 프로그램을 실행해 나갈 때 청소년지도자는 수용적 태도로 접근할 때 청소년이 쉽게 지도자에게 자신의 의견을 피력할 수 있으므로 소통이 가능해지고, 활동 시 청소년 간 공동체성을 극대화할 수 있는 과제의 제시, 활동 수행 시 참여 청소년 모두에게 역할 부여를 통해 청소년과 청소년 간 협업을 이루어나갈 수 있다.

넷째, 평가단계에서는 기록유지가 중요하다. 이는 참여활동의 과정이 주도적으로 잘 이행되었는지 청소년의 모습이나 활동의 결과를 기록해 놓음으로써 주도적인 활동이었음을 평가할 수 있다. 그러므로 평가단계에서 청소년의 주도적인 참여가 될 수 있도록 실행과정에서 발휘되는 주도성, 끝까지 실행해 내는 태도, 활동과정상 나타나는 청소년의 모습을 관찰하여 그 활동을 기록해 놓는 것이 필요하다.

청소년 참여 프로그램은 소수의 선발된 청소년을 중심으로 프로그램을 제공하기보다는 청소년 누구나 참여하고, 모두가 기획 및 사안에 대한 의사결정권을 행사할 수 있도록 하는 것이 필요하다. 다음은 한국청소년활동진흥원(2023)의 지역사회 청소년 참여활동 활성화 사업 운영사례에서 제시된 지역사회를 중심으로 청소년의 지역사회의 현안 문제를 발굴, 토론하고 해결하는 과정에서 청소년 참여기구와 청소년 참여활동 프로그램의 운영방식을 비교하였다. 청소년 참여활동 프로그램 개발과 평가 시 가장 중요한 관점은 청소년의 직접참여를 통해서 청소년의 목소리를 직접 귀담아 들을 수 있고, 청소년이 제안한 기획이나 더 나아가 정책이 반영되고, 새롭게 만들어지거나 개선되어 변화를 이끌어내는 모든 과정이 참여활동을 통해서 이루어지는 것이 매우 중요하다. 모든 참여의 과정은 청소년들이 스스로 결정하고, 의사결정할 수 있도록 권한을 부여하는 것이 필요하다.

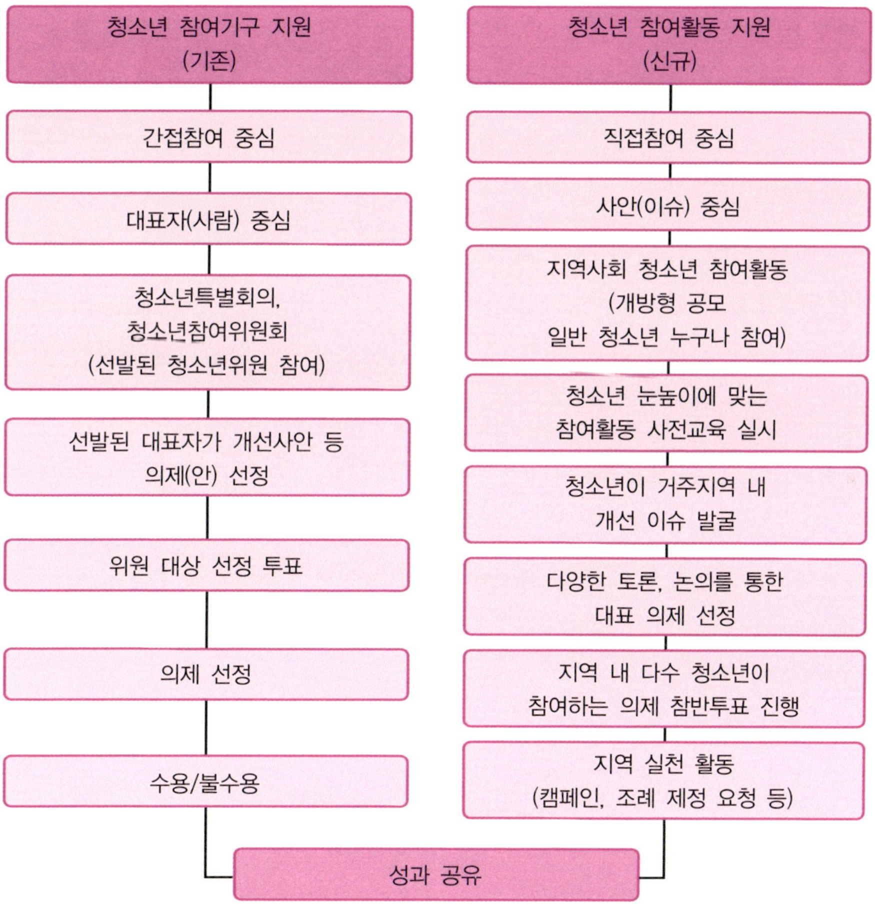

그림 4-1 청소년 자기주도적인 참여활동

3) 프로젝트 기반 학습 접근

프로젝트 기반 학습(Projet-based Learning)은 제6차 청소년 정책기본계획에서 추진된 역량기반 청소년활동의 중점과제였을 만큼 관심이 높다. 특별히 한국청소년활동진흥원에서도 미래활동부에 청소년주도 프로젝트 활동 업무지원 및 역량 기반 청소년활동(PBL) 모델 운영기관을 선정하여 지원할 만큼 중요하게 여기고 있다. 프로젝트 기반 학습은 청소년이 주도적으로 도전 질문을 해결하고, 결과물을 공유하는 활동과정을 통해 청소년활동 핵심역량을 키우도록 설계한다. 청소년활동 핵심역량은 창의 · 융합형 인재가 갖춰야 할 비판적 사고, 의사소통, 협업, 창의력, 사회정서, 진로개발 역량 등을 의미한다.

프로젝트 기반 학습 모델은 목적, 계획, 진행, 평가의 4단계로 구성되어 있다. 첫째, 목적단계에서는 청소년이 주도적으로 목표를 선택하고, 자신이 선택한 목표를 확인하면서 흥미를 불러일으킨다. 둘째, 계획단계에서는 본격적으로 목표 달성을 위해 학습을 계획하고, 자료를 수집하며, 프로젝트 과정을 설계한다. 셋째, 실행단계는 프로젝트에 참여하는 청소년들이 주도적으로 문제를 해결하기 위해 프로젝트를 진행한다. 마지막으로 평가단계에서는 진행결과에 대해 성찰하면서 상호평가하고, 프로젝트 결과를 공유하게 된다(이용진 외, 2022).

■ 표 4-8 안전한 인도 만들기 PBL 활동 세부내용

모듈	단계	활동 주차	주요 세부내용	진행 방법	소요 시간
시작 하기	준비활동	1	• 오리엔테이션/활동 핵심역량 사전 진단 • 내가 이 지역의 시장이라면? 이렇게 동네를 만들고 싶다 그려보기	대면	90분
	문화 조성	2	• 그룹 나누기/그룹 규칙 정하기 • 그룹별 핵심 주제 정하기 • 실용/안전/디자인 팀 총 5팀 구성	대면	90분
지식 이해	도전 질문	3	• 전문강사 학습 진행 • 안전한 마을 지도 만들기 강의	비대면	90분
	현상분석	4	• 이상적인 인도의 형태와 분위기 결정하기 • 태블릿으로 다른 동네의 인도에 대해 알아보기 • 바람직한 인도를 만들기 위해 필요한 것에 대해 생각해 보기	대면	90분
	현상분석	5	• 다른 그룹의 조사 내용 공유하기/들어보기 • 그룹의 활동 내용 정하기(우수사례 발굴, 위험요소 제거, 민원 등)	비대면	90분
문제 해결	해결안 도출	6	• 그룹별 해결안 정하기/실천하기	대면	90분
	실천하기	7	• 그룹별 해결안 정하기	대면	90분
결과 공유	최종 평가	8	• 각 그룹 결과 발표하기 • 우리는 세상에서 가장 안전하게 걷고 싶은 인도를 만들었을까? 평가하기 • 활동 과정에 대한 성찰과 소감 나누기 등	대면	90분

출처: 이용진 외(2022).

4) 디지털 기반 접근

디지털 기반 접근은 청소년이 자신과 밀접한 환경에서 다양한 의사결정과정에 직접 참여할 수 있도록 한다. 청소년 인권과 참여 프로그램은 4차 산업혁명으로 디지털을 기반으로 기획된 청소년 프로그램 개발이 필요하다. 사회환경 변화를 고려하여 오프라인 외에, 온라인 환경을 반영한 디지털화된 청소년 인권과 참여 프로그램 개발이 필요하다. 청소년 인권과 참여 프로그램

은 청소년을 둘러싼 다양한 환경을 고려한 생태체계적 접근을 고려하여 개발되어야 한다. 이를 통해 청소년 성장 지원 및 진로로 이어질 수 있도록 지원해야 한다. 스스로의 삶을 주도하는 시민으로서의 청소년 프로그램 기획 시 청소년 의견을 다양한 온 · 오프라인 도구를 통해 적극적으로 수렴할 있는 구조를 마련해야 한다. 디지털 기반으로 접근하는 청소년 인권과 참여 프로그램은 디지털 기반 플랫폼 공간을 활용한 아이디어 개발과 교류, 모니터링, 환류가 가능하며, 프로그램 참여의 주체가 되는 청소년의 공론화와 협업체계를 구축할 수 있다.

그러나 디지털 기반 접근은 청소년의 참여를 위한 기본적인 참여 안내서와 플랫폼을 체계적으로 구축해야 한다. 디지털 공간에서 혐오 표현, 악성댓글, 가짜뉴스 등의 문제는 온라인에 한정된 문제가 아니라 개인의 일상에 영향을 미칠 수 있는 엄청난 파괴력을 가질 수 있다. 아울러 최근에는 알고리즘, 빅데이터, 인공지능, 메타버스 등의 새로운 디지털 기술이 사회 변화를 주도하고 있는 가운데 청소년들이 왜곡되고 조작된 정보, 위험한 콘텐츠 접촉, 혐오적인 표현 등에 노출될 수 있다. 이에 온라인 콘텐츠 비판적 수용, 저작권, 사이버폭력, 인터넷중독, 사이버보안 교육 등의 디지털 시민성 교육이 요구된다. 디지털 생태계 내의 건강한 참여를 위해 청소년에게 비판적인 사고에 기반한 온라인 정보의 신뢰성을 판단하며 개인 스스로 정보를 분별하는 미디어 리터러시 역량도 함께 갖출 수 있는 청소년 디지털 시민성에 관한 프로그램이 개발되어야 한다.

5) 청소년 프로그램과 개발 체크리스트 활용

체크리스트는 청소년 인권과 참여 프로그램 개발과 평가 시 기획, 실행, 평가단계에서 적용하는 데 활용될 수 있다. 체크리스트는 프로그램 및 활동의 성격과 유형이 다양하기 때문에, 주제에 맞게 변형하여 할 필요가 있으며, 본 체크리스트에 해당하지 않는 내용도 있을 수 있다. 다만 청소년 인권과 참여 프로그램을 개발할 때에 인권과 참여를 고려한 체크리스트를 만들어서 활용하면 유익하다. 청소년 인권과 참여 프로그램은 프로그램 기획, 진행, 평가단계에서 인권과 참여의 관점에서 운영 여부를 체크할 수 있으며, 운영 여부 표기 외에 정성적인 평가를 보완 및 개선 사항으로 기재하여 활용할 필요가 있다.

표 4-9 청소년 프로그램과 개발의 체크리스트

<table>
<tr><th>구분</th><th>영역</th><th>세부내용</th><th>O/X</th><th>비해당</th></tr>
<tr><td rowspan="3">기획 단계</td><td>목적</td><td>• 프로그램의 목적이 청소년의 인권과 참여를 고려하고 있는가?
• 프로그램의 목적이 성별 비율이 균형 있게 분포되며, 차별 없이 청소년의 인권과 참여를 제고하는 효과를 포함하고 있는가?
• 프로그램 기획 시 청소년의 참여를 기반으로 주도적으로 이루어지는가?</td><td></td><td></td></tr>
<tr><td>수요 조사</td><td>• 수요조사에서 청소년의 의견 및 의사결정이 반영되었는가?
• 수요조사에서 차별 없이 모든 청소년이 참여할 수 있는 환경이 고려되었는가?</td><td></td><td></td></tr>
<tr><td>예산</td><td>• 프로그램의 예산이 적절하게 확보되었는가?</td><td></td><td></td></tr>
<tr><td rowspan="3">진행 단계</td><td>모집</td><td>• 모집 과정에서 특정 집단이나 성별을 제한하고 있는가?
• 자발적인 청소년 참여가 이루어지고 있는가?</td><td></td><td></td></tr>
<tr><td>내용</td><td>• 프로그램 내용 중에 신체적, 사회문화적 차이가 고려되고 있는가?
• 활용되는 자료 중에 인권적 차별이나 참여 배제를 의미하는 내용이 포함되어 있는가?
• 해당 프로그램에서 성별, 연령, 신체적 특성을 고려할 필요가 있는 부분은 없는가?</td><td></td><td></td></tr>
<tr><td>활동 공간</td><td>• 활동공간 중에 성별, 신체적 차이에 따라 불편함과 익숙함의 차이가 있는 경우가 있는가?
• 활동공간과 이용시설의 장애를 가진 사람을 위한 편의시설과 서비스가 제공되어 있는가?
• 디지털 공간 시청각, 시각장애를 가진 사람을 위한 수화통역과 음성서비스가 제공되고 있는가?</td><td></td><td></td></tr>
</table>

<table>
<tr><td rowspan="3">평가 단계</td><td>모니터링</td><td>• 활동과정 중에 성차별, 장애로 인한 차별, 기타 차별 사례를 모니터링하는가?
• 활동과정 중에 청소년과 지도자의 참여 수준은 어떠한가?</td><td></td><td></td></tr>
<tr><td>성과평가</td><td>• 성과평가 시 양적 평가와 더불어 청소년의 인권 인식의 변화와 참여 정도를 적절하게 질적 평가도 반영하는가?</td><td></td><td></td></tr>
<tr><td>환류</td><td>• 성과평가 후에 프로그램이나 사업에 환류함에 있어서 청소년의 인권과 참여에 미치는 영향을 고려하고 있는가?</td><td></td><td></td></tr>
<tr><td rowspan="3">비해당 사유</td><td>항목</td><td colspan="3">사유</td></tr>
<tr><td></td><td colspan="3"></td></tr>
<tr><td></td><td colspan="3"></td></tr>
<tr><td rowspan="4">추가 보완 및 개선 사항</td><td>항목</td><td colspan="3">사유</td></tr>
<tr><td></td><td colspan="3"></td></tr>
<tr><td></td><td colspan="3"></td></tr>
<tr><td></td><td colspan="3"></td></tr>
<tr><td rowspan="3">종합 평가</td><td rowspan="2">합계</td><td>O 개수</td><td colspan="2">X 개수</td></tr>
<tr><td>총 개</td><td colspan="2">총 개</td></tr>
<tr><td>총평</td><td colspan="3"></td></tr>
</table>

출처: 최윤정 외(2021). 재구성.

4 청소년 인권과 참여 프로그램 개발의 실제

1) 청소년 인권 프로그램 사례[2)]

(1) 프로그램 개발

① 기획 및 개발단계

기획단계에서는 기존의 인권감수성 프로그램을 분석하고 문헌연구를 통해 청소년 인권교육의 기본 방향을 설정하는 것이 필요하다. 기획단계에서는 프로그램에 참여하는 청소년의 의견이 매우 중요하며, 청소년 전문가집단의 일정한 자문을 받는 것도 필요하다. 사전의 기획회의에서는 참여 청소년의 특성과 인권감수성 향상 프로그램에 대해 스텝들이 모여서 정보를 교류하는 시간을 가질 필요도 있다. 기획단계는 프로그램의 대상자를 설정하는 것이 필요하다. 또한, 청소년 인권감수성 프로그램 진행시 참여자인 청소년들의 인권 존중과 자유로운 의사소통과 의견교환이 이루어질 수 있도록 하는 것이 중요하다. 프로그램은 다수의 청소년의 참여자를 대상하는 것으로 진행하는 것보다는 소수의 참여자(약 15명 내외)를 대상으로 진행함으로써 구성원 간의 역동과 상호의사결정, 의사표현 등의 상호작용이 이루어질 수 있도록 분위기를 형성해야 한다. 또한, 인권 프로그램은 단순히 지식을 전달하는 교육이 아닌 청소년의 참여를 통해 인권감수성이 향상될 수 있도록 지원하는 것이 매우 중요하다. 이를 위해서 교육이나 강의 프로그램 위주로 설정하는 것보다 활동 중심적인 참여를 기반으로 구성하는 것이 매우 중요하다.

2) 청소년 인권감수성 향상 프로그램은 여성가족부 · 한국청소년 상담복지개발원 · 전국지역아동센터협의회가 개발한 청소년 권리체험교실 운영매뉴얼 자료를 활용하였음 밝힘.

② 프로그램의 개발

청소년 인권 프로그램은 다음과 같은 목표를 설정하였다. 첫째는 청소년 인권에 대한 인식을 높이는 것이다. 둘째는 청소년의 인권감수성을 향상하는 것이다. 청소년 인권의식과 인권감수성 향상이라는 목표를 달성하기 위해 인권에 대한 이해, 차이와 차별, 사회구조와 관련한 내용으로 프로그램을 구성할 수 있다. 인권에 대한 이해는 직접적으로 인권교육을 소개하기보다는 인권에 대한 서로의 기대감을 나누고, 인권에 대한 생각 등을 공유함으로써 인권에 대해 생각해 본다. 인권감수성은 다양한 차이와 차별에 대해서 생각해 보는 과정으로 구성한다. 특히 청소년의 관심이 높은 부분을 중심으로 내용을 구성하는 것이 필요하다. 사회구성원으로서 소수자(장애를 가진 사람)에 대한 차별적 시각과 사회구조 속의 편견을 깰 수 있는 내용을 포함하여 프로그램을 개발한다.

(2) 프로그램 운영

청소년의 참여를 기반으로 기획되는 청소년 인권 프로그램은 권리 이해, 참여 연습, 참여의 3단계로 구성할 수 있다. 청소년의 권리 이해 단계는 인권에 대한 기본 개념 이해 및 인권의식과 태도에 대해서 탐색할 수 있는 단계이며, 일반적으로 토론 형태로 상호의사소통이 가능할 수 있도록 한다. 두 번째 단계는 참여 연습단계이며, 인권침해, 권리행사 해결방안을 제시하고 실제 참여하여 행동을 할 수 있는 판단력과 자발성을 향상시킨다. 이 단계에서는 가상적인 시나리오 상황을 경험할 수 있으며, 구체적이고 실제적인 문제 제기가 가능하더라도, 그것을 해결하기 위한 대안 탐색, 해결책 제시를 프로그램에 참여하는 청소년이 선택할 수 있도록 해야 한다. 마지막 참여단계는 청소년이 실제 상황에서 실질적인 참여를 통해 문제를 해결할 수 있는 능력을 키운다. 이 모든 단계에는 청소년의 주도적인 참여로 운영되어야 한다. 청소년 인권감수성 향상 프로그램은 권리 이해, 참여 연습, 참여 등을 기반으로 다음과 같이 구성되었다.

청소년 인권 프로그램은 총 8회기, 회기당 120분으로 구성되어 있다. 청소년 인권감수성 향상 프로그램의 구성 및 내용을 살펴보면, 인권에 대한 이해 1회기, 인권감수성 2회기, 차이 · 차별 5회기로 구성되었다. 프로그램 단계별 구성을 살펴보면, 초반부에는 참여 청소년들이 활동을 통해 인권에 대한 새로운 지식과 인권 개념을 쉽게 이해하며, 자신과 타인의 권리를 인지할 수 있는 분석적 과정이며, 인권에 대한 기본 이해 단계이다. 참여 연습단계에서는 우리 주변의 다양한 인권침해 사례를 살펴보며 그 속에서 인권이 작동하는 방식을 이해하고 대안을 모색할 수 있도록 과정으로 구성된다. 마지막으로 참여단계는 인권 뉴스와 홍보 사례를 만들면서 인권을 실천할 수 있는 행동 역량을 배양할 수 있는 행동적 과정으로 기획되었다.

표 4-10 청소년 인권감수성 향상 프로그램 구성 및 내용

회기		프로그램 회기명	세부내용
사전		사전모임	• 스텝 대상 프로그램 오리엔테이션 • 스텝 사전 인터뷰
1	인권에 대한 이해	인권이란 무엇일까?	• 프로그램 소개 및 자기소개 • 인터뷰 게임(인권교육에 대한 기대 나누기) • 인권 기사 완성하기(고등학생 대상)
2	인권감수성	인권감수성 속으로 풍덩	• 의사소통의 중요성(말 따라 종이접기) • 인권의 꽃 만들기(인권감수성 향상)
3	차이 · 차별	꼭꼭 숨어도 찾는다!	• 눈에 보이는 것과 눈에 보이지 않는 차별 • 차별 관련 영화/영상 관람 및 경험 · 소감 나누기
4		별별가족 이야기	• 다양한 가족 형태 구성하기 • 다양한 가족 형태 이야기 나누기
5		나이와 위계질서	• 달에서 살아남기(나이, 위계질서에 따른 차별) • 나이는 달라도(차별경험 역할극으로 표현)

6		노동의 가치	중학생용 • 다양한 직업에 대한 이해 • 노동의 가치에 대해 생각해 보기
			고등학생용 • 미리 해둘 걸(아르바이트 시 근로계약서의 필요성) • 근로계약서를 낚아라(역할극)
7		장애 체험	중학생용 • 등 뒤의 소수자(장애를 가진 사람들) • 장애를 가진 사람 차별에 대해 생각해 보기 • 장애 체험(시각장애를 가진 사람이 되어 보기)
			고등학생용 • 다양한 자화상을 통해 몸에 대해 생각해 보기 • 나의 자화상 그리기 • 장애를 가진 사람들의 자화상, 조각품 등을 통해 장애를 가진 사람들의 몸에 대해 생각해 보기 • 장애 체험(시각장애를 가진 사람이 되어 보기)
8	인권 감수성	인권이란 무엇일까?	• 인권교육 돌아보기 • 인권뉴스 또는 인권홍보 사례 만들기 • 프로그램 참여 소감 나누기

개발된 프로그램의 효과성과 적절성을 검증하기 위하여 프로그램에 참여한 청소년을 대상으로 사전, 사후 인터뷰를 실시하고 각 회기별로 소감 평가와 양적 평가를 실시하는 것으로 구성되어 있다.

(3) 프로그램 평가-환류

청소년 인권 프로그램의 평가 및 환류는 양적, 질적 평가결과를 토대로 진행한다.

■ **표 4-11 프로그램 평가 및 환류 (예시)**

구분	평가 시기	평가 목표 및 항목	평가도구
사전평가	프로그램 시작 전	• 참여 기대에 대한 질문 • 인권 관련 질문 • 사업 목적 및 목표에 대한 질문	질문지
형성(중간)평가	프로그램 진행 중	• 프로그램 참여 성실성 • 프로그램 운영진 관찰평가 • 프로그램의 개선 사항	출석부 관찰평가 매 회기별 한줄 평가의견
사후평가	프로그램 종료 후	• 전반적 참여 및 활동 만족도 • 사업 목적 및 목표에 대한 질문 • 인권 친화성에 관한 질문	목표달성 평가 설문지(만족도) 질문지 및 인터뷰 평가

인권 프로그램의 평가방법은 일반적으로 인권감수성 척도를 사용한다. 인권감수성 척도는 세계인권선언문에 기초하여 구성되어 있으며, 인권침해를 당할 수 있는 10개 갈등 상황 이야기(성차별을 받지 않을 권리, 체포 및 구속을 당하지 않을 권리, 장애인의 교육을 받을 권리, 정신장애인의 사생활권, 환경권, 구금으로부터의 자유권, 이주노동자의 노동권, 사생활권, 신체의 자유와 안전의 권리, 장애인의 이동권)로 구성되어 있다.

그러나 본 프로그램에서는 이러한 내용을 포함하고 있지 않기 때문에 인권감수성 척도를 사용함에 적절하지 않아 청소년의 프로그램 참여 만족도, 청소년 회기별 의견 및 사전 · 사후 인터뷰 내용을 토대로 프로그램을 평가하였다. 먼저 프로그램에 참석한 청소년을 대상으로 만족도 평가는 다음과 같은 문항으로 구성하여 측정하였다.

■ 표 4-12 청소년 만족도 평가(예시)

문항	평정기준				
1) 프로그램에서 진행된 활동들은 인권을 이해하는데 도움이 되었다.	5	4	3	2	1
2) 프로그램에서 한 활동들이 나의 권리를 생각하는 데 도움이 되었다.	5	4	3	2	1
3) 프로그램에서 무엇을 배워야 할지를 분명하게 알 수 있었다.	5	4	3	2	1
4) 프로그램에 대한 평가가 체계적으로 이루어졌다.	5	4	3	2	1
5) 주변 친구들에게 이 프로그램을 추천하고 싶다.	5	4	3	2	1
총점 = 점 / 평균점수 = 점					

또한, 청소년의 만족도 평가 및 의견은 청소년 인권 프로그램 진행 후 기존 평가설문지 문항 그 자체가 청소년에게 부정적인 인식을 미칠 수 있기 때문에 기존의 평가설문지 대신 프로그램에 대한 설문지와 사전, 사후 인터뷰와 인권 프로그램에 대한 의견청취 등으로 이루어질 수 있다. 프로그램 회기별 의견 및 사전 · 사후 인터뷰는 프로그램 시작 전 본 프로그램에 대해 기대하는 바와 프로그램 종료 후 프로그램에 참여한 청소년의 전반적인 소감과 변화에 대해 이야기를 나누었는데, 그 결과는 다음과 같다.

■ 표 4-13 청소년 사전 · 사후 인터뷰 내용

구분	사전 인터뷰 질문	사전 인터뷰 내용
1	인권교육하면 떠오르는 느낌이나 생각은?	• 사람에게 필요하고 옳은 행동 • 무엇인지 잘 모르겠음 • 사회시간에 배운 것 • 학생인권 • 따돌림, 보호, 성품, 성폭행범 등
2	인권교육을 받아 본 적 있는가? 있다면 어떻게 기억하고 있는가?	• 학교와 지역아동센터에서 받아 본 적 있음 • 교육을 받고 나서 별 느낌이 없었음. 별로 변화된 것이 없음 • 머리로만 이해한 느낌. 다시 교육을 받아도 별로 이해가 안 될 것 같음

	인권교육을 받아 본 적이 없다면 어떤 점이 기대되는가?	• 내용과 무엇을 배울지가 궁금 • 의미 있는 일일 거 같음 • 크게 달라질 것 같지 않아 별로 기대되는 것 없음
3	인권교육을 통해 다른 사람의 인권을 존중하도록 변화되었으면 하는 사람은?	• 학생주임과 담임선생님: 학생에게 욕하거나 짜증을 내고 복장 단속 • 부모님: 귀가 시간을 제한함 • 드라마 작가(불륜 이야기가 대다수) • 성인들: 청소년 유해매체물 선정 기준이 성인 기준임 • 선생님들: 남녀차별
4	인권교육을 받아 자신의 권리를 찾을 수 있는 힘을 가졌으면 하는 사람은?	• 따돌림 당하는 친구들 • 나 자신이 인권교육을 통해 변화되었으면 함 • 아이들에게 무시당하거나 욕을 듣는 친구들 • 모든 학생들이 권리를 찾아 체벌, 복장 제한에서 자유로워졌으면 함 • 권리를 주장하지 못하고 당하기만 하는 사람
5	인권교육을 하려니 걱정되거나 힘들 것 같다고 생각되는 점은?	• 인권교육을 받으려니 긴장됨 • 재미없을 것 같아 걱정됨 • 자유롭게 이동하거나 참여하지 못할 것 같아 걱정됨
구분	사후 인터뷰 질문	사후 인터뷰 내용
1	인권교육을 받으며 인상 깊었던 주제나 내용은 무엇이었나요?	• 인권기사 만들기 • 장애를 가진 사람들에 대한 포용 • 나이에 따른 차이/차별
2	인권교육을 받고 나에게 달라진 점이 있는가? 또 누가 인권교육을 받았으면 좋겠나요?	• 인권교육에 별 기대는 없었지만 인권에 대해 알 수 있었다. • 장애를 가진 사람들에 대한 시각이 달라졌다. • 노동에 대한 나의 권리를 알게 되었고 앞으로는 속수무책으로 당하지만은 않을 것이다. • 이제 아르바이트를 하거나 일을 하게 되면 내 것을 챙길 것 같다. • 학교 선생님, 학생의 권리를 무시하거나 굴욕감을 준다. • 다함께 한 번 더 받았으면 좋겠다. • 예의 없는(다른 친구들을 무시하는) 아이들 • 따돌림을 받거나 폭력 피해자와 가해자 모두 • 친구들 모두(인권에 대해 같이 나누고 싶다) • 모든 중고등학생, 청소년에게 보편적으로 필요한 프로그램인 것 같다.

3	인권교육이 나에게 좋았던 점은 무엇인가요?	• 억압적이지 않고 자유로운 수업 분위기가 좋았다. • 재미있고 색다른 시간이었다. 새로운 방식의 교육방법이 좋았다. • 인건이라는 말 자체가 딱딱해서 인권수업에 대해 별 기대를 안 했었는데 생각보다 재미있었다. 인권에 대해 조금이나마 알 수 있었다.
4	인권교육 하면 떠오르는 단어는?	• 평등, 법, 범죄자, 인격존중 • 즐겁고 좋은 수업 • 알로에 주스(그만큼 맛이 있는 인권 프로그램) • 나 자신의 권리
5	인권교육을 받으면서 아쉬웠던 점은?	• 특별히 아쉬운 점이 없다. • 8회기로는 부족했던 것 같다. 생각보다 빨리 끝난 것 같아 아쉽다. • 선생님들과 헤어지는 것이 아쉽다.

청소년 인권 프로그램은 다음과 같은 평가결과를 통해서 프로그램 추진 성과가 도출되었다. 첫째, 프로그램 참여는 청소년의 인권에 대해 긍정적인 인식을 갖도록 하였다. 인권에 대한 부정적인 생각이 감소하고 인권에 대한 관심이 생기고 능동적이고 주도적으로 인권에 대해 탐색하려는 태도의 변화를 갖게 하였다. 둘째, 청소년의 권리를 향상시키는 효과가 있다. 프로그램 참여를 통해 인권에 대한 긍정적인 인식을 형성하고 자신의 권리를 보호하기 위해 권리 침해 시 적절한 행동을 할 수 있는 태도를 형성하게 하였다. 마지막으로 프로그램을 통해 인간 존중의 가치 태도를 경험하고 내면화하게 하는데 효과가 있었다. 또한, 사전 · 사후 인터뷰 및 만족도 조사 등의 평가결과를 바탕으로 차후 프로그램 및 사업 기획시 반영할 수 있다.

2) 청소년 참여 프로그램 사례[3)]

(1) 프로그램 개발

청소년 참여는 청소년에게 영향을 미치는 의사결정에 참여하고 영향을 주며, 청소년들이 관심을 가지는 이슈나 쟁점에 대해서 행동을 취할 수 있도록 권한을 주는 활동이다. 그러므로 청소년 대상 참여 프로그램은 청소년의 의견과 목소리가 반영되어야 하며, 이를 위한 프로그램 과정 중에서 토의, 형성, 설계, 실행, 평가과정 등에 청소년이 주도적으로 참여할 수 있도록 하는 것이 중요하다. 또한, 청소년 참여 프로그램은 기존의 소수 선발된 청소년 중심의 정책 참여활동을 확장하여, 청소년 '누구나' 참여하고, '모두가' 이슈에 대한 결정권을 행사할 수 있도록 하기 위한 지역사회 청소년 참여활동 프로그램을 통해서 살펴보고자 한다. 청소년 참여 프로그램은 지역사회 내 청소년들이 지역사회의 현안 문제를 발굴, 토론하고 해결하는 과정에 참여하여, 이러한 과정을 통해 민주시민으로서의 참여활동을 경험하는 네 목적을 둔다. 청소년 참여 프로그램은 청소년의 학교 안팎에서의 다양한 활동 경험의 기회를 제공하기 위해서 학교와 청소년활동 간의 연계협력 체계를 구축하여 지속 가능한 사업 운영이 될 수 있도록 해야 한다.

청소년 참여 프로그램의 사례는 안양시 청소년참여활동 'Youth 아고라' 사업이며, 청소년 사회참여과정 심화형 활동으로 지역사회 내 청소년들의 정책제안 기반을 마련하는 활동이다. 본 프로그램은 청소년이 제안한 정책을 직접 실현시키는 데에 중점을 두고 청소년 정책제안 사례 공유, 청소년원탁토론회, 의제 발굴 활동, 발굴한 의제를 바탕으로 정책을 제안할 수 있도록 한다. 본

3) 청소년 참여활동 프로그램은 여성가족부 · 한국청소년활동진흥원의 2023년 지역사회 청소년 참여활동 활성화 사업 운영사례집과 한국청소년활동진흥원의 2023 학교연계 청소년활동 운영 사례집의 자료를 활용하였음을 밝힘.

프로그램의 평가와 환류는 청소년과 지도자를 대상으로 진행되며, 사전평가, 중간평가, 종결평가 등을 청소년에게 미친 영향, 사업의 향후 발전 및 지속가능 방안 등에 대해서 활동일지 및 리뷰, 사전 · 사후 설문지, 결과물 공유 및 피드백, 평가회의 및 결과 보고 등의 통한 양적 · 질적 평가를 한다.

① 기획 및 개발단계

프로그램의 기획단계에서 청소년은 자신의 삶에 영향을 주고 자신이 살고 있는 지역사회에 영향을 주는 정책에 대한 공유 · 변화 그리고 의사결정과정에 참여할 수 있어야 한다. 이러한 측면에서 지역사회 중심의 청소년 참여 프로그램인 'Youthd 아고라' 사례는 청소년의 주도적 참여를 통해 자신의 목소리를 표출하고 협의 · 합의하는 과정을 경험할 수 있도록 기획되었다. 청소년참여활동 'Youth 아고라'는 청소년 사회참여과정 심화형 활동으로 지역사회 내 청소년들의 정책제안 기반을 마련하는 프로그램이다. 프로그램의 기획 및 개발단계에서는 지역사회의 내 · 외부의 환경을 분석하여 프로그램의 필요성을 탐색한다. 프로그램이 실시된 지역은 청소년들의 사회참여활동에 대한 관심이 높아짐에 따라 청소년들이 직접 정책을 제안하고 시정 발전에 대한 문제점 및 의견 제시과정을 통해서 지역사회와 청소년이 성장하는 데 관심이 높다. 이는 지역사회의 현안문제를 발굴, 토론하고 해결하는 과정에 청소년이 직접 참여하고 이러한 과정을 통해 민주시민으로서의 참여활동을 경험할 수 있는데 목적을 둔다.

본 프로그램은 청소년기관중심의 참여가 아닌 학교와 연계하여 관심 있는 청소년이 누구나 참여할 수 있도록 프로그램을 운영하고 지역사회 학교의 전교생 대상 정책투표를 통해 비참여 청소년들에게도 정책참여 기회를 제공하도록 프로그램을 기획한다. 특히 학교교육 연계형 프로그램으로써 기존에 운영해 왔던 안양청소년 정책학교와 청소년참여활동 활성화 모델의 프로세스를 결합하여 프로그램을 개선한다.

이를 토대로 지역의 특성을 살린 청소년 정책 참여 프로세스의 안정적인 운영을 통해 지역사회 내에서 청소년들의 삶을 둘러싼 의사결정과정에 참여하여 영향력을 미침으로써 청소년들이 스스로 참여할 수 있도록 한다. 지역사회 중심의 청소년 참여활동은 청소년이라면 누구나 참여하여 지역사회 이해, 실천활동부터 정책제안까지 의사결정과정에 직접 참여함으로써 청소년 정책 참여를 경험하도록 한다. 프로그램 수행 체계는 중 · 고등학교와 청소년수련관, 지자체(시청, 시의회) · 지역자원(교육지원청, 자문단, 멘토단)과 청소년참여활동 네트워크를 구축하여 체계적으로 프로그램 운영될 수 있도록 준비한다.

② 프로그램의 개발

청소년들이 제안한 정책을 바탕으로 실천 활동을 기획하고 직접 운영하는 데 중점을 둔다. 주요한 활동은 청소년 정책제안 사례 공유, 정책제안 주제 선정을 위해서 퍼실리테이션 운영, 청소년원탁토론회 운영을 통한 의제발굴 및 정책토론회에서 나온 청소년들의 실질적인 의견을 반영하여 정책제안 의제로 활용하며, 정책의제 투표 등을 통해서 누구나 청소년들이 제안한 정책에 대한 의사결과 참여과정을 만드는 데 있다. 이를 통해 지역의 특성에 맞는 청소년 정책 참여 프로세스가 안정적으로 운영되도록 하며, 지역사회 내에서 청소년이 자신의 삶에 영향을 미치는 사안에 대해 의사결정과정에 참여하여 영향을 미치도록 하며, 청소년의 자발적인 참여가 이루어질 수 있도록 프로그램을 기획하고 운영해야 한다.

청소년 참여활동 프로그램은 체계적인 수행을 위해 지역사회 네트워크를 연계하는 것이 중요한데, 이는 지역사회 거버넌스 구축을 위한 참여기관 발굴 및 공공기관, 민단단체 등 협의를 통해서 진행된다. 또한 프로그램 운영을 위해서 사업 수행 기관의 업무관련 상호 협약을 체결하고 지속 가능한 프로그램 운영을 위한 평가와 청소년 참여활동 프로세스를 구축한다.

■ 표 4-14 지역사회 참여 거버넌스 확대

구분	주요 내용
청소년시설 · 학교 등 유관기관	• 대상: 관내 청소년 수련시설, 관내 학교, 시청, 의회, 교육지원청 등 • 내용: 활동장소 사전 협의, 프로그램 홍보, 학교연계과정 학교 홍보 및 운영 협의, 자문단 및 멘토단 요청, 정책 검토 및 회신 요청 등
지역자문단 및 전문가멘토단	• 대상: 청소년 관련 관계자 및 해당 경력 3년 이상의 정책제안 내용에 대한 전문가 • 내용: 지역자문단 및 전문가멘토단 위촉, 간담회, 청소년 대상 전문교육 및 멘토링 운영, 팀별 원서 코칭, 정책사후관리, 평가회 등
청년멘토단	• 대상: 청소년 관련 전공생 및 관심 있는 대학생 5명 • 내용: 교육 및 멘토링 운영, 참가자 관리, 일정 협의, 프로그램 행정 지원 등

(2) 프로그램 운영

청소년 참여 프로그램의 목표는 청소년 참여민주주의 실현을 위한 지역사회 참여 거버넌스를 확대하고, 교육과 멘토링을 통한 청소년 사회참여역량 향상, 청소년 참여의 확장과 능동적인 의사결정 및 정책제안과 더불어 이를 실제로 정책에 반영하는 데 있다. 이를 위해 본 프로그램은 청소년 모집 및 구성, 오리엔테이션 및 청소년 정책 이해교육, 제안 정책 기반 실천 활동, 의제 발굴 및 정책제안, 성과평가 및 환류체계 등의 운영체계를 가지고 있다. 추진력 있는 프로그램을 위해서 지역사회 내 학교 수업과 연계 운영하는데, 그 진행은 중 · 고등학교 5개교 대상 동아리 활동을 통해 청소년 참여에 의한 정책 선정, 선정 정책 상호 공유 및 실천활동 등의 운영을 한다. 프로그램은 청소년위원 구성, 사전교육, 정책발굴, 토론, 정책투표, 체험부스 홍보 및 실천활동, 정책제안 순으로 진행된다.

세부적인 프로그램 운영을 살펴보면, 첫 단계에서는 지역사회 참여 거버넌스 구축을 위한 활동이 진행되는데, 프로그램의 주체가 되는 청소년 정책학교를 중심으로 지방자치단체와 의회, 교육지원청, 시민단체, 관내 학교 등으로 협업체계를 구축한다. 이후 참여 청소년 모집은 보통 약 한 달간 진행되는데, 청소년, 대학생지도자, 전문가멘토단 등을 모집하여 위촉한 후에 팀별로 구성하여 활동을 시작한다. 이후 오프라인 · 온라인 워크숍을 통해 오리엔테이션 및 타 지역 정책제안 변화 사례를 공유한다. 워크숍은 일반적으로 오프라인으로 진행되지만 다양한 청소년의 참여를 위해 비대면 참여가 이루어질 수 있도록 한다. 이는 청소년들이 시 · 공간적 한계를 벗어나 온라인으로도 쉽게 참여할 수 있도록 구조화된 시스템을 구축하고, 비대면 토론회 개최 및 온 · 오프라인 정책 투표를 운영하여 누구나 쉽게 정책과정에 참여할 수 있도록 하는 것이 필요하다. 청소년 정책관련 워크숍은 팀별로 2회씩 기초교육을 포함하여 진행하는데, 다양한 청소년 정책제안 아이디어를 발굴하기 위한 다양한 기법들을 배우고, 정책 주제를 선정하기 위한 회의를 진행한다. 청소년 정책 관련 워크숍 이후 참여 청소년은 팀별로 전문가멘토링을 거쳐 정책제안서를 작성하게 된다. 이후 회기에서는 정책제안 발표 및 온 · 오프라인 투표를 위해 온택트 토론회가 개최된다. 온택트 토론회에서는 팀별 정책제안을 발표하고 전문가의 피드백도 받을 수 있도록 하여 정책이 심화될 수 있도록 한다. 이후 온 · 오프라인 정책투표를 통해 최종 의제를 선정한다. 본 프로그램 운영의 핵심은 청소년이 직접 만든 정책제안서 완성을 위한 주도적이며 협업적인 참여이다.

■ 표 4-15 프로그램 운영 내용 (예시)

구분	세부내용
1회기	• 청소년 정책제안 사례 공유 – 오리엔테이션 (청소년 정책이란?, 청소년 관련 법, 국가와 지자체 정책의 차이점, 정책제안방법, 'Youth 아고라' 시즌 1, 2, 3차 정책제안 사례 공유 등) – 과제도출 미션 1: 조별 브레인스토밍을 통해 '우리 동네의 현재 모습과 미래 모습'에 대한 키워드 도출
2회기	• 정책제안 주제 선정(퍼실리테이션) – 과제도출 미션 2: 브레인라이팅을 통해 '우리 동네의 개선방안(달성방안)'을 찾아보고 유목화하여 핵심가치 찾기 미션 3: '우리 동네의 비전'을 만들기 위한 개인 아이디어 카드 작성 및 발표 미션 4: 정책제안 주제 선정 (매트릭스 기법을 활용하여 정책별 효과와 실현 가능성에 대해 팀원 간 의견을 합의하고 투표를 통해 정책 선정)
3회기	• 정책제안 앙케이트 준비 및 조별 역할 분장 – 과제도출 미션 5: 선정 주제 방안조사 및 모둠별 발표(갤러리워크 기법 활용) 미션 6: 토론 조사문 만들기(정책제안을 위한 지역주민 대상 설문조사 설계) 미션 7: 팀원 간 역할 정하기 (문제해결을 위한 정부기관 찾아보기, 기존 정책 찾기, 여론조사를 위한 조사문 만들기, 정책제안 실천을 위한 방법 찾기 등)
4회기	• 설문조사결과 분석 및 정책제안서 작성 1 – 설문조사결과 분석 – 팀별 지정 멘토와 함께 정책제안서 작성 – 팀별 진행사항 발표 및 개선점 피드백
5회기	• 정책제안서 작성 2 – 주제 강의(정책과 활동의 차이, 시민이 바꾼 우리 사회 변화 알아보기) – 팀별 지정 멘토와 함께 정책제안서 작성) – 팀별 진행사항 발표 및 개선점 피드백
6회기	• 정책투표 운영 준비 및 운영 – 팀별 지정 멘토와 함께 정책제안서 작성 – 정책제안서 내용 기반 정책투표 운영(방법, 장소, 기간, 토론회 참여팀 등) – 팀별 진행사항 발표 및 개선점 피드백

7회기	• 정책투표 운영결과 발표 및 정책토론회 준비 – 정책투표 결과 공유 – 정책토론회 운영 준비(발표자 선정, 자료 준비, 역할 및 업무분장 등)
8회기	• 정책토론회 운영 – 지역 자문단 및 참가자 소개 → 학교별 대표 정책 발표 → 발표 팀별 피드백 실시 → 전체 학교 제안정책 전시 관람 및 체험부스 참여
9회기	• 토론회 피드백 반영 정책제안서 최종 작성 완료 – 정책토론회 평가회의를 통해 피드백 내용 반영하여 정책제안서 최종 수정

(3) 프로그램 평가-환류

프로그램의 평가와 환류는 프로그램을 진행하면서 관찰한 사항에 근거한 현장에서의 요구와 한계점에 대한 시사점, 성과 등의 다각적인 측면에서 분석한 내용을 토대로 추후 운영방안과 활용방안을 탐색한다. 이를 위해 본 프로그램은 양적, 질적 평가결과를 토대로 진행한다. 또한, 프로그램 평가 및 환류는 평가 목표를 이루기 위한 체계적인 평가과정을 운영하며, 프로그램을 운영하는 시간적 질차에 따른 사전-과정-총괄 평가체계를 운영한다. 이를 위해 청소년 대상으로 프로그램을 통한 사전 · 사후 청소년의 핵심역량(협업, 비판적사고) 변화도 측정, 정책제안서 완성도 평가, 프로그램 만족도 설문조사 등으로 평가를 진행하며, 청년멘토 대상 모니터링 일지 평가 및 참여 청소년과 지도자의 평가 회의를 통해서 프로그램의 지속 및 개선, 발전 및 연계사업의 기획 개발 활용 등의 평가 및 환류가 이루어질 수 있도록 한다.

특히 사후 프로그램 개선 및 계획을 위한 환류체계는 사전 · 사후 역량평가 및 만족도 조사 설문지 결과자료 분석을 통한 프로그램 참여자들의 참여 전후 효과성을 검증하고 만족도 결과를 바탕으로 진행된다. 본 프로그램의 효과성은 정책제안을 위해 지역사회, 동네에 대한 탐색 및 자료조사, 정책제안서 작성 및 토론회 발표를 위한 팀별 업무분담의 협업능력, 팀원들과의 협업과 소통능력 등을 향상이며, 이를 통해 청소년으로 하여금 다양한 미래사회역량을 형성할 수 있도록 하였다. 또한, 지역사회중심의 청소년 참여 프로그램은 지자체(시, 시의회)/교육지원청/학교/민관기관과의 네트워크 협업체계를 구축하여 지속적으로 성장 및 확대될 수 있는 강점이 있다.

표 4-16 프로그램 평가내용 및 도구 (예시)

<table>
<tr><th>단계</th><th>평가시기</th><th>평가주체</th><th>평가척도</th><th>평가방법</th></tr>
<tr><td rowspan="2">사전 평가</td><td rowspan="2">프로그램 시작 전</td><td>청소년</td><td>• 기대수준 및 동기
• 청소년중심의 프로그램 수준
• 현재의 역량 정도(협업능력, 비판적 사고력)</td><td>• 참가신청서
• 효과성 사전 설문지</td></tr>
<tr><td>지도자</td><td>• 참여자 수준을 고려한 프로그램 적절성</td><td>• 평가회의</td></tr>
<tr><td rowspan="3">과정 평가</td><td rowspan="3">프로그램 진행 중</td><td>청소년</td><td>• 프로그램 참여도/만족도/소감
• 활동 수행능력</td><td>• 정책제안서(완성도)
• 담당자 개인 피드백</td></tr>
<tr><td>청년멘토</td><td>• 프로그램 운영시간, 합목적성 등</td><td>• 모니터링 일지</td></tr>
<tr><td>지도자</td><td>• 활동의 적절성
• 원활한 진행수준</td><td>• 활동지 분석
• 평가회의</td></tr>
<tr><td rowspan="2">총괄 평가</td><td rowspan="2">프로그램 종료 후</td><td>청소년</td><td>• 프로그램 목표 달성도
• 역량의 효과성 정도(협업능력, 비판적 사고력)
• 프로그램 참여도/만족도
• 향후 프로그램 연계성</td><td>• 정책제안서(완성도)
• 효과성 사후설문지
• 만족도 설문지
• 평가회의</td></tr>
<tr><td>지도자</td><td>• 프로그램 성과(효과성, 효율성)
• 지속발전 가능성</td><td>• 평가회의</td></tr>
</table>

청소년 핵심역량은 비판적 사고(6문항), 의사소통(9문항), 협업(8문항), 창의력(6문항), 사회정서(16문항)로 구성되어 있다. 청소년활동 핵심역량은 급변하는 사회에서 직면하는 현실과제 및 진로문제를 청소년 스스로가 해결해 나가며 균형 있게 성장하기 위해 청소년 참여활동에서 길러져야 할 능력으로 지역사회 청소년 참여활동에 따라 핵심역량에 대한 사전 · 사후 변화를

측정할 수 있다. 본 프로그램에서는 협업능력과 비판적 사고력 등으로 조사하였다. 협업능력은 공동체성(3문항), 협동성(5문항)으로 구성되어 있으며, 비판적 사고력은 6문항으로 이루어졌다.

표 4-17 청소년 핵심역량(협업능력 1-8번 문항, 비판적 사고력 9-14번 문항)

문항	평정기준				
1) 나는 학교나 지역사회에서 일어나는 일들에 관심을 가진다.	5	4	3	2	1
2) 학교나 지역사회에서 일어난 일에 대한 내 생각을 말이나 글로 표현한다.	5	4	3	2	1
3) 나는 학교나 지역사회에서 일어난 일은 무엇이든 나와 관련이 있다고 생각하고 해결하기 위해 노력한다.	5	4	3	2	1
4) 나는 과제를 함께 하면서 내가 맡은 일이 마음에 들지 않더라도 최선을 다한다.	5	4	3	2	1
5) 나는 과제를 함께 하는 친구들이 힘들어 할 때 힘이 나도록 응원한다.	5	4	3	2	1
6) 나는 과제를 함께 하는 과정에서 친구들과 좀 더 친해지려고 노력한다.	5	4	3	2	1
7) 나는 여럿이 과제를 하다가 다투더라도 양보하며 끝까지 마무리한다.	5	4	3	2	1
8) 나는 과제를 함께 하는 친구들끼리 다투면 서로 화해하도록 나서서 돕는다.	5	4	3	2	1
9) 나는 어떤 행동이 가져올 전체적인 결과를 예측할 수 있다.	5	4	3	2	1
10) 나는 어떤 일을 하고 있을 때 그 일의 부분적인 사항들과 최종목표와의 관계를 파악할 수 있다.	5	4	3	2	1
11) 나는 다른 사람들이 말을 할 때 그 말이 논리적인지 또는 앞뒤가 맞는지를 따져본다.	5	4	3	2	1
12) 복잡한 글을 읽고 이해하려는 노력은 중요하다고 생각한다.	5	4	3	2	1
13) 나는 어떤 사태에 대해 객관적이고 알맞은 근거를 바탕으로 판단하고 평가한다.	5	4	3	2	1
14) 나는 어떤 주장에 대해서 판단할 때 다양한 방향(관점)에서 생각해 본다.	5	4	3	2	1
총점 = 점 / 평균점수 = 점					

생각해볼 문제

1. 청소년 인권과 참여 프로그램 개발은 전문가의 관점이 아닌 청소년 주도적인 참여를 통해서 이루어진다.
2. 청소년 인권과 참여 프로그램은 청소년이 학습되는 객체가 아닌, 자신의 삶을 직접 설계하고 주도권을 가지고 성장할 수 있도록 지원해야 하며, 어디서든 자신의 생각을 효과적으로 전달할 수 있는 환경을 구축해야 한다.

참고문헌

구정화, 설규주, 송현정(2004). **교사를 위한 학교 인권교육의 이해**. 국가인권위원회.

구정화, 최윤진, 김영인(2014). **청소년 인권과 참여**. 서울: 한국방송통신대학교출판문화원.

국가인권위원회(2004). **인권백서**.

권일남, 전명순, 김정율(2019). 청소년 자기주도 활동의 개념정의와 특성 분석. **한국청소년활동연구, 5**(2), 1-29.

길은배, 이용교, 김영지(2001). 청소년 인권지표 개발연구. 문화관광부 · 한국청소년개발원.

김안영, 신유진(2014). 독일 청소년시설의 사회적 공간화 개념 연구. **청소년시설환경, 12**(4), 315-324.

김영지, 황세영, 최홍일, 이민희, 김진호(2020). 2020 아동 · 청소년 권리에 관한 국제협약 이행연구: 한국 아동 · 청소년 인권실태. 세종: 한국청소년 정책연구원.

김웅수(2017). 아동친화도시 구축을 위한 아동권리와 행복감에 관한 연구: 초등학생과 중학생의 비교연구. **디지털융복합연구, 15**(2), 485-491.

김웅수, 정건희, 김경휘(2013). 청소년활동이 시민성에 미치는 영향에 관한 연구: 전라북도 거주 청소년을 중심으로. **미래청소년학회지, 10**(4), 179-198.

김웅수, 정건희, 박경미(2022). 아동옴부즈퍼슨 운영모델 수립 및 운영 매뉴얼 개발 연구. 유니세프 한국위원회.

김윤나(2014). 청소년 정책참여활동의 특성이 생활역량에 미치는 영향: 참여기구, 참여활동 인식, 참여정도, 만족도를 중심으로. **청소년시설환경, 10**(2), 19-30.

김정희, 김광병 (2020). 조례분석을 통해 본 학교 밖 청소년의 인권과 사회적 인정. **청소년복지연구, 22**(3), 253-275.

나달숙(2022). 아동 · 청소년의 인권보장과 인권교육의 방향. **이화젠더법학, 14**(2), 53-92.

문성호(2006). 정책과정에서의 청소년참여 확대방안의 모색. **청소년학연구, 13**(6), 201-219.

문성호 외(2015). 한국 청소년활동 실태 및 요구의 특성. **청소년학연구, 22**(4), 133-157.
박가나(2009). 청소년 참여 활동이 공동체의식에 미치는 효과. **청소년학연구, 16**(10), 273-306.
박호준(2019). 청소년의 인권의식 유형과 이에 영향을 미치는 요인: 생태체계적 관점의 적용. **사회과학연구, 30**(4), 117-133.
손병돈(2008). **사회복지와 인권**. 양서원.
양영미, 김진석(2023). 청소년 인권의식과 위험요인 및 보호요인의 관계. **사회복지연구, 54**(1), 69-90.
여성가족부 · 한국청소년 상담복지개발원 · 전국지역아동센터협의회(2012). 청소년 권리체험교실 운영 매뉴얼. https://www.kyci.or.kr/fileup/lib_pdf/2012-110.pdf에서 인출
여성가족부 · 한국청소년활동진흥원(2023). 2023 지역사회 청소년 참여활동 활성화 사업 운영 사례집. https://www.kywa.or.kr/pressinfo/data_view.jsp?bgubun=&currPage=1&searchText=&searchColumn=&searchTextEn=&bgubun=&cate=&no=33044에서 인출
유혜영(2014). 청소년의 사회참여 활동이 정치참여 의사에 미치는 경로: 사회적 신뢰, 공동체의식, 자아 효능감의 매개효과를 중심으로. **시민교육연구, 46**(3), 141-166.
윤정숙(2003). 인권단체 인권교육을 활용한 학교 인권교육 활성화 방안에 관한 연구. 한국교원대학교 교육대학원 석사학위논문.
이용진, 정은주, 장여옥, 김지영(2022). PBL 기반 청소년활동 프로그램의 효과성 탐색: GLOcollege 사례를 중심으로. **교육연구, 44**(2), 1-24.
이정민, 이종원(2020). 학생 인권교육을 위한 현장 실천 강화 방안 연구. 한국청소년 정책연구원.
이혜숙, 이영주(2019). 서울시 청소년참여 실태와 청소년참여 활성화 추진전략. **정책리포트, 제 270호**. 서울연구원.
정건희(2014). 청소년지원을 위한 지역사회네트워크 제안: 청소년지도사 보수교육 자료집. 한국청소년활동진흥원.
조혜영, 최창욱(2008). 청소년참여활동의 성과 및 활성화 방안에 대한 탐색: 청소년참여기구 청소년들과의 심층면담을 중심으로. **미래청소년학회지, 5**(1), 110-140.
좌동훈(2021). 청소년 참여활성화 및 권리의식 신장을 위한 제도적 기반 연구. 여성가족부 · 한국청소년 정책연구원.
천정웅(2021). **청소년 인권과 참여**. 공동체.
천정웅, 오해섭, 김정주, 김민(2011). **청소년활동론**. 양서원.
최윤정 외(2021). 청소년활동 프로그램의 성인지 감수성 제고 방안 연구. 여성가족부.
최창욱, 전명기(2013). 청소년참여기구 활성화 방안 연구. 한국청소년 정책연구원.
한국청소년활동진흥원(2023). 2023 학교연계 청소년활동 운영사례집: 더 넓은 학교에서 만나는 청소년활동. https://www.kywa.or.kr/pressinfo/data_view.jsp?bgubun=&currPage=1&

searchText=&searchColumn=&searchTextEn=&bgubun=&cate=&no=331080에서 인출

Dizinger, B. S. (2023). Diakoniewissenschaftliche Perspektiven zu Inklusion. **Christian Social Welfare, 5**, 109-132.

Farthing, R. (2012). Why Youth Participation? Some Justifications and Critiques of Youth Participation Using New Labour's Youth Policies as a Case Study. **Youth & Policy. 109**, 71-98.

Hart, R. A. (1997). Children's participation: The theory and practice of involving young citiznes in community development and environmental care. Unicef. Earth scan Publications Ltd, London.

Moser, S. (2010). Beteiligt sein: Partizipation aus der Sicht von Jugendlichen. Wiesbaden: VS Verlagfuer Sozialwissenschaften.

Quane, J. M., & Rankin, B. H. (2006). Does It Pay to Participate? Neighborhood-Based Organizations and the Social Development of Urban Adolescents. **Children and Youth Services Review, 28**(10), 1229-1250.

UNICEF (2004). Building child friendly cities. Innocenti Research Centre.

UNICEF (2005). Laying the foundations for children's Rights. Innocenti Research Center.

CHAPTER

05 청소년보호 프로그램

FOCUS ON PRACTICE

YOUTH PROGRAM

DEVELOPMENT AND EVALUATION

학습목표

1. 청소년문제와 위기청소년에 대해서 이해할 수 있다.
2. 청소년보호 프로그램의 효과를 알 수 있다.
3. 미국의 청소년 재범예방 프로그램에 대해서 이해할 수 있다.

핵심키워드

청소년보호 프로그램, 가출 예방 프로그램, 학교폭력 예방 프로그램, 청소년 재범예방 프로그램, 위기청소년

1 청소년과 환경

1) 청소년문제와 위기청소년

최근 래거시 미디어(Legacy Media)뿐만이 아닌 유튜브 등의 다양한 뉴미디어를 통해 전달되는 한국 사회의 청소년문제는 어떠한 부가적 설명이 필요 없을 만큼 '심각하다'는 한마디로 통용되고 있다. 그리고 앞으로는 더욱 복잡해질 것으로 보고 있으며 일탈의 경우는 지위비행을 떠나서 성인범죄를 그대로 답습하는 것을 넘어 더욱 '흉포화'되었고 이에 대한 해결은 매우 '어렵다'는 것이 대부분의 인식이다. 최근 청소년문제의 특성은 심각성, 복잡성, 저연령화, 고범죄화 등으로 표현할 수 있다. 청소년문제가 변화함에 따라 청소년문제에 대한 접근도 많은 변화를 거듭하였다. 그 가운데 청소년을 바라

보는 관점의 변화가 가장 크다고 할 수 있다. 과거에는 청소년문제의 초점이 청소년 개인에게 맞추어져 비행청소년, 청소년 범죄, 문제가 있는 청소년 등으로 표현되었고 청소년 자체가 문제를 유발하는 중심에 있었다. 이와 같은 관점은 청소년 자체를 낙인찍는 전형적인 시각이라고 할 수 있다. 그러나 최근 청소년의 문제나 어려움을 표현할 때 수식어처럼 따라오는 단어가 바로 '위기'라는 표현이다. '위기'라는 단어는 '위기 환경'이라는 것과 연결하여 생각할 수 있는데 "청소년이 위기에 처했다"는 등의 표현으로 사용되고 있다. 즉, '위기 청소년'이라는 표현은 청소년의 문제가 청소년 자체로 유발되었다기보다는 청소년이 처한 환경과의 상호작용 속에서 유발되었다고 보는 것이다. 이는 청소년을 낙인찍기보다는 청소년의 어려운 환경과 여건으로 관점을 돌리기 시작한 것을 뜻한다.

이로써 청소년의 문제는 가정-학교-지역사회를 통합하여 사정하고 개입하게 되었고 청소년이 처한 환경에 대한 분석이 새로워지게 되었다. 이와 같은 분석을 통해 가정환경의 위기, 학교환경의 위기, 지역사회의 위기에 처해 있는 청소년을 발견하고 접근하게 되었다.

청소년에게 있어 가장 중요한 환경은 가정이다. 그러나 최근 가정은 빈곤가정, 해체가정, 재결합가정, 조손가정, 한부모가정 등이 급속도로 늘어나면서 청소년에게 가장 중요한 환경으로부터의 위기가 발생하였다. 청소년에게 2차적 안전망이 될 수 있는 학교환경도 마찬가지이다. 학교환경은 입시 위주의 교육, 과열된 동료 간의 경쟁, 학교폭력, 집단따돌림 등의 문제가 지속적으로 드러나면서 우리 사회의 과제로 자리 잡았다. 이처럼 가정과 학교에서 보호되지 못하고 위기에 노출된 청소년들은 3차 안전망이라고 할 수 있는 지역사회로 나오게 되며 이때 우리 사회가 청소년들을 제대로 보호하지 못한다면 매우 심각한 문제를 초래할 것이다.

때문에 지역사회에서의 청소년보호 사업 및 프로그램은 매우 중요한 역할을 담당한다고 볼 수 있다.

2) 가속도의 시대와 청소년

'가속도의 시대'라는 개념은 물리학, 교육학, 사회학 또는 철학적 맥락에서 다양한 방식으로 논의되고 있다. 가속도(加速度)는 말 그대로 빠름이 더한 것을 뜻하는데 사회변동 측면에서는 사회의 변화 속도가 더욱 빨라짐을 의미한다. 현 인류 출현 이래 사회의 변화 속도는 점점 빨라지고 있다. 이 같은 속도의 시대에 인간은 빠르게 적응하며 살아가야 한다. 앞으로 미래를 책임질 청소년 또한 마찬가지이다. 주류지식의 대체 속도는 상상을 초월한다. 이 한가운데서 청소년은 정체성을 형성하고 사회화가 이루어지며 가치관을 정립한다. 가속도의 시대는 혼돈의 시대가 될 수 있고 아노미(Anomie)시대가 될 수도 있다.

현 시대처럼 청소년에 대한 관심이 높았던 적은 없었다. 물론 1890년경부터 1920년경 사이에 학자들이 '청소년' 개념을 창안하기 시작하였음을 고려할 수 있다. 그러나 정체성을 형성하고 경제적 자립을 준비해야 할 청소년 시기에 다양한 일탈 및 범죄행위가 늘어나고 있으며, 사회변화 속도가 가장 빠른 가속도의 시대에 살고 있는 현재의 청소년에 대한 관심은 당연히 증가할 수밖에 없을 것이다(조민식 외, 2014).

3) 청소년보호 프로그램의 필요성 및 기능

(1) 청소년보호 프로그램의 필요성

최근 청소년에 대한 관점은 문제청소년에서 위기청소년으로 변화되어 위기

환경에 대한 개입의 중요성이 해마다 높아지고 있다. 위기환경에 대한 개입의 일환으로 청소년보호 프로그램은 매우 중요한 역할을 할 것으로 기대되고 있다. 청소년보호는 어린이나 청소년들의 안전과 복지를 보호하고 증진하기 위해 다양한 조치를 취하는 것을 의미한다. 비록 각 국가나 지역마다 정의가 조금씩 다르지만, 일반적으로 청소년의 건강, 안전, 교육, 인권 등에 대한 보호와 지원을 포함한다. 이를 통해 청소년이 건강하고 안전하게 성장하고 발전할 수 있도록 하는 것이 목표이다. 단순히 청소년을 법적으로 보호하는 것뿐만 아니라, 그들이 신체적, 정신적으로 건강하게 성장할 수 있도록 교육, 가정환경, 사회제도, 법률 등 다양한 분야에서 다양한 정책과 프로그램이 필요하다. 또한 청소년들에게 상담 및 지원 서비스를 제공하여 유해한 영향으로부터 보호하고 긍정적인 성장을 돕는 것도 청소년보호의 중요한 부분이다.

청소년을 위한 특별한 권리와 기회를 보장하고, 그들이 자신의 의사를 표현하고 참여할 수 있는 기회를 제공하는 것도 청소년보호의 중요한 측면 중 하나이다. 이를 통해 청소년들이 자신의 능력과 잠재력을 최대한 발휘할 수 있도록 지원하는 것이 중요하다.

(2) 청소년보호 프로그램의 기능

청소년보호 프로그램은 기본적으로 유해환경으로부터 청소년을 보호하고 비행 및 일탈을 예방하기 위한 다양한 기능을 담당한다고 볼 수 있다. 즉 청소년들이 위험에 노출되지 않도록 보호하고, 건강하게 성장할 수 있도록 지원하는 여러 역할을 한다. 주요 기능은 다음과 같다.

첫째, 위험 예방과 보호이다. 청소년보호 프로그램은 청소년들이 가정, 학교, 사회에서 겪을 수 있는 다양한 위험요소(폭력, 학대, 마약, 알코올, 인터넷 중독 등)로부터 보호하는 중요한 역할을 한다. 이러한 프로그램들은 예방

교육과 상담을 통해 청소년들이 위험 상황에 대처할 수 있도록 돕는다.

둘째, 심리적 및 정서적 지원이다. 청소년들은 다양한 심리적, 정서적 문제를 겪을 수 있는데, 이러한 프로그램은 상담과 치료를 통해 청소년의 자아존중감 및 정서적 안정을 돕는다. 이는 청소년들이 자신감을 얻고, 긍정적인 사회적 관계를 유지하는 데 중요한 역할을 한다.

셋째, 진로 개발과 교육 지원이다. 일부 보호 프로그램은 청소년들이 진로를 탐색하고 직업 준비를 할 수 있도록 지원하는 기능을 한다. 이를 통해 청소년들은 미래에 대한 긍정적인 비전을 가질 수 있고, 성공적인 사회적 적응을 돕는다.

넷째, 사회적 적응 및 통합이다. 청소년보호 프로그램은 청소년들이 사회적 규범과 기대에 적응할 수 있도록 돕는다. 이를 통해 사회적 관계 및 개인적 성장을 촉진하며, 다양한 사회적 역할을 잘 수행할 수 있도록 한다.

다섯째, 가족 지원 및 재통합이다. 가정 내 문제가 있는 청소년을 위해, 보호 프로그램은 가족 간의 갈등을 해결하거나 긍정적인 가정환경을 회복할 수 있도록 지원한다. 이는 청소년들이 가정 내에서 건강하게 성장할 수 있도록 돕는 중요한 역할을 한다.

이렇듯 청소년보호 프로그램들은 청소년들의 전반적인 복지와 안전을 확보하는 데 중요한 기능을 하며, 청소년들이 건강하고 안정적인 환경에서 성장할 수 있도록 돕는다고 볼 수 있다.

2 청소년보호 프로그램의 원칙과 특성

1) 청소년보호 프로그램의 특성

청소년보호 프로그램은 청소년들의 안전과 발전을 촉진하기 위해 설계된 프로그램으로, 다양한 특성을 갖는다. 몇 가지 주요한 특성은 다음과 같다.

첫째, 다양한 분야를 포괄한다. 청소년보호 프로그램은 교육, 건강, 안전, 심리적 지원, 성 발달, 인권 등 다양한 분야를 아우르는 다각적인 관점을 제공한다. 아울러 심리적 지원, 법적 지원, 교육적 지원 등 여러 서비스가 결합되어 제공된다고 볼 수 있다. 청소년들이 겪고 있는 문제에 대해 다양한 측면에서 접근하여 해결책을 제시하고, 필요한 자원을 제공하는 종합적이고 체계적인 지원을 제공한다.

둘째, 예방적 접근이다. 청소년보호 프로그램은 청소년이 위험에 처하기 전에 예방적인 조치를 취하는 것을 중점적으로 다룬다. 이를 위해 교육, 상담, 위험요인 분석 등을 통해 청소년들이 마주할 수 있는 문제를 미리 인지하고 대응하려는 노력을 한다.

셋째, 참여와 상호작용을 강조한다. 많은 청소년보호 프로그램은 청소년들의 참여와 상호작용을 증진시키는 것에 중점을 두고 있다. 이를 통해 청소년들이 자신들에게 필요한 지식과 기술을 습득하고 활발한 참여를 할 수 있도록 돕는다.

넷째, 신뢰와 안전성을 보장한다. 프로그램은 안전한 환경에서 신뢰를 구축하고, 청소년들이 믿음직한 성인과 함께 자신의 의견을 표현하고 소통할 수 있는 기회를 제공한다.

다섯째, 다각적인 대상 접근이다. 청소년보호 프로그램은 청소년 개인뿐만 아니라 그들의 가족, 학교, 지역사회와 협력하여 보호하는 방식을 취한다. 가정 문제를 겪는 청소년에게는 가족상담을 제공하고, 학교에서 문제를 겪는 청소년에게는 학업 지원을 하는 등의 방법으로 다각적인 접근을 한다.

여섯째, 자기효능감 및 사회적 응집력 증진이다. 청소년보호 프로그램은 청소년들이 스스로 문제를 해결할 수 있는 능력(자기효능감)을 기르고, 사회적 책임감을 키우는 데 중요한 역할을 한다. 또한, 프로그램을 통해 긍정적인 사회적 관계를 형성하고, 사회적으로 적응할 수 있도록 돕는다.

일곱째, 개별화된 맞춤형 지원이다. 각 청소년의 필요에 맞춘 개별적인 접근이 이루어지며, 프로그램은 청소년의 특성과 상황에 맞춰 맞춤형 서비스를 제공한다. 이는 청소년의 고유한 문제를 해결하기 위한 효과적인 방법으로 작용한다.

여덟째, 평가를 통한 지속적인 개선안을 추구한다. 청소년보호 프로그램은 지속적인 평가를 통해 효과성을 확인하고, 필요한 개선 사항을 식별하여 계속 발전하고 완화될 수 있도록 노력한다.

이러한 특성을 가진 청소년보호 프로그램은 청소년들이 건강하게 성장하고 긍정적인 경험을 쌓을 수 있도록 돕는 역할을 한다.

2) 청소년보호 프로그램의 원칙

청소년보호 프로그램의 원칙은 청소년들이 안전하고 건강하게 성장할 수 있도록 돕기 위한 핵심적인 지침을 제공한다고 볼 수 있다. 이 원칙들은 프로그램의 실효성을 높이고, 청소년의 권리를 존중하며, 청소년을 보호하는 데 필수적인 요소로 작용한다. 주요 원칙은 다음과 같다.

첫째, 청소년의 권리 존중이다. 청소년보호 프로그램은 청소년의 권리를 존중하고 보호하는 것을 최우선으로 한다고 볼 수 있다. 이는 청소년이 자신의 의견을 표현할 수 있는 권리, 건강하고 안전한 환경에서 성장할 권리 등을 포함한다. 프로그램은 청소년의 의견을 존중하고 그들의 참여를 장려하며, 인권중심의 접근을 지향한다.

둘째, 예방중심 접근이다. 청소년보호 프로그램은 예방적인 측면에서 접근하는 것이 중요하다. 위험요소나 문제행동을 사전에 식별하고 예방하는 전략을 통해 청소년들이 다양한 위기 상황을 겪지 않도록 돕는다. 이를 위해 교육, 상담, 프로그램 제공 등을 통해 청소년이 위험에 노출되는 것을 막는 데 집중한다.

셋째, 개별화된 맞춤형 지원이다. 각 청소년의 필요와 특성에 맞춘 개별적인 접근이 필수적이다. 모든 청소년이 동일한 방식으로 대처할 수 없기 때문에, 보호 프로그램은 각 청소년의 상황에 맞게 맞춤형 지원을 제공해야 한다. 이를 통해 청소년들이 겪고 있는 문제를 보다 효과적으로 해결할 수 있다.

넷째, 지역사회 및 가정과의 협력이다. 청소년보호는 단독적인 노력으로 해결할 수 없다. 가정, 학교, 지역사회와의 협력을 통해 청소년의 전반적인 환경을 지원하고, 건강한 사회적 관계를 형성할 수 있도록 돕는 것이 중요하다. 이를 통해 청소년이 가정 내외에서 안정적인 환경을 경험하게 된다.

다섯째, 회복적 접근이다. 청소년이 문제를 경험한 뒤, 회복적인 과정을 거쳐 긍정적인 사회적 역할을 되찾을 수 있도록 지원하는 원칙도 중요하다. 이는 청소년이 잘못된 선택이나 실수로부터 회복하고 성장할 수 있도록 돕는 접근법이다.

이 같은 원칙들은 청소년보호 프로그램이 효과적으로 청소년들을 지원하고, 그들의 복지와 권리를 보호하는 데 중요한 역할을 한다고 볼 수 있다.

3 청소년보호 프로그램 개발 절차

청소년보호 프로그램 개발은 청소년들의 안전과 복지를 보장하는 가운데 교육, 건강, 안전, 심리적 지원, 성 발달, 인권 등 다양한 분야를 아우르기 때문에 분야별 개발 절차에 일부 차이가 있을 수 있다. 여기에는 일반적인 보호 프로그램의 개발 절차 가운데 공통적인 부분을 위주로 소개하고자 한다.

1) 분석 및 필요성 평가

청소년보호 프로그램을 개발하기 위한 첫 단계는 해당 지역사회나 기관 내 청소년들이 직면하고 있는 문제를 분석하는 것이다. 이를 위해 청소년의 생활환경, 사회적 문제, 위기 상태를 평가하고, 구체적인 보호가 필요한 분야를 파악한다. 이 과정에서는 설문조사, 인터뷰, 데이터 분석 등이 활용될 수 있다.

다음은 경상북도 위기청소년보호 프로그램 개발을 위한 실태조사의 예시이다(이경숙 · 이선자, 2012).

표 5-1 경상북도 청소년 가출 실태조사

A. 다음은 자신에 관한 질문입니다.

A1. 성별은? ① 남자 ( ) ② 여자 ( )

A2. 나이는? ______________

A3. 현재 학교에서의 성적은 어느 정도입니까? (현재 학교에 다니지 않는다면, 다녔을 당시의 성적은?)
① 아주 못한다( ) ② 못하는 편이다( ) ③ 보통이다( ) ④ 잘하는 편이다( ) ⑤ 매우 잘한다( )

B. 다음은 나의 가족에 관한 질문입니다.

B1. 현재 함께 살고 있는 사람들을 모두 표시하여 주십시오.
※ 다른 지방의 직장 · 학교에 다니는 등의 이유로 같이 살지 않는 가족은 포함. 단, 결혼해서 같이 살고 있지 않은 형제자매는 제외.
① (외)할아버지( ) ② (외)할머니( ) ③ 아버지 ( ) ④ 어머니 ( ) ⑤ 새아버지( )
⑥ 새어머니( ) ⑦ 형제 또는 자매( ) ⑧ 기타 친척( ) ⑨ 기타 ( ) ⑩ 없음 ( )

B2. 부모님은 학교를 어디까지 다니셨습니까? (단, 중퇴도 졸업으로 포함)
1) 아버지(　　　　　) 2) 어머니(　　　　　)

B3. 부모님은 현재 직업을 가지고 계십니까?
1) 아버지: ① 있다( ) ② 없다( )
2) 어머니: ① 있다( ) ② 없다( )

B4. 여러분의 가정 형편(경제수준)은 다음 중 어디에 해당하나요?

매우 못 산다	←		보통 수준		→	매우 잘 산다
1	2	3	4	5	6	7

B5. 평소 우리 집의 분위기는 어떠합니까?
① 매우 화목하다 ② 화목한 편 ③ 보통 ④ 갈등이 있는 편 ⑤ 매우 갈등이 있다

C. 다음은 가출에 관한 질문입니다

C1. 지금까지 가출하고 싶은 충동을 느낀 적이 있습니까?
① 전혀 없다 ( )
② 가끔 있다 ( ) → C2로 이동
③ 자주 있다 ( ) → C2로 이동
④ 항상 있다 ( ) → C2로 이동
※ ②③④로 응답한 경우는 C2번을 체크해 주세요.

C2. 가출을 하고 싶은 마음이 생기는 이유는 무엇입니까?

항 목
1) 아버지 또는 어머니가 싫어서
2) 부모님(보호자)들이 서로 자주 싸워서
3) 부모님(보호자)이 나에게 욕을 하거나 때려서
4) 부모님(보호자)이 나에게 관심이 없어서
5) 부모님(보호자)이 나에 대한 간섭을 지나치게 해서
6) 가정형편이 어려워서(경제적으로 어려워서)
7) 부모님(보호자)이 나의 부탁을 들어주지 않아서
8) 가족이나 친척으로부터 성추행(성폭행)을 당해서
9) 친구나 선배 등 주변사람으로부터 성추행(성폭행)을 당해서
10) 친구들과 놀고 싶어서
11) 친구가 같이 가출하자고 해서
12) 학교친구나 선배들이 괴롭혀서
13) 학교 규칙을 지키는 것이 답답해서
14) 학교 선생님과 사이가 안 좋아서
15) 공부가 부담되어서
16) 밖에 돌아다니는 게 좋아서
17) 기타

C3. 지금까지 가출해 본 경험이 있습니까?
① 있다( ) (있다면 몇 번 가출했나요? 회)
② 없다( )

D. 다음은 가출경험이 있는 경우에 한해서만 응답해 주세요.

D1. 2010년 ~ 2012년에 가출한 경험이 있나요?
① 있다( ) (몇 번 가출했나요? 회)
② 없다( )

D2. 처음 가출한 때는 언제입니까? 세

D3. 가출 기간은 얼마입니까?
(여러 번 가출했다면 평균 기간을 체크하세요)
① 1~2일 ( ) ② 3일 이상~일주일 이내 ( )
③ 일주일 이상~한 달 이내( ) ④ 한달 이상( )

D4. 첫 가출 후 집에 돌아온 가장 큰 이유는 무엇입니까?
① 돈이 없어서( )
② 가족들이 보고 싶어서( )
③ 문제가 해결되어서( )
④ 잘못했다고 생각해서( )
⑤ 바깥생활이 위험해서( )
⑥ 부모님, 경찰에게 붙들려서( )
⑦ 친구 · 주위사람이 들어가라고 해서( )
⑧ 아직도 가출 중( )
⑨ 기타( )

D5. 지금까지 한 가출 중 가장 오래 가출한 기간은 어느 정도입니까?
① 1~2일( ) ② 3일 이상~일주일 이내( ) ③ 일주일 이상~한달 이내( ) ④ 한달 이상( )

D6. 다음 중 가출을 하게 된 이유가 무엇인가요?

항목	전혀 아니다	아닌 편이다	그런 편이다	매우 그렇다
1) 아버지 또는 어머니가 싫어서	①	②	③	④
2) 부모님(보호자)이 서로 자주 싸워서	①	②	③	④
3) 부모님(보호자)이 나에게 욕을 하거나 때려서	①	②	③	④
4) 부모님(보호자)이 나에게 관심이 없어서	①	②	③	④
5) 부모님(보호자)이 나에 대한 간섭을 지나치게 해서	①	②	③	④
6) 가정형편이 어려워서(경제적으로 어려워서)	①	②	③	④
7) 부모님(보호자)이 나의 부탁을 들어주지 않아서	①	②	③	④

8) 가족이나 친척으로부터 성추행(성폭행)을 당해서	①	②	③	④
9) 친구나 선배 등 주변사람으로부터 성추행(성폭행)을 당해서	①	②	③	④
10) 친구들과 놀고 싶어서	①	②	③	④
11) 친구가 같이 가출하자고 해서	①	②	③	④
12) 학교친구나 선배들이 괴롭혀서	①	②	③	④
13) 학교규칙을 지키는 것이 답답해서	①	②	③	④
14) 학교선생님과 사이가 안 좋아서	①	②	③	④
15) 공부가 부담되어서	①	②	③	④
16) 밖에 돌아다니는 게 좋아서	①	②	③	④
17) 기타	①	②	③	④

D7. 가출 후 가장 먼저 도움을 받기 위해 찾아갔던 곳은?

① 친구 집(친구가 지내는 곳)
② 친척 집
③ 청소년관련 보호시설(쉼터 등)
④ 청소년지원센터
⑤ 복지관
⑥ 경찰서
⑦ 동사무소
⑧ 종교시설(교회, 성당, 절 등)
⑨ 기타(   )

D8. 가출 후 나에게 다음과 같은 도움을 준 사람이나 기관이 있다면 V표를 해 주십시오.

	가족	친구	교사	가출해서 만난 친구	경찰관	보호시설	기타
1) 돈을 주거나 빌려주었다.	①	②	③	④	⑤	⑥	⑦
2) 마음을 위로해 주었다.	①	②	③	④	⑤	⑥	⑦
3) 의식주를 제공해 주었다.	①	②	③	④	⑤	⑥	⑦
4) 필요한 정보를 제공해 주었다.	①	②	③	④	⑤	⑥	⑦
5) 일자리를 소개해 주었다.	①	②	③	④	⑤	⑥	⑦
6) 기타	①	②	③	④	⑤	⑥	⑦

D9. 가출 후 나의 상황은 가출 전과 비교해 볼 때 어떻게 변했습니까?

	아주 나빠졌다	나빠진 편이다	달라진 것이 없다	좋아진 편이다	아주 좋아졌다
1) 건강	①	②	③	④	⑤
2) 마음의 편안한 정도	①	②	③	④	⑤
3) 경제적 상황	①	②	③	④	⑤
4) 전반적 생활	①	②	③	④	⑤
5) 나를 대하는 친구들의 태도	①	②	③	④	⑤
6) 나를 대하는 가족들의 태도	①	②	③	④	⑤
7) 나를 대하는 주변 사람들의 태도	①	②	③	④	⑤
8) 학교 다니기	①	②	③	④	⑤

D10. 가출 후 생활비는 어떻게 해결하였습니까? 해당사항에 모두 V표를 해 주십시오.

① 아르바이트로 번 돈( )
② 이전에 모아둔 돈( )
③ 구걸해서 모은 돈( )
④ 성매매로 번 돈( )
⑤ 다른 사람으로부터 훔치거나 빼앗은 돈( )
⑥ 친구, 선배의 도움으로 받은 돈( )
⑦ 기타(   )

D11. 가출 후 일해 본 경험은?

① 있다( ) ② 없다( )

D12. 있다면, 일했던 업소를 모두 V표를 해 주십시오.

① 주유소( ) ② 슈퍼, 편의점( ) ③ 음식점( ) ④ 다방, 카페( ) ⑤ PC방( ) ⑥ 당구장( )
⑦ 만화방( ) ⑧ 호프집, 소주방( ) ⑨ 비디오방( ) ⑩ 노래방( ) ⑪ 단란주점, 룸싸롱( )
⑫ 윤락가( ) ⑬ 전화방, 휴게텔( ) ⑭ 티켓다방( ) ⑮ 안마시술소( ) ⑯ 기타 유흥업소( )

D13. 재 가출을 했다면 그 이유는 무엇입니까? (두 번 이상 가출한 경우만 응답하시오.)

① 부모님이 때리고 욕해서( )
② 부모님이 나에게 관심이 없어서( )
③ 부모님들이 싸워서( )
④ 있을 곳(집)이 없어서( )
⑤ 가출 후 자유로운 생활이 그리워서( )
⑥ 학교가기 싫어서( )
⑦ 친구가 가출하자고 해서( )

⑧ 기타( )

D14. 현재 가출 중이라면, 이후의 계획은?
① 자립할 것이다( )
② 가능하면 자립할 것이다( )
③ 반반이다( )
④ 가능하면 집에 들어갈 것이다( )
⑤ 집에 들어갈 것이다( )

E. 다음과 같은 행동과 경험에 관한 질문입니다. (가출경험이 있는 경우에만 체크해 주세요.

E1. 다음과 같은 피해를 당한 경험이 있습니까?

	가출했을 당시
1) 성폭행(성희롱) 강제로 당함	① 없다 ② 가끔 ③ 자주
2) 심하게 맞음	① 없다 ② 가끔 ③ 자주
3) 돈이나 물건 강제로 빼앗김	① 없다 ② 가끔 ③ 자주
4) 심하게 놀림 당함	① 없다 ② 가끔 ③ 자주
5) 협박당함	① 없다 ② 가끔 ③ 자주
6) 따돌림(왕따) 당함	① 없다 ② 가끔 ③ 자주
7) 아르바이트 시 부당한 대우 받음	① 없다 ② 가끔 ③ 자주

E2. 다음과 같은 행동을 해 본 경험이 있습니까?

	가출했을 당시
1) 담배피우기	① 없다 ② 가끔 ③ 자주
2) 술마시기	① 없다 ② 가끔 ③ 자주
3) 무단결석	① 없다 ② 가끔 ③ 자주
4) 성관계	① 없다 ② 가끔 ③ 자주
5) 남을 심하게 때리기	① 없다 ② 가끔 ③ 자주
6) 패싸움	① 없다 ② 가끔 ③ 자주
7) 남의 돈이나 물건 뺏기(삥뜯기)	① 없다 ② 가끔 ③ 자주
8) 남의 돈이나 물건 훔치기	① 없다 ② 가끔 ③ 자주
9) 남을 심하게 놀리기	① 없다 ② 가끔 ③ 자주

10) 남을 협박하기	①없다 ②가끔 ③자주
11) 다른 친구 따돌림(왕따)시키기	①없다 ②가끔 ③자주

F. 다음의 내용에 대해 아는 대로 체크해주세요.

F1. 가출을 했을 때(가출을 하게 되면) 우리 지역에 도움을 받을 수 있는 곳이 있다고 생각하나요?
① 전혀 그렇지 않다( ) ② 그렇지 않다( ) ③ 보통이다( ) ④ 그렇다( ) ⑤ 매우 그렇다( )

F2. 가출을 했을 때(가출을 하게 되면) 다음과 같은 곳에서 도움을 받을 수 있다는 것을 알고 있나요?

	알고 있다.	잘 모른다.
청소년쉼터	①	②
청소년지원센터	①	②
청소년 상담원	①	②
교육청 청소년 상담센터	①	②
종합사회복지관	①	②
건강가정지원센터	①	②
아동학대예방센터	①	②
청소년그룹홈	①	②
지역아동센터	①	②
경찰서	①	②
지역주민센터(동사무소)	①	②
청소년일시보호소	①	②
청소년 1일보호기관(성당, 교회, 절 등)	①	②

출처: 이경숙, 이선자(2012). 경상북도 위기청소년보호 프로그램 개발 – 청소년가출에 대한 통합지원체계 평가를 중심으로. 경북여성정책개발원.

2) 목표 설정 및 계획 수립

프로그램의 목표를 명확히 설정하고, 이를 달성하기 위한 세부 계획을 수립한다. 예를 들어, 청소년들의 건강한 성장과 발달을 돕기 위한 교육적 목표나 특정 위험 요인에 대한 예방을 위한 목표가 설정될 수 있다. 목표는 SMART 원칙(구체적, 측정 가능, 달성 가능, 관련성 있는, 시간제한)으로 설정하여 실효성을 높인다.

표 5-2 SMART 원칙 적용 예시

(1) Specific (구체적이어야 한다)
- 목표는 명확하고 구체적으로 정의되어야 한다.
- 예: "청소년의 인터넷 사용 시간을 건강하게 관리하도록 돕는 교육 프로그램 개발."

(2) Measurable (측정 가능해야 한다)
- 목표의 성취 여부를 확인할 수 있도록 측정 가능한 요소가 포함되어야 한다.
- 예: "프로그램 참여 후 청소년의 인터넷 사용 시간이 주당 평균 2시간 감소."
  "설문조사를 통해 80% 이상의 참여자가 프로그램이 유익했다고 응답."

(3) Achievable (달성 가능해야 한다)
- 현실적이고 달성 가능한 목표를 설정해야 한다. 지역적, 시간적, 자원적 한계를 고려해 현실적으로 달성할 수 있는 단계적 목표를 설정하는 것이 중요하다.
- 예: "3개월 안에 15개의 중학교에서 시범 운영 후 피드백을 수집한다."

(4) Relevant (관련성이 있어야 한다)
- 설정한 목표가 개인의 가치, 필요 또는 장기적인 계획과 관련이 있어야 한다.
- 예: "청소년의 정신 건강과 시간 관리 능력 향상을 목표로 설정."
  "교육부, 지역 사회, 청소년 단체의 목표와 부합하도록 설계."

(5) Time-bound (기한이 있어야 한다)
- 목표 달성의 시점을 명확히 설정해야 한다. 기한을 명확히 설정해 일정 관리와 실행력을 높인다.
- 예: "2024년 6월까지 시범 프로그램을 완료하고, 2024년 9월부터 전국적으로 시행."

3) 프로그램 설계

이 단계는 목표에 맞는 활동을 설계하는 단계이다. 프로그램의 내용과 활동을 구체적으로 계획하며, 각 활동이 목표 달성에 어떻게 기여할지를 고려한다. 예를 들어, 상담 프로그램, 예방 교육, 심리적 지원 등이 포함될 수 있다. 이 단계에서는 프로그램의 시간표, 활동 자료, 필요한 인력 등을 세부적으로 계획한다.

4) 자원 확보 및 협력 체계 구축

프로그램을 실행하기 위해 필요한 자원(인력, 예산, 시설 등)을 확보하는 과정이다. 또한, 청소년보호와 관련된 다른 기관이나 전문가들과의 협력 체계를 구축하여 자원의 효율적인 활용을 도모한다. 이 단계에서 정부기관, 학교, 사회복지기관 등의 협력이 필요할 수 있다.

5) 실행

실제 프로그램을 실행하는 단계로 계획된 활동을 진행하며, 각 활동의 진행 상황을 모니터링하고 평가한다. 이 단계에서 프로그램의 효과성을 확인하고, 문제점이 발견되면 즉시 수정할 수 있도록 한다.

6) 평가 및 피드백

프로그램 실행 후, 그 효과와 성과를 평가하는 단계이다. 청소년들의 변화,

프로그램 참여자의 피드백, 목표 달성 정도 등을 평가하여 향후 프로그램 개선에 필요한 정보를 제공한다. 이 과정에서 설문조사, 인터뷰, 데이터 분석 등이 활용될 수 있으며, 평가결과를 바탕으로 프로그램을 개선한다.

4 청소년보호 프로그램 현황

1) 가출 예방 프로그램

청소년들이 집을 나온 주된 이유는 대부분 가족 간 갈등 아니면 가정폭력과 같은 가정 문제가 대부분이다. 집은 안식처이고 가족은 애착의 대상이 되어야 마땅하지만 일부 청소년들에게 집은 가고 싶지 않은 지옥과 같은 곳으로 인식되기도 한다. 그래서 가고 싶지 않은 집이 결국 가출로 이어지는 것이다. 청소년 가출은 가족이나 이웃에 의해 가출신고가 되지 않으면 정확한 통계조차 확보할 수 없을 만큼 사전접근이나 파악이 어렵다. 정확한 가출 청소년들에 대한 집계는 없다. 다만 여성가족부에서 연간 가출 청소년 수를 대략 27만 명 정도로 추산을 하고 있으며 이 중에서 장기 가출자나 상습 가출자도 있는 것은 자명한 사실이다. 가출을 경험했던 청소년들을 보게 되면 특히 재가출 청소년들은 부모가 찾지 않는 경우가 많기 때문에 심각한 상황이라고 볼 수 있다.

청소년들이 가출을 하게 되면 가장 중요한 것이 하루하루를 살아남는 것이다. 그래서 누구와 오늘 하루 어떻게 만나는가가 굉장히 중요한데, 가출한 청소년들 같은 경우에는 가족이나 사회 속의 사람들로부터 배제가 되었기 때문에 온 · 오프라인의 경계를 넘어서 또래 친구들을 활용해 관계망도 만들고 또 이 안에서 생존 전략을 모색하게 된다. 중요한 것은 여기서 생존을 위해서 다양한 일탈이나 범죄를 저지르게 되는 것이다. 근로기준법상 청소년이 종사할 수 없는 업종과 심야시간대 아르바이트 및 유흥업소가 대표적 사례이다. 그런데 최근에는 인터넷 1인 방송을 활용해서 수익을 내는 가출 청소년들의 모습도 볼 수 있다. 인터넷 성인방송에 가출 청소년들이 신체부위를 노출한 상태에서 사이버 머니를 획득하는 것이다. 집 밖에 나온 청소년은 최소한의 안전망을 상실한 상태이기 때문에 범죄의 유혹에 빠지기 쉽다. 그리고 반대로 성인 범죄자의 범행 타깃이 되기도 하기에 매우 우려할 만한 상황이라고 볼 수 있다. 특히 최근에 언론 보도를 통해서도 나왔듯 가출 청소년들의 범죄 형태를 보면 웬만한 성인 범죄를 대부분 답습하고 있다.

자라나는 성장기 때 청소년들 같은 경우는 한 번쯤은 집을 나가고 싶다는 생각이 들 수 있다. 중요한 것은 생각에서 끝나느냐 아니면 생각에서 행동으로 나아가느냐이다. 지금 청소년들도 혼자 길거리에 나가면 여러 위험 상황에 노출된다는 것을 알고 있기 때문에 섣부르게 가출을 결행하지 않는다. 문제는 또래와 가출할 수 있게 된다면 의지가 많이 된다는 것이다. 가출팸 같은 경우가 대표적인 케이스라고 볼 수가 있는데 청소년들이 주로 이용하는 SNS를 보게 되면 '가출팸 급구'라든지 '가출팸을 모집합니다'라는 글귀를 아주 쉽게 목격할 수 있다. 이런 것들을 통해서 동기부여가 되어 가출을 결행하게 되는 경우가 있다. 가출에 대한 욕망이 있을 수는 있지만 이를 실행에 옮기기에는 계획도 있어야 하고 무언가를 알아야 하는데 그런 것들을 가출팸들이 도와주고 조장할 수 있다는 것이다. 분명 이에 대한 대책 마련이 시급하다.

또한 가출 청소년들이 범죄에 연루되는 것을 막기 위해선 사회적 차원의 노력이 절실하다. 일단 가출 청소년들은 사회적 유대감이 상당히 약해져 있는 청소년들이기 때문에 유대감 강화를 위한 방안이 필요하다. 보통은 가출 청소년을 이야기할 때 친구를 잘못 만났다든지 사춘기가 되니까 돌발행동을 한다는 등의 이야기들을 하는데 사실상 가출까지 결행하게 되는 대표적인 원인으로는 부모의 방관과 무책임성을 들 수 있다. 「청소년기본법」에서도 청소년 육성과 보호의 1차적 책임을 가정이라고 명시한 이유가 여기에 있다. 유대감 강화 및 가족 간 애착관계를 위해 필요한 것이 부모를 대상으로 한 부모 교육이다. 우리나라 같은 경우는 OECD 가입국들과 대비해 봤을 때 부모 교육 관련 프로그램이 상당히 미진한 상태이기 때문에 여러 지역사회 내지는 청소년기관에서 부모를 상대로 한 부모 교육을 강화할 필요가 있다.

청소년의 다른 문제들은 가정이나 학교 내에서 생활하면서도 일어나, 가시적으로 드러날 수 있는 문제라고 한다면 청소년 가출은 가출 청소년이 다른 비행이나 범죄와 관련되지 않으면 가출 청소년이 누구인지조차 알기 어려운 은닉성을 가지고 있다. 실제로 가출을 하려고 하는 청소년을 사전에 분석한다는 것은 매우 어려운 일이다. 이에 가출 청소년이 발생하게 되면 지역사회 차원에서 즉각적으로 개입하여 2차적 비행과 범죄를 막고 빠른 시일에 가정으로 복귀시키는 과정이 필요하며, 이 모든 과정이 체계적으로 네트워크되어야 한다. 가출의 심각성은 그 자체가 청소년의 문제이면서 또 다른 청소년의 문제를 야기할 수 있다는 점을 주목해야 한다. 가출 청소년은 성인과 달리 아동기에서 청소년기로 넘어가는 시기로 신체적 · 정신적으로 미성숙한 단계이다. 이러한 청소년의 특성은 가출 이후 겪게 되는 어려움과 고통을 올바르게 해소시키기보다 각종 유해환경과 비행에 무분별하게 노출되어 사회적 문제를 유발시키게 된다(이경숙 · 이선자, 2012). 이런 차원에서 가출은 지역사회를 중심으로 안전망을 구축하여 조기에 발굴해 내는 것이 최선의 노력이라 할 수 있다. 가출 청소년이 귀가를 결정하는 시기는 가출 후 40일 전후가 가장 많았고, 가장 안정적으로 귀가하는 것으로 나타났다(김은영 · 송민경,

2009). 따라서 가능하다면 가출 청소년에게 조기에 개입하여 가출이 장기화되지 않도록 하며, 조기복귀를 지원하는 것이 많은 파생문제를 예방할 수 있는 방법이 될 수 있다. 가출 청소년에게 조기에 개입하기 위해서는 지역사회가 거리청소년들에 대한 안전망을 24시간 가동하여 활발하게 접근해 나가야 한다.

가출 청소년 예방 관련 프로그램의 예로는 의정부시일시청소년쉼터 '포텐'의 별빛상담소를 들 수 있다.

■ 표 5-3 의정부시 청소년쉼터

기관	미션	비전
의정부시 일시청소년쉼터 '포텐'	찾아가는 거리상담 활동을 통한 가출위기 청소년의 발견, 청소년의 건강한 삶과 성장을 돕기 위한 위기개입, 현장중심 연계서비스 구축	• 청소년의 건강한 삶을 돕는다.
의정부시 여자단기청소년쉼터	모두의 존엄이 지켜지는 공동체	• 존중(respect): 주체성의 존재로 있는 그대로 수용합니다. • 돌봄(care): 서로의 취약함을 인정하고 돌보며 생각과 감정을 나눕니다. • 참여(participation): 자유롭게 표현하며 평등하게 소통합니다. • 성장(development): 자신의 잠재능력을 알고 균형적으로 성장할 수 있습니다.
의정부시 남자단기청소년쉼터	자기 삶을 주도하는 역량 있는 건강한 사회인으로 성장을 지원	• 가정밖청소년이 안정과 편안한 쉼, 기회부여를 통해 이들이 회복과 성장을 이루고 건강한 사회인으로 성장하는 것이다.

출처: 의정부시청소년쉼터(http://www.dreamforten.co.kr)

의정부시일시청소년쉼터는 특히 버스를 활용한 이동형 쉼터를 통해 2024년 2월부터 '별빛상담소'라는 이름으로 거리 청소년들을 만나고 있다. 1분기 별빛상담소는 2월부터 진행되었으며, 3명의 심리상담전문가와 1명의 성교육전문가로 구성된 전문강사 선생님을 통해 다양한 상담서비스를 제공하고 있다.

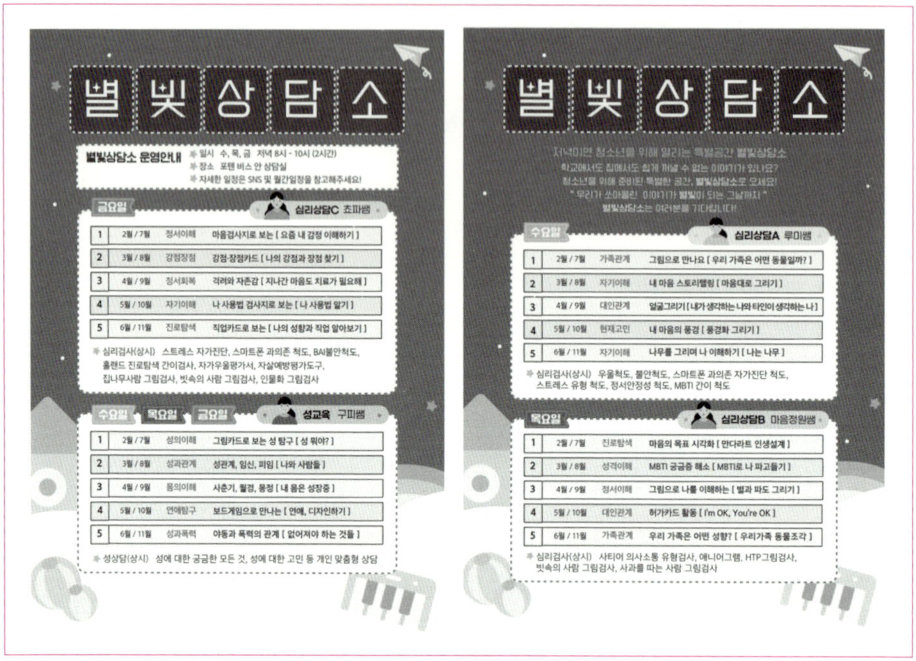

그림 5-1 별빛상담소 프로그램

출처: 의정부시청소년쉼터(http://www.dreamforten.co.kr)

2) 약물남용 예방 프로그램

한국의 약물남용현상은 8 · 15 광복 전에는 사회적으로 큰 문제는 없었으나 약물남용이 심각한 사회문제로 대두된 것은 광복 이후의 문제이다. 더구나 1980년대에 들어서면서부터 약물남용이 급격히 증가하는 추세였고 남용대상층도 일반인들을 포함해서 학생, 청소년들에게로 확산되어 갈수록 저연령화되었다. 1990년대 이후 남용 약물의 종류도 다양해지고 성인들의 경우

히로뽕, 대마초가 주를 이루고 청소년들은 본드와 부탄가스 흡입 및 향정신성 의약품들을 남용하여 왔다(신성철 외, 2024).

특히 청소년들에게 있어서 계속적인 마약류 및 약물 사용은 심리적, 신체적으로 의존하게 만들고 일상의 활동이 점점 마약류 및 약물 중심이 되고 생활의 기본인 식사조차도 부수적인 것이 된다. 장기간 마약류 및 약물남용은 건강한 신체와 정신을 파멸시키며 뿐만 아니라 마약류 및 약물로 인해 자아통제력을 상실할 때는 사고가 발생할 수 있고, 계속적인 마약류 및 약물남용으로 많은 돈을 낭비하게 되고 마약류 및 약물남용을 지속하기 위해 결국 범죄를 저지르게 되는 등 많은 영향을 미치고 있다. 최근에는 사회가 점차 개방화 및 향락화되면서 그 문제가 점차 심각해지고 있으며 청소년의 약물남용 문제가 점차 사회문제화되고 있다. 이와 같은 약물남용의 문제를 방치한다면 앞으로 추정 상용자가 100만명이 넘을 것으로 예상되고 있어 중요한 사회문제로 대두될 가능성이 크다(오정근, 2005).

특히 청소년의 약물남용 행위는 개인에게 미치는 악영향은 물론이고 약물 구입 비용을 마련하기 위해 범죄나 비행을 저지르는 경우가 많으며 또래집단에게 약물남용 행위를 전파시킬 가능성이 매우 높다(유창종, 1989). 청소년기 약물남용이 중요한 사회문제로 대두되는 이유는 첫째, 전 세계적으로 연령의 하향화 현상과 함께 증가 추세에 있고, 둘째, 시작하면 급속도로 중독에 이르게 되며, 셋째, 약물남용 상태에서 현실판단 능력이나 자제력을 상실하여 난폭한 행위나 범죄를 저지르는 경우가 많기 때문이다. 넷째, 내성이 생김에 따라 약물의 용량을 증가시키다가 치사량에 이르러 사망하는 수도 있다. 다섯째, 청소년기는 정신적 · 신체적인 급성장기이므로 약물남용이 건강에 미치는 해독은 장기적으로 치명적일 수도 있어 청소년기에 약물남용을 시작한 사람의 대부분은 성인이 되어 폐인이 된다는 점이다(고복자, 1991). 때문에 이에 대한 예방 프로그램은 매우 중요하다.

약물남용 예방 프로그램은 다른 프로그램과 달리 전문가를 양성하는 학위 과정에서 약물의존자의 치료 프로그램과 학생과 일반인에 대한 프로그램까지 다양한 프로그램이 있다. 보호관찰소에서도 다양한 프로그램이 있다. 보호관찰소의 프로그램들은 중독행동이 새로운 학습 절차의 적용을 통해 수정될 수 있는 습관형태로 정의하고 개인은 자기 자신의 회복을 위해 개인적인 책임을 수용할 수 있는 새로운 학습과제를 배울 수 있으며, 재발사건은 부정적 정서상태(우울, 불안, 권태, 좌절 등), 사회적 압력, 대인간 갈등으로 범주화하고 재발의 주원인은 생리적 충동이나 갈망이기보다는 다른 일반적인 결정요인이라고 보았다. 재발 상황을 효과적으로 대처할 수 있도록 돕기 위해 인지행동적 접근에 의한 기술훈련, 인지적 재형성, 생활양식 개입을 통해 재범을 막는 것을 목적으로 하고 있다(신의기 외, 2007).

민간기구 프로그램으로는 한국마약퇴치운동본부의 프로그램이 가장 활성화되어 있다. 한국마약퇴치운동본부는 약물남용 예방을 위해 광범위한 활동을 하고 있다. 청소년대상 약물남용 예방교육은 청소년의 약물남용문제가 더 이상 심화 · 확산되지 않도록 하고 정신적, 신체적 건강한 생활을 통해 긍정적인 자아상을 형성하고, 청소년들이 건강한 삶의 목표와 미래계획을 세울 수 있도록 하는 데 두고 있다. 교육내용은 마약류와 약물남용문제에 대한 기초지식 습득, 마약류 및 약물남용의 의존성, 금단증상 등, 마약류 및 약물남용으로 인한 신체, 정신, 사회적 폐해에 대한 이해, 마약류 남용자의 증상이해, 마약류 및 약물남용 유혹에 대한 대처능력 증진, 이동홍보차량 관람 또는 홍보자료 배포 등으로 이루어져 있다.

주요 교급별 내용은 〈표 5-4〉와 같다.

표 5-4 예방교육 프로그램

○ 교육안내

– 마약류 및 약물 오남용 예방교육 안내입니다.
※ 접수, 교육일정 등 관련 문의는 해당 지역본부로 연락주시기 바랍니다.

- 교육신청
  – 교육신청 대상: 학교, 기관, 단체 등의 지도자 또는 담당자
- 교육기간
  – 매년 3월~11월
- 목적
  – 마약류 및 약물에 대한 올바른 지식을 습득하여 오남용 및 문제 확산 방지
  – 마약류 및 약물오남용의 폐해 정보와 위험성을 전달하고 그에 따른 대처능력 증진
  – 대상별 맞춤형 프로그램을 통해 정신적. 신체적 긍정적 자아상 형성 및 건강한 사회문화 조성
- 강사: 한국마약퇴치운동본부 소속 예방교육 전문 강사
- 방법: 오프라인 교육 신청 → 일정 조율 및 강사 배정 → 확정 → 교육 진행 → 평가
- 비용: 무료(예산에 따라 조기 마감될 수 있음) / 유료

※ 관련 법령 정보
– 학교보건법: 마약류 및 약물 오남용 예방을 위한 보건교육
– 청소년보호법: 청소년을 유해약물로부터 보호 · 구제
– 마약류 관리에 관한 법률: 마약류의 폐해에 대한 대국민 홍보 · 계몽 및 교육
– 정신건강복지법: 중독폐해 예방 및 교육사업

● 유아 및 청소년 대상별 예방교육

- 교육대상
  – 전국 유치원, 초 · 중 · 고교에 재학 중인 학생(신청학교)
  – 사회복지시설 및 지역아동센터 청소년 등
- 내용
  – 약물의 유해성 및 약물 오 · 남용의 신체적 폐해, 중독의 매커니즘 등을 문화콘텐츠를 통해 이해
- 형태
  – (단회기) 교실 및 강당 대면교육, 학교 방송실 활용 교육
  – (다회기) 또래상담자교육, 집단프로그램, 마그미캠프
  – (문화콘텐츠) 손인형극, 연극, 뮤지컬
- 교육과정
  – 교육부 '학교 안전교육 7대 표준안'에 따른 학습내용으로 구성

유아	초등학생
• 대상: 6~7세 • 인원: 한 학급당 최소 20명~최대 40명 • 시간: 1회당 30분(기본 2회, 연속 진행) • 방법: 교실 및 강당 강의 • 학습내용 –약물의 이해와 올바른 의약품 복용법 –약물 오남용의 문제점 –생활 주변의 해로운 약물을 만지거나 먹지 않기	• 인원: 최대 100명 • 시간: 1회당 40분(1교시) • 방법: 교실 및 강당 강의 • 학습내용 –약물의 의미와 작용과정 –약물의 종류 및 오남용의 의미와 위험성 –올바른 의약품 복용법과 보관 및 폐기방법
중학생	**고등학생**
• 인원: 최대 100명 • 시간: 1회당 45분(1교시) • 방법: 교실 및 강당 강의 • 학습내용 –약물 오남용 위험성 –의료용 마약류 중독과 위험성 탐색 –마약류 오남용 예방 및 올바른 의약품 복용과 보관방법	• 인원: 최대 100명 • 시간: 1회당 50분(1교시) • 방법: 교실 및 강당 강의 • 학습내용 –의료용 마약류와 불법 마약류 개념 이해 –청소년 마약의 실태 및 마약류 관련 법률과 처벌법 –올바른 의약품 복용과 보관방법

출처: 한국마약퇴치운동본부(http://www.drugfree.or.kr)

또 한국마약퇴치운동본부에서는 약물남용 예방을 위한 상담, 교육 치료, 재활을 담당할 전문가 양성을 위해 현재 현장에서 약물상담을 하고 있는 실무자와 해당 학과 학생들에게 계속적인 교육을 제공 및 워크숍 형식의 교육들을 실시하여 현장 중심적이고 실용적인 교육으로서 교육 현장이나 상담, 치료기관에서 직접적으로 활용할 수 있도록 하고 있다.

3) 학교폭력 예방 프로그램

학교폭력은 학교 내외에서 학생 간에 발생하는 신체적, 정신적, 또는 사회적 피해를 유발하는 모든 행위를 말한다. 이는 단순한 다툼을 넘어 피해 학생에게 지속적으로 고통을 주거나 위협을 가하는 행동을 포함한다. 관련법으로는「학교폭력 예방 및 대책에 관한 법률」에 의해 학교폭력을 규정하고 있으며, 피해학생의 보호와 가해학생의 교육 및 선도 조치를 통해 이를 예방하려고 노력하고 있다.

학교폭력의 주요 유형을 살펴보면 다음과 같다.

첫째, 신체적 폭력이다. 폭행, 강제 추행, 물리적인 협박 등을 말한다.

둘째, 언어적 폭력이다. 이는 욕설, 비하, 모욕적인 말 등을 통해 정신적 피해를 주는 행위를 말한다. 예를 들어 별명으로 놀리기나 험담 퍼뜨리기 증이 있다.

셋째, 사이버 폭력이다. 이는 인터넷, SNS, 문자 메시지 등을 통해 악의적인 댓글, 사진 유포, 협박 등을 가하는 행위를 말한다. 예를 들어 단톡방 왕따, 악성 메시지 전송 등이 이에 해당한다.

넷째, 사회적 폭력(따돌림)이다. 이는 무시하거나 고립시키는 행위로 심리적 고통을 주는 유형을 말한다. 예를 들어 모임에서 제외시키기, 대화 단절 등이 있다,

다섯째, 금품 갈취 및 강요이다. 이는 돈이나 물건을 강제로 빼앗거나 특정 행동을 강요하는 행위를 말한다.

여섯째, 성폭력이다. 이는 성적인 언행이나 행동으로 피해를 주는 행위를 말한다. 예를 들어 성희롱, 부적절한 신체 접촉 등이 이에 해당한다.

학교폭력 발생으로 인한 영향을 살펴보면 우선 피해자의 경우 심리적으로 불안, 우울, 자존감 하락, 트라우마가 발생하며, 학업적으로는 집중력 저하, 성적 하락, 학교에 대한 부정적 감정 등이 있다. 신체적으로는 폭력에 의한 부상을 들 수 있다. 가해자의 경우는 교우관계의 단절, 처벌로 인한 기록 남음, 장기적으로 폭력적인 성향 고착화 가능성 등이 있다. 학교 및 지역사회

에서는 학급 분위기 악화, 공동체 내 신뢰 손실, 사회적 비용 증가(예: 상담, 법적 조치 등) 등을 들 수 있다.

학교폭력 예방과 관련한 대표적 프로그램으로는 푸른나무재단(구 청소년폭력 예방재단)의 '사이좋은 디지털 세상'을 들 수 있다. 이 프로그램은 우리에게 많은 편의성을 가져다준 디지털 사회의 사이버폭력, 혐오표현, 가짜뉴스, 디지털 성범죄 등을 예방하고 청소년 디지털 시민교육을 통해 디지털 공간 속 문제들을 예방하기 위해 2015년부터 시작되었다. '사이좋은 디지털 세상'은 디지털 시민성 7대 주제 "감정과 공감, 디지털에티켓, 사이버폭력, 디지털리터러시, 온라인 정제성, 개인정보 보호, 저작권"을 포함한 교육 프로그램을 통해 디지털화되고 있는 시대에 이를 선용할 수 있는 시민역량을 갖춘 청소년으로 성장할 수 있도록 함을 목적으로 한다.

세부 프로그램 개요는 〈표 5-5〉와 같다.

표 5-5 푸른나무재단 사이좋은 디지털 세상 프로그램

1. '사이좋은 디지털 세상' 찾아가는 학교교육 개요
   1) 교육명: 청소년 디지털 시민교육 '사이좋은 디지털 세상'
   2) 교육목적: 디지털 기술 발달로 진화하는 사이버 환경에서 필요한 시민 역량 습득
   3) 교육대상: 전국 초등학교 1~6학년(학급별 신청, 1과정 당 2차시 교육 / 80분)
   4) 교육기간: 20**. 4.~12.
   5) 교육형태: 전면 온라인 교육 or 현장 교육 中 택 1
      - 대면(오프라인) 교육: 전문강사가 학교에 방문하여 대면으로 교육을 진행
      - 비대면(온라인) 교육: 전문강사가 온라인 플랫폼(Zoom, 구글클래스 등)을 사용하여 비대면 교육 진행
   6) 교육구성: 아이들이 디지털 세상 여행을 떠나는 스토리의 놀이 중심으로 디지털 시민성 7대 주제 학습(감정 및 공감, 사이버폭력, 디지털 리터러시, 디지털에티켓, 개인정보보호, 저작권, 온라인정체성)
   7) 참여혜택: 강사 무료 파견, 놀이형 참여교육 활동 워크북 무료 제공

2. '사이좋은 디지털 세상' 찾아가는 학교교육 특징
   • 학년별 맞춤형 놀이형 교육 프로그램
   저학년부터 고학년으로 올라갈수록 위계적으로 구도화되도록 학년별 맞춤형 교육 프로그램으

로 구성하였습니다. 직접 제작한 교구와 놀이형 프로그램을 통해 학생들의 흥미와 집중도를 높일 수 있도록 합니다.

- 사이버폭력 예방 및 대처방식 습득
  마음 속 다양한 감정과 세상의 아름다운 가치들을 디지털 시민의식(감정 · 공감, 사이버폭력 예방 및 대처, 온라인 정체성 등)과 함께 배우며 자연스럽게 사이버폭력을 예방하고 대처할 수 있도록 합니다.
- 친구들과 협동하는 즐거움
  디지털 세상으로 떠나는 미션여행을 통해 경쟁구도가 아닌, 스스로 교육에 적극적으로 참여하고, 친구들과 협동하는 즐거움을 느끼도록 합니다.
- 대면 · 비대면(양방향) 교육 진행
  코로나19로 변화하는 학교 현장에 발맞춰 학교 요청에 따라 대면 비대면(양방향) 교육방식으로 진행하고 있습니다.
- 코로나19 대비 철저한 강사 운영
  강사 파견 시, 사이좋은 디지털 세상 자체 강사 코로나 대응 매뉴얼, 교육부와 각 시 · 도교육청의 코로나19 대응 지침에 따라 코로나의 확산 방지 및 예방을 위해 철저히 관리합니다.

3. '사이좋은 디지털 세상' 학교교육과정별 세부내용

청소년 디지털 시민교육 '사이좋은 디지털 세상'은 학급단위로 진행되며, 학년별 디지털 사용의 정도 및 학습 인지 능력을 반영한 프로그램 주제 및 목표로 구성되어 있다. 1~4학년은 1차시당 40분을 기준으로 교육을 진행하며, 5~6학년의 경우 학생 중심 활동을 위해 1~2차시 통합형 교육(80분)으로 진행한다.

<table>
<tr><th colspan="2">과정</th><th colspan="2">교육 세부내용</th><th>7대 주제</th></tr>
<tr><td rowspan="3">1–2
학년</td><td rowspan="3">공감과
소통</td><td>차시</td><td>내용</td><td rowspan="3">감정
공감</td></tr>
<tr><td>1
(40')</td><td>• 교육명: 알록달록 마음의 소리를 찾아라!
'이모티코니아의 모니타' 이야기
• 교육내용: 감정을 인식하고 조절하는 방법 다루기
① 감정의 다양성 이해하기
② 스스로를 돌아보며 내 감정 인식하기
③ 감정을 잊어버린 이모티코니아 사람들에게 감정비행기 보내기</td></tr>
<tr><td>2
(40')</td><td>• 교육명: 세상을 비추는 반짝반짝 공감나무를 만들자!
'블링블링섬의 샤인과 써니' 이야기
• 교육내용: 공감을 이해하고 실천하기
① 가정, 학교, 일상생활 등의 사례를 통해 공감 이해하기
② 경청을 이해하고 실천하기
③ 블링블링섬의 공감나무 가꾸기</td></tr>
</table>

<table>
<tr><td rowspan="3">1–2
학년</td><td rowspan="3">디지털
시티즌
십</td><td>차시</td><td>내용</td><td rowspan="3">사이버
폭력
디지털
에티켓</td></tr>
<tr><td>1
(40')</td><td>• 교육명: 괴롭괴롭 바이러스를 물리칠 위로위로 백신을 만들자! 와이파이트국의 나이팅제일 이야기
• 교육내용: 사이버폭력 이해와 유형 및 대처방법 익히기
① 사이버폭력의 개념과 종류 이해하기
② 사이버폭력 예방법과 대처방법 익히기
③ 와이파이트 초등학교 세 친구를 위한 위로위로 백신 만들기</td></tr>
<tr><td>2
(40')</td><td>• 교육명: 키보드리아 초등학교의 슈퍼영웅 만들기! ‘인터네키스탄의 샬록달록 홈즈’ 이야기
• 교육내용: 디지털에티켓 익히기
① 디지털에티켓과 구성요소 이해하기
② 키보드리아 초등학교의 슈퍼영웅 캐릭터 만들기</td></tr>
<tr><td rowspan="3">3–4
학년</td><td rowspan="3">디지털
시티즌
십</td><td>차시</td><td>내용</td><td rowspan="3">사이버
폭력
디지털
에티켓</td></tr>
<tr><td>1
(40')</td><td>• 교육명 : 와이파이트 초등학교 위로위로 백신을 만들자! ‘와이파이트국의 나이팅제일’ 이야기
• 교육내용: 사이버폭력 이해와 유형 및 대처방법 익히기
① 사이버폭력의 개념과 종류 이해하기
② 사이버폭력 예방법과 대처방법 익히기
③ 와이파이트 초등학교 세 친구를 위한 위로위로 백신 만들기</td></tr>
<tr><td>2
(40')</td><td>• 교육명: 사이좋은 디지털 세상 송 만들기! ‘인터네키스탄의 샬록달록 홈즈’ 이야기
• 교육내용: 디지털에티켓 익히기
① 디지털에티켓과 구성요소 이해하기
② 사이좋은 디지털 세상 송 만들기</td></tr>
</table>

과정		차시	내용	7대 주제
3–4 학년	똑똑한 디지털 활용	1 (40')	• 교육명: 돈데기리기리 돈내꺼만으로부터 카카 오이슬랜드를 지켜라! '카카 오이슬랜드의 스티브피싱잡았스' 이야기 • 교육내용: 개인정보보호와 디지털 리터러시 이해하기 ① 개인정보보호와 온라인상의 위험성을 인식하기 ② 디지털 콘텐츠와 디지털리터러시 이해하기 ③ 대면) 카카 오이슬랜드를 지켜라 보드게임 ④ 비대면) 카카 오이슬랜드 마피아 빙고 게임	개인 정보 리터 러시 저작권 온라인 정체성
		2 (40')	• 교육명: 디지털 세상 속 작품을 지켜라! '좋아요르웨이의 피카써' 이야기 • 교육내용: 저작권을 이해하고 건강한 온라인 정체성 기르기 ① 온라인 정체성과 건강한 자기표현 및 의사표현 이해하기 ② 저작물에 대한 책임과 권리 및 올바른 SNS 활용법 익히기 ③ 저작권 보호 캠페인 포스터 만들기	
5–6 학년	디지털 시티즌 십	1 (80')	• 교육명: 디지털 시민이 되는 LINK를 찾아라! '사이좋은 디지털 시민' 이야기 • 교육내용: 사이버폭력과 디지털에티켓 이해하기 ① 다양한 사이버폭력 돌아보기 ② 디지털에티켓과 올바른 인터넷 이용 수칙 배우기 ③ 사이좋은 디지털 세상 뉴스 팩트 체크하기 ④ 디지털 시민으로 스토리링크 완성하기	사이버 폭력 디지털 에티켓
	똑똑한 디지털 활용	1 (80')	• 교육명: 디지털 세상 속 크리의 실수를 찾아라! '슬기로운 크리에이터' 이야기 • 교육내용: 슬기로운 디지털 크리에이터 생활 익히기 ① 사례를 통한 개인정보, 디지털리터러시, 저작권, 온라인 정체성 이해하기 ② 크리의 일기를 읽으며 함께 사례 탐구하기 ③ 슬기로운 크리에이터 나의 채널 소개하기	개인 정보 리터 러시 저작권 온라인 정체성

출처: 푸른나무재단(https://www.btf.or.kr) 내용 일부 재구성.

5 해외 청소년보호 프로그램 사례(미국) - 재범 예방 프로그램

한국은 지난 1980년대 이후 소년범의 재범현상이 현저히 악화되어 왔다. 한 예로 범행전력이 있는 재범소년의 비율은 1970년대 이후 전체 범죄소년의 30%를 넘어서게 되었으며 최근까지도 재범소년의 비율이 30%를 넘어선 상태에서 별다른 변화를 보이지 않고 있다. 이러한 소년범의 재범문제는 이미 오래전에 중요한 형사정책적 과제의 하나로 대두되었다. 이렇듯 심각해진 소년재범(재비행)현상에 대해, 학술적 연구를 비롯해 관련 대책 마련이 부족했던 것은 물론, 관련 프로그램의 개발에 대한 노력이 충분하지 못했다. 때문에 해외의 우수 사례 중 하나를 소개하고자 하며 이 사례를 통해 국내의 청소년 재범 예방 프로그램 개발에 대한 관심을 불러일으키고자 한다.

아래는 여러 사례 가운데 비교적 가장 논리체계적이고 경험적으로도 어느 정도 재범방지효과가 입증되었다고 평가받고 있는 미국 법무성 산하의 OJJDP(Office of Juvenile Justice and Delinquency Prevention - 소년사법과 비행예방국)를 중심으로 개발된 구체적 개별 프로그램 가운데 하나를 소개한다. 참고로 미국 소년사법과 비행예방국(OJJDP)은 1974년 미국의회가 제정한 소년사법과 비행예방법(Juvenile Justice and Delinquency Prevention Act)에 근거하여 청소년 비행의 예방과 통제를 효과적으로 수행하고 소년사법체계의 개선을 목적으로 설립된 기구이다. OJJDP는 미국 연방법무부와 사법프로그램에 소속되어 타 정부기관들의 활동을 상호 조정하는 연방차원의 청소년비행 전담기구이다. OJJDP는 청소년재범현상에 대처하기 위해 그동안 피츠버그 소년조사, 덴버 소년조사, 로체스터 소년발달조사 등 세 가지

종단적 연구를 수행했으며 그간 수백 가지의 대처방안의 효과를 분석하였고 소년 재범 예방의 전문가 연구집단을 구성하여 1993년에 종합전략프로그램을 개발하였다(Howell and Bilckik, 1995). 이 프로그램은 이후 주정부에 소개되었으며 현재 미국의 많은 주정부는 종합전략프로그램을 소년 재범 예방을 위한 기본 대책으로 삼고 각 주정부나 지역자치단체가 독자적으로 효과적인 예방대책이나 개입방안을 개발, 시행하고 있다.

표 5-6 Early Risers: Skills for Success Program

1. 프로그램 개요

Early Risers는 약물사용을 포함한 행동문제가 조기에 발전될 수도 있는 고도의 위험성을 지닌 초등학교 또래의 6~12세 아동들을 대상으로 하는 다양한 구성체의 고강도 능력 향상 프로그램이다. 이 프로그램은 다양한 위험요인과 보호요인에 대처하기 위하여 조기에 종합적이며 지속적인 개입이 필요하다는 전제에 근거하고 있다. 이 프로그램은 또한 고위험성의 아동들을 좀 더 적응적이며 발전적인 경로에 올려놓기 위하여 두 가지의 보완적 구성요소들을 지닌 강력한 개입모델을 사용한다. 이러한 개입은 다음과 같은 내용들을 포함한다. 즉,

- 아동의 사회적 기술 훈련과 전략적 동료(또래) 참여
- 독서와 수학 강의 및 교육적으로 풍부한 활동
- 가족지원, 상담, 그리고 스트레스에 대처하는 간략한 개입
- 능동적인 부모-학교 상담
- 공격적이고 파괴적이며 비동조적인 아동 행위에 대한 우연성 관리

등이다.

이 Early Risers를 통해 얻게 된 향상된 자신감은 긍정적인 자기 이미지, 독립적인 의사결정, 건강한 문제 해결, 자신 있는 의사소통과 건설적인 대응능력 등의 발달로 이어진다. 일단 획득되면 이러한 속성들과 기술들은 집합적으로 아동들로 하여금 조기약물 사용과 잠재적인 남용 및 의존성을 부추기는 개인적 · 사회적 흐름에 저항할 수 있게 해 준다.
그리고 이 프로그램은 미국 내의 여러 관련 기관으로부터 우수한 프로그램으로 인정받은(recognized, or awarded) 바가 있다. 즉, '미국 건강 및 휴먼 서비스부의 마약 남용 및 정신건강 서비스국'(Substance Abuse and Mental Health Services Administration, U.S. Department of Health and Human Services)에 의해 "모델 프로그램"(Model Program)으로 인정(Recognition)되었다. 또한 이 프로그램은 2001년 5월 미국 '마약류 남용 예방센터의 전국 효율적 예방 프로그램 등록부'(Center for Substance Abuse Prevention's National Registry of Effective Prevention Programs) 에 의해 "모범적인 마약류 남용 예방 프로그램"(an exemplary substance abuse prevention program)으로 인정받았으며, 2003년에는 미국 청소년 사법 및 비행 예방국(OJJDP)에

의해 “Title V Effective Program”으로 그리고 전미 마약 남용 연구소(National Institute of Drug Abuse: NIDA)에 의해서는 “a NIDA Research Based Program”으로 인정(수상)받은 바도 있다.

가. 대상집단

Early Risers는 6~10세 사이의 아동들과 그들의 가족들을 위한 예방 프로그램이다. 초기의 참여자들은 주로 다소 시골 같은 지역사회에 거주하는 백인들이었으나 프로그램이 반복 시행되면서 경제적으로 불리한 도시 지역사회에 사는 아프리카계 미국 아동들과 그들의 가족이 참여하게 되었다. 이 프로그램은 특히 조기에 공격적이고 파괴적이며 비동조적인 행위를 보이는 어린이들을 대상으로 하고 있다.

나. 이익(Benefits)

이 프로그램에의 참여를 통해 얻게 되는 이익은 다음과 같다.

- 긍정적인 자기 이미지
- 자기 규제와 생산적인 대응(constructive coping)
- 건강한 문제 해결과 자신 있는 의사소통 기술
- 긍정적인 동료와의 연합
- 배움에 대한 긍정적인 태도
- 아동들의 발달을 지원하고 양육할 수 있는 부모로서의 자신감과 능력

다. 집행과정(How It Works)

가족 지원자(a family advocate)는 이 프로그램을 시행하는데 책임이 있다. 이 사람은 CORE(아동에 초점을 맞춘: child-focused) 구성부분과 FLEX(부모/가족에 초점을 맞춘: parent/family-focused) 구성부분을 조종하고 이 부분들에 서비스를 제공한다. 가족 지원자는 Early Risers의 매뉴얼화된 프로그램을 아동들과 그들의 부모에게 일 년 내내 학교와 집으로 전달하는 책임을 맡고 있다.

CORE 구성부분을 위해서, 가족 지원자는 다음과 같은 일에 책임을 지고 있다. 즉,

- 정기적으로 아동의 학교를 방문하는 것
- 교사와의 상담
- 학생에 대한 개별 지도(mentoring)
- 가정과 학교간의 개선된 의사소통을 촉진하기
- 우정을 만들고 유지하는데 필요한 기술들을 아동들에게 가르치기
- 아동들의 노력과 성취에 대하여 인정해 주기
- 여름학교 프로그램을 운영하고 조정하기

한편 FLEX 홈 방문자의 역할로서 가족 지원자는 다음과 같은 일을 수행한다.

- 정기적인 가정 방문계획을 작성한다.
- 부모와의 지원적 관계를 발전시킨다.
- 가족의 강점과 욕구를 평가한다.
- 가족의 목표설정과 전략적 계획을 지원한다.

- 지역사회의 서비스를 중개한다.

Early Risers는 학교나 각 지역의 지역사회 센터에서 가장 잘 시행된다. 하계 프로그램(Summer Program) 구성부분은 지역사회 학교 세팅에서 이상적으로 시행되지만 지역사회 센터나 신앙 센터들(faith-based centers)에서도 시행될 수 있다. 그런데 하계 프로그램은 많은 스탭을 필요로 한다.

라. 시행의 필수 요소(Implementation Essentials)

1) 스탭(staffing)

Early Risers의 비용-효과적인 운영을 위해서는 25명 내지 30명의 아동/가족 참여자들당 한 명의 가족 지원자가 필요하다. 자격을 갖춘 가족 지원자는 휴먼서비스 분야에서 최소 2년의 현장 경험이 있어야 하며 사회복지나 관련분야에 학사학위가 있어야 한다. 스탭의 충원, 교육, 훈련, 감독, 그리고 평가에 책임을 지는 감독자(supervisor)도 또한 필요하다.

2) 프로그램 훈련과 관련 자료(Program Training and Materials)

5일 간의 훈련 프로그램이 20명까지의 가족 지원자와 프로그램 감독자들을 위해 주된 사이트(host site)에서 개최될 수 있다. 사이트 방문이나 전화 접촉을 통한 추가적인 기술적 지원도 권장된다. Early Risers는 또한 '성공을 위한 기술 훈련 매뉴얼'(a Skills for Success Training Manual), "Skills for Success" 프로그램 비디오, 그리고 기타 프로그램 자원들을 제공한다.

3) 시간라인(Timeline)

- 시행시작(startup)을 위한 활동들에는 3개월 내지 6개월이 소요되는데 이에는 아동들과 그들 가족들을 여과(screening)하고 충원하는 것, 가족 지원자들을 충원하고 훈련하는 프로그램, 위탁(referral)할 자원과 지역사회 서비스 제공자들과의 관계를 개발하는 것, 그리고 학교의 지원을 얻는 것 등이 포함된다.
- 프로그램 시행은 일주일에 4일간 운영되며 6주 동안 시행되는 하계 프로그램(Summer Program)으로 시작된다. 이 프로그램의 구성요소로는 학술적 강의, 사회적 기술 훈련, 문화교육, 그리고 창조적인 예술과 스포츠 기술 강의들이 포함된다.
- 체크와 연결 프로그램(Check and Connect Program)은 새 학년(school year)의 시작 직후에 시작되며 2 내지 3년 동안 각 학년이 끝날 때까지 계속된다. 가족 지원자들은 교사와 상담하기 위해 일주일 단위로 각 아동의 교실을 방문하며 필요시 아동에게 1 : 1 멘토링을 제공한다.
- 가족 프로그램(Family Program)도 새 학년의 시작 직후에 시작된다. 부모와 아동 그룹이 모이며 2주에 한 번 저녁 세션을 위해 만난다(1차년과 2차년에는 12세션, 3차년에는 6세션). 세션은 공동의 가족 저녁으로 시작되며 약 90분 동안 동시에 진행되는 부모와 아동 그룹 모임으로 이어지고, 30분간에 걸친 부모-아동간의 상호작용 활동으로 마무리된다.
- FLEX 가족지원 프로그램(FLEX Family Support Program)은 새 학년 시작 후 3개월 뒤에 시작되며 이후 계속된다. FLEX 접촉 시간의 양은 욕구에 근거해 각 가족에 따라 다양한데 적어도 1년에 6번의 가정 방문이 권장된다.

2. 프로그램 배경(Program Background)

지난 10년 동안 Early Risers는 교사와 전문 상담가들에 의해서 진행되는 학교에 기반을 둔 개입에서 지역사회의 제공자들에 의해서 진행되는 지역사회에 기반을 둔 개입의 형태로 진화해 왔다. 이 프로그램의 가정방문 전달체계는 개별 가족의 강점, 욕구, 그리고 참여를 가로막는 장애물에 맞춰진 개입과 서비스를 제공한다. 지금은 몇 가지 다양한 프로그램이 존재하는데, 이들은 도시와 농촌지역 모두에서의 시행을 도모하기 위하여 각기 특화되어 있다.

■ 5개 구성요소

이 프로그램은 5개의 기본적 구성요소들을 포함하고 있는데, 그것들은 1) 하계 프로그램(Summer Program), 2) 학년 프로그램(School Year Program), 3) 아동 학교 지원 프로그램(Child School Support Program), 4) 가족 기술 프로그램(Family Skills Program), 5) 가족 지원 프로그램(Family Support Program)이다.

그림 1 Early Risers 유인물 커버

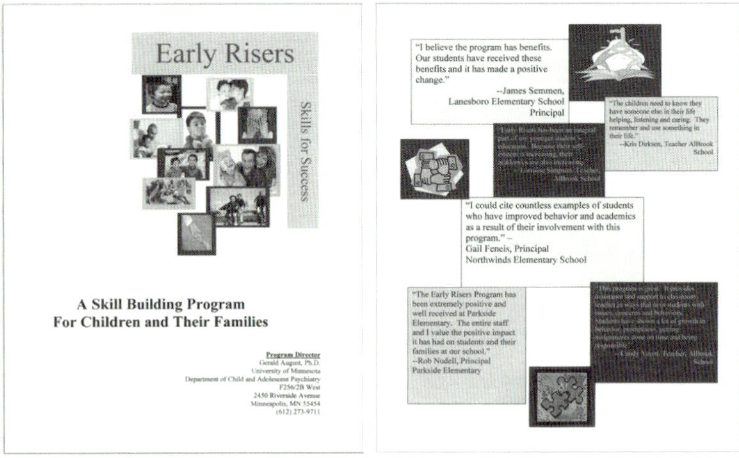

[그림 1]은 배포 유인물(안내서)의 일부로서, 왼쪽은 첫 페이지로 일종의 커버 페이지이며, 오른쪽 페이지에는 초등학교 교장이나 교사의 이 프로그램에 대한 코멘트 내용들이 실려 있는데 대체로 이 프로그램에 대해 긍정적인 내용들을 포함하고 있다.

그림 2 Early Risers 개입 프로그램의 개요

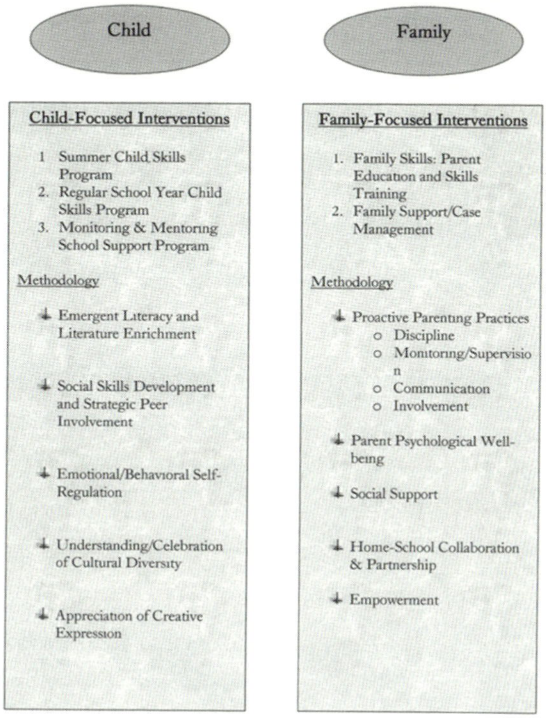

이어서 [그림 2]는 아동과 부모 각각에 대한 개입 프로그램의 개요를 제시하고 있다. 예를 들면, 아동 중심의 개입 프로그램에서 행해지는 프로그램들을(하계 아동 기술 프로그램, 정기 학사년 아동 기술 프로그램, 학교 지원에 대한 모니터링과 멘토링 프로그램) 제시하고 어떤 방법을 통해 시행되는지를 알려주고 있다(예, 긴급한 읽고 쓰는 능력 및 문학 풍부히 하기, 사회적 기술 개발 및 전략적 동료 참여, 감정적/행동적 자기 규제, 문화적 다양성을 이해하고 축하하기, 창조적 표현을 감상(이해)하기).

마지막으로 다음은 아동 및 부모 대상 각각의 Early Risers 프로그램 모식도이다.

■ **성공을 위한 Early Risers 기술 프로그램 모식도: 아동**
(EARLY RISERS Skills For Success Program Matrix: CHILD)

아동 대상 구성요소들(CHILD COMPONENTS)			
프로그램 (Program)	아동: 하계아동기술	아동: 정기 학사년 기술 (school year skills)	아동 대상: 모니터링과 멘토링, 학교지원
실시되는 과정 (Delivery Procedure)	소규모 그룹 행동수정 시스템 가정-학교 노트 친구 시스템 가족참여 현장학습	소규모 그룹 행동수정 시스템 가정-학교 노트 친구 시스템 가족참여 지역사회 활동	개별 미팅 지속적 욕구사항 평가 교사 상담 부모/교사 미팅 개별 멘토링 부모 상담
콘텐츠/ 중점사안 (Content/ Focus)	**사회적 기술훈련** 학업적 성취 (문학감상, 교실 내 행동기술) 창의적 활동과 레크리에이션	**사회적 기술훈련** 학업적 성취 (문학감상, 교실 내 행동기술)	**모니터링 평가** 다음을 포함하는 맞춤화된 멘토링 • 행동수정 계획 • 가정-학교 조정 • 감정인식 • 개인지도(tutoring) • 위탁(referral)
프로그램에의 노출기간 (Exposure)	여름 당 72시간 (6주×주당 4일) 각 일별 • 사회적 기술 1시간 • 문학 1시간 • 예술수업 1시간	정기 학사년당 64시간 (32주×2시간/주) 각 주별 • 사회적 기술 1시간 • 문학 1시간	**레벨 1** : 연간 4회 멘토링 접촉 **레벨2** : 연간 4회 멘토링 접촉 + 18회 멘토링 접촉(2주에 한 번) **레벨3** : 연간 4회 멘토링 접촉 +연간 32회 멘토링 접촉(매주)
활동들/ 커리큘럼 (Activities/ Curriculum)	**사회적 기술** • Early Risers 매뉴얼 • PATHS (K-3학년) • 처리능력(Coping Power) (4~6학년) **문학 감상** • Early Risers 커리큘럼 **창의적 활동들** • Early Risers 매뉴얼 • 스텝진이 개발한 활동	**사회적 기술** • Early Risers 매뉴얼 -PATHS **문학 감상** • Early Risers 커리큘럼	매뉴얼화된 Early Risers 프로토콜

성공을 위한 Early Risers 기술 프로그램 모식도: 부모 (EARLY RISERS Skills For Success Program Matrix: PARENT)

가족 대상 구성요소들(FAMILY COMPONENTS)		
프로그램(Program)	가족: 부모역할 기술	가족: 가족 지원
실시되는 과정(Delivery Procedure)	소규모 그룹 개인별 훈련 방법: 토론, 역할극, 모델제시 부모 지원을 촉진 TIPS! 인쇄물	계속적으로 필요사항 평가 목표 설정과 목표 달성 가정방문 지역사회 위탁(referral)
콘텐츠/중점사안(Content/Focus)	정상적인 아동 발달 부모가 겪는 전형적인 어려움 아동의 행동과 관련된 사안들 부모 스트레스 관리 가족 스트레스 관리	모니터링 평가들 맞춤형 개입: • 목표 설정 • 가족, 아동, 부모에 초점 • 지역사회 자원에의 연결 • 정신건강 전문가에게로 위탁
프로그램에의 노출기간(Exposure)	2년에 걸친 10개의 세션들 : • 첫해 5번 • 두 번째 해 5번 PEAK-확장버전인 PEAK-E 개별적으로 시행되는(혹은 소규모 그룹으로) 집중적인 기술 기르기	• 레벨 1: 모니터링, 연간 4번의 평가 • 레벨 2: 멘토링, 연간 4번의 평가 +연간 18번 내지 24번의 방문서비스 • 레벨 3: 멘토링, 연간 4번의 평가 +연간 무제한의 방문서비스
활동들/커리큘럼(Activities/Curriculum)	Early Risers 매뉴얼	Early Risers 매뉴얼

출처: 최인섭, 이성식(2010), 미국 OJJDP의 청소년재범예방을 위한 개별 프로그램의 운영사례연구, 한국형사정책연구원, 내용 일부 재구성.

생각해볼 문제

1. 위기청소년의 유형에는 어떠한 것들이 있는지 생각해 보자.
2. 일반적으로 청소년보호 프로그램의 구성을 위해 실시하는 실태조사의 설문지에는 어떤 인구사회학적 변수가 들어가는지 생각해 보자.
3. 국내의 청소년 재범예방 프로그램은 무엇이 있는지 찾아보고, 이의 개선 사항으로는 무엇이 있을지 생각해 보자.

참고문헌

고복자(1991). 청소년의 약물남용. **대학의학협회지, 34**, 1166-1171.

김은영 · 송민경(2009). 단기쉼터 이용 가출 청소년의 귀가 결정요인에 관한 생존 분석. **청소년학연구, 16**(1), 343-370.

신성철 외(2024). **청소년문제와 보호 제4판**. 정민사.

신의기 외(2007). 범죄예방교육 프로그램 개발 연구. **형사정책연구원 연구총서**. 한국형사정책연구원.

여성가족부(2024). 2024 청소년통계. 여성가족부.

오정근(2005). 광복 후 약물 남용의 법적규제와 청소년 대책. **청소년복지연구**, 7(2), 23-35.

유창종(1989). 마약류 사범의 실태와 대책. **제5회 형사정책 세미나**, 법무연수원, 9.

의정부시청소년쉼터(http://www.dreamforten.co.kr)

이경숙 · 이선자(2012). 경상북도 위기청소년보호 프로그램 개발 - 청소년가출에 대한 통합지원체계 평가를 중심으로. 경북여성정책개발원.

조민식 외(2014). **대중을 위한 사회학의 이해**. 양서원.

조민식(2018). 한국 청소년들의 사이버 마약 I-Doser 이용에 관한 연구. **인문사회21**, 9(1), 257-270.

최인섭 · 이성식(2010). 미국OJJDP의 청소년재범예방을 위한 개별 프로그램의 운영사례연구, 한국형사정책연구원.

푸른나무재단(https://www.btf.or.kr)

한국마약퇴치운동본부(http://www.drugfree.or.kr)

Howell, J. C., & S. Bilcikk. (1995). Guide for Implementing the Comprehensive Strategy for Serious, Violent, and Chronic Offenders. Washington, DC: Office of Juvenile Justice and Delinquency Prevention.

CHAPTER

06 청소년복지 프로그램

FOCUS ON PRACTICE

YOUTH PROGRAM

DEVELOPMENT AND EVALUATION

학습목표

1. 청소년복지 프로그램에 대한 이론적 개념을 알 수 있다.
2. 청소년복지 프로그램의 현황에 대해 파악할 수 있다.
3. 청소년복지 프로그램을 개발할 수 있다.

핵심키워드

청소년복지 프로그램의 개념, 청소년복지 프로그램의 현황, 청소년복지 프로그램 개발

1 정의

1) 청소년복지 프로그램의 개념

청소년복지란 청소년의 기본적 욕구 충족과 건강한 성장발달을 도모하고 청소년들로 하여금 사회구성원의 한 사람으로서 주체적인 삶을 영위하도록 하며 나아가 청소년을 둘러싼 제반 환경이 청소년의 성장을 돕기 위해 최적의 기능을 발휘할 수 있도록 청소년과 청소년을 둘러싼 가정, 사회를 통해 직간접적으로 제공하는 사회정책과 제도, 전문적 활동이다(이세형, 2020: 56).

청소년복지 프로그램이란 청소년복지의 실천을 위해 설계된 조직적인 활

동이다. 이러한 정의 안에는 두 가지 내용이 포함되어 있다. 첫째, 청소년복지의 고유한 목적을 따라야 한다. 프로그램은 분명한 지향점, 즉 목적 혹은 목표를 가지고 있는데, 청소년복지 프로그램의 목적과 목표는 반드시 청소년을 변화시키겠다는 실천적 방안이 마련되어 있어야 한다. 둘째, 하나의 프로그램은 다양한 서비스의 집합으로 구성되어 있다. 이러한 서비스 요소들은 목적과 목표를 이루기 위한 내용으로 서로 유기적인 연계를 통해 청소년에게 제공된다(조성우 외, 2018: 21).

2) 청소년복지 프로그램의 필요성 및 기능

(1) 청소년복지 프로그램의 필요성

청소년복지 프로그램은 개인적 차원과 사회적 차원에서 필요성을 살펴볼 수 있다(구혜영, 2020: 65-66).

가. 개인적 차원

청소년기는 각 개인이 건강한 상태에서 태어나 안정적인 가정환경 속에서 성장하며, 자신의 능력에 맞춰 교육을 받는 중요한 시기이다. 이 시기에 청소년들은 가정과 사회 모두로부터 필요한 보살핌을 받아야 하며, 이를 통해 안전하고 건강한 생활을 유지할 수 있어야 한다.

이러한 이상적인 상황을 실현하기 위해, 청소년들이 성장과정에서 마주할 수 있는 다양한 욕구 결핍과 문제 상황을 극복하는 데 도움을 주는 복지서비스가 필요하다. 이 서비스들은 청소년들이 정상적이고 조화로운 성장을 이룰 수 있도록 지원하는 역할을 한다.

현대사회에서 청소년복지 서비스가 강조되는 이유는 크게 세 가지 요인을 들 수 있다. 첫 번째로, 양육비의 상승과 부모의 결손 등으로 인해 청소년의 성장 환경이 적절하지 않은 경우이다. 이런 상황에서는 청소년들이 안정적인 성장을 지원하기 위해 필요한 복지서비스가 요구된다.

두 번째는 청소년들이 개인적인 고민을 가지거나 문제 행동을 보이는 경우다. 이런 경우에도 청소년들이 건강하게 성장할 수 있도록 도와주는 복지서비스가 필요하다.

마지막으로, 연령차별이나 유해한 사회환경 등으로 인한 문제가 발생하는 경우다. 이럴 때도 청소년들이 안전하게 생활할 수 있도록 보호하는 복지서비스가 필요하게 된다.

이렇게 복지서비스는 청소년들의 안정적인 성장을 지원하고, 그들이 자신의 삶 속에서 발생하는 여러 문제를 극복할 수 있도록 도와준다. 이는 결국 청소년들이 건강하게 자라고, 그들의 능력을 최대한 발휘할 수 있도록 하는 데 크게 기여한다.

나. 사회적 차원

① 법률적 측면

우리나라 「헌법」 제26조 제4항에는 '국가는 노인과 청소년의 복지향상을 위한 정책을 실시할 의무를 진다'라는 국가의 의무적 내용이 명확하게 담겨 있다. 그러므로 국가 및 지방자치단체가 청소년복지정책을 수립하고 시행하는 것이 헌법에 의해 부여된 중요한 책임임을 알 수 있다.

② 인구학적 측면

청소년 인구가 과거와 달리 많이 줄어들었음에도 한국 사회구성원의 약 15% 정도를 점하고 있으며, 선거권 연령 하향 등 청소년들이 중요한 사회적 영향력을 갖게 됨에 따라 이들에 대한 정책적 지원 및 배려가 필요하다.

③ 인적 자원 개발의 측면

인적 자원 개발이 국가경쟁력을 결정하는 핵심적 요소로 부각됨에 따라, 미래의 국가경쟁력 확보를 위해 청소년에 대한 관심이 증대되었다. 청소년에게 제공되는 복지서비스는 이들에게 다양한 기회를 제공하여 그들의 잠재력을 최대한 발휘할 수 있도록 한다. 또한 인적 자원의 손실을 방지하여 청소년이 건강한 사회구성원으로서 성장하도록 하기 위해서 필요하다.

④ 인생주기의 측면

현대사회의 삶의 조건은 과거 그 어느 때보다도 청소년기를 연장시키고 있으며, 이들의 관심과 이해, 요구가 사회와 직간접적으로 결부되어 있다. 더 나아가 청년기까지 연결되는 복지서비스는 연속적인 차원에서도 필요하다.

이처럼 청소년에게 다양한 측면에서 복지서비스는 그러나 해당 서비스가 계획적으로 설계되지 않을 경우, 그 효과성은 미비할 수밖에 없다. 따라서 체계적으로 구성한 청소년복지 프로그램이 필요하다.

(2) 청소년복지 프로그램의 기능

청소년복지 프로그램의 기능에는 가족 양육기능의 보완, 청소년문제의 예방과 치료, 유해환경의 변화, 청소년 불이익 구조의 변화 등이 있다(구혜영, 2020: 66-68).

① 가족 양육기능의 보완

청소년기는 부모의 보호 아래에서 성장하는 중요한 시기로, 가족이 제공하는 양육의 역할이 매우 중요하다. 하지만 부모가 없거나 한쪽 부모만 있는 결손가족의 경우는 이러한 양육 기능이 충분히 이루어지지 못한다. 결손가족은 대부분 소득이 부족해 경제적 어려움을 겪는 경우가 많다. 1966년에는 39만 가구였던 한부모가족은 1990년에는 89만 가구로 늘었으며, 최근에는 백만 가구를 훨씬 넘어선 것으로 추정된다. 이것은 각종 사고나 재해로 인한 사망자 수 증가와 가정 내 불화로 이혼이나 별거하는 부부가 늘어남에 따른 결과이다. 한부모가족이 되는 과정에서 청소년은 경제적인 어려움과 함께 정서적인 상처를 받으며 성장하게 된다.

이처럼 가정에서 보호를 받지 못하는 청소년들을 위한 복지사업은 아동복지의 한 부분인 아동양육시설을 중심으로 운영되어 왔다. 가정에서 이탈한 아동들은 아동상담소를 거쳐 아동양육시설에 입소하게 되고, 이곳에서 충분한 양육을 받은 후에는 사회로 진출하였다. 1985년부터 도입된 소년 · 소녀가정 지원사업을 통해, 요보호아동과 청소년을 가정에서 보호하는 중요성이 새롭게 인식되었다. 이로 인해 아동을 시설에 입소시키는 대신 가능한 한 기존의 가정에서 보호하도록 장려하는 방향으로 변화하였다. 이와 같이 가족지원사업과 시설보호사업은 가족의 양육기능을 보완하거나 대체하는 역할을 수행하게 되었다.

② 청소년문제의 예방과 치료

청소년기는 신체와 정신이 발달하는 중요한 시기이기에 자신의 몸과 마음의 변화에 대해 민감하게 반응하며, 자신의 욕구를 충족시키기 위해 끊임없이 노력한다. 그러나 때때로, 그들이 필요로 하는 적절한 지원을 찾지 못하는 경우가 많다.

이를 해결하기 위해 정부는 청소년들에게 도움을 줄 수 있도록 청소년상담복지센터를 각 시 · 도 단위로 설치하였다. 또한 이러한 센터들을 지원하기 위해 한국청소년 상담복지개발원을 설립하였다. 이런 기관에서는 전화상담과 면접을 통해 청소년들에게 다양한 상담을 제공하며, 부모교육 등을 통해서 청소년에 대한 이해와 관심을 증진하고 있다.

최근 학교에서의 집단따돌림이나 학교폭력 문제가 심각하게 인식되고 있어, 이를 예방하거나 조기에 치료할 수 있도록 학교 사회복지가 실시되고 있다. 또한 코로나19로 발생한 우울증, 스트레스 등으로 마음의 건강이 위협받는 청소년들을 위해 다양한 마음건강 케어 서비스도 제공되고 있다.

그러나 사회적 관심은 주로 청소년문제의 유형과 그 추세에 집중되어 있다. 청소년 범죄자 수가 계속해서 증가하고 있고, 범죄를 저지르는 연령이 점점 낮아지는 추세이며, 폭력화되는 경향이 있다. 또한 최근 촉법소년(만 10세 이상~14세 미만으로 형벌을 받은 범법행위를 한 형사미성년자)을 보호하기 위해 소년법에 의한 보호처분을 받도록 하는 법을 오히려 악용하는 문제가 이슈화되고 있다. 그렇다고 형사책임 능력이 없는 청소년을 처벌하는 것은 바람직하지 않다. 청소년 비행과 문제행동을 줄이기 위해서는 청소년복지 서비스가 필요하며, 단순한 수용보호보다는 치료형 보호시설이 추가적으로 필요하다.

③ 유해환경의 변화

청소년의 성장과 발전에 영향을 끼치는 유해한 환경을 개선하지 않으면, 청소년의 복지를 향상시키는 것은 어렵다. 대중매체 중에서는 공격성을 자극하고 성적 수치심이나 성적 충동을 유발하는 폭력적이거나 음란한 내용이 널리 퍼져 있다. 또한, 청소년들에게 음주, 흡연, 성관계를 장려하는 유흥업소가 가정이나 학교 주변에 많이 위치해 있다.

이런 문제를 해결하기 위해 정부는 학교보건법, 풍속영역에 관한 규제 법률, 청소년보호법 등을 통해 청소년을 보호하는 다양한 대책을 마련해야 한다. 이런 법률들은 유해한 업소의 출입 제한이나 유해매체의 이용 제한 등을 통해 청소년들이 안전하게 성장할 수 있는 환경을 조성하는 데 기여하고 있다. 이렇게 청소년들이 유해한 환경으로부터 보호받는 것은 그들의 성장과 발전을 지지하며, 그들의 복지를 향상시키는 데 큰 도움이 된다.

④ 청소년 불이익 구조의 변화

청소년복지를 논의할 때 가장 핵심적인 이슈 중 하나는 연령에 따른 차별이다. 과거의 전통사회에서는 청소년을 미성년자로 여기며, 사회적 합의과정에서 청소년의 입장을 배제하는 경향이 있었다. 그러나 청소년을 하나의 인격체로 보자는 인식변화에 따라 1989년에 유엔총회는 '아동의 권리에 관한 국제협약'을 채택하였다. 이 협약은 청소년의 최선의 이익을 보장하고, 청소년의 의견을 존중하며, 청소년의 참여를 보장하는 것을 명시하고 있다.

아동과 청소년의 인권을 향상시키기 위해 아동·청소년의 부모면접권을 보장하며, 부모의 이혼 시 양육과 친권에 관한 15세 이상 아동·청소년의 의사표시권을 보장하고 있다. 입양 시 13세 미안 아동·청소년의 의사결정권을 보장하고 있다. 이러한 방식으로 불합리한 차별을 법과 제도에서 철폐하며, 청소년의 이익을 최대한 보장하려는 노력을 기울이고 있다.

한편, 15세 이상 18세 미만 청소년들이 아르바이트를 하는 과정에서 문제가 발생하고 있다. 이들은 사실상 근로기준법의 보호를 받지 못하는 작은 사업장에서 일하게 되면서 근로시간, 임금 등 근로조건에서 법적 보호를 받지 못하고 있다. 청소년은 1일 7시간, 1주일에 35시간 이하로 근무가 가능하다(합의한 경우 1일 8시간, 주 40시간이 가능하다). 18세 미만의 청소년은 술을 파는 일과 심야노동(22시~6시) 및 휴일근로가 법으로 금지되어 있지만, 일부의 청소년이 단란주점 등에서 밤늦게까지 술을 팔고, 매매춘에 관여하기도 한다.

따라서 청소년의 노동력을 착취하거나 청소년에게 성적 서비스를 강요하는 유흥업소 혹은 변태업소에서 청소년을 고용하는 것을 엄격히 규제하고,

청소년의 심야노동에 대한 근로감독을 강화하며, 청소년의 능력과 흥미에 맞는 일거리를 많이 개발해서 소개하는 직업알선과 창업 등의 복지서비스가 필요하다. 이러한 역할이 바로 청소년복지정책의 중요한 기능이다.

2 청소년복지 프로그램의 특성 및 원칙

1) 청소년복지 프로그램의 특성

(1) 청소년복지의 접근방식

청소년복지는 사회복지의 이념과 가치 등을 공통적으로 적용하고 있다. 그러다보니 청소년복지를 사회복지의 한 영역으로 보거나(이세형, 2020: 54), 사회복지에서 파생된 학문으로 보고 청소년복지를 사회복지의 일환으로 보는 경향이 있다(천정웅 외, 2012: 63). 그러나 청소년복지는 청소년이라는 계층에 초점을 둠으로써 사회복지와는 차별성을 갖고 구별되어야 한다(이세형, 2020: 54).

청소년복지와 사회복지는 접근방식에서 구분된다. 사회복지의 접근에는 잔여적 접근, 제도적 접근, 발전적 접근 등으로 보는 관점이 있다. 잔여적 접근이란 가족과 시장경제가 사람들의 욕구에 대한 적절한 자원으로 사회복지는 틈새에 놓은 개인들을 위해 보충적인 서비스 안전망을 제공한다는 것이다. 즉, 사회적 기능을 수행하지 못하는 계층에게 프로그램과 서비스를 시혜적으로 제공하는 것을 말한다. 이런 잔여적 개념에서의 청소년복지 서비스는 일반 정상적 가정의 청소년들에게 필요하지 않다는 전제에서 출발한다. 그래서 특정 집단에게 시혜적으로 제공되는 정책서비스들은 제한적으로 일관성이 없고 부정적으로 나타나게 된다. 또한 이미 피해를 받고 있는 청소년들에게 개별단위로 지원함으로써 가족으로부터 해체되고 지역사회로부터 소외되는 과정으로 이어진다(천정웅 외, 2012: 59). 즉 복지서비스를 제공받는 청소년은 낙인에 찍히는 과정으로 이어진다는 것이다. 그러나 청소년현장에서 낙인은 예민한 문제로 받아들여지고 있다. 따라서 잔여적 개념은 청소년복지에 적합한 접근방법이 아니라고 할 수 있다. 사회복지의 두 번째 접근방법인 제도적 접근은 청소년복지에도 적합한 접근방법이다. 제도적 접근은 복지 노력을 사회문제에 대한 반응으로 보고, 이러한 문제들은 일반적으로 대부분의 사람들에게 영향을 미치고 있다는 것이다. 또한 이러한 접근에서는 서비스를 문제의 등급과 관계없이 클라이언트의 권리라고 본다. 제도적 접근에 따른 프로그램은 일정하게 접근과 이용이 가능하고, 그것은 욕구에 대한 일차원적인 자원으로 보여지기 때문에 참여로 인한 낙인이 거의 없다. 즉, 제도적 관점은 정상적이고 일반적인 가족들도 현대의 복합한 사회 속에서는 공동의 인간적 욕구를 가지고 있으며 수시로 도움을 필요로 한다고 보는 개념이다. 이 개념에서는 청소년과 가족들은 보호적 · 치료적 서비스는 물론, 예방적 서비스를 받게 된다. 특히 이런 서비스를 받을 때 낙인이 찍히지도 않으며 가족구성원으로부터 해체되는 일도 없게 된다. 세 번째로 발전적 개념은 제도적 개념을 넘어 인간발달 또는 사회발달에 초점을 맞춘 접근방법이다. 제도적 접근도 사회문제를 전제로 하고, 문제를 예방하거나 교정하기 위해 사회복지제도를 마련해야 한다고 보지만, 발전적 접근은 문제를 전제하지 않고 인간의 잠재력 발달과 삶의 질 향상을 목적으로 접근한다(천정웅 외, 2012: 59-61).

과거의 청소년복지는 잔여적 접근방법을 활용한 선별적 청소년복지에 대한 개념이 강하여 요보호청소년이나 문제청소년, 비행청소년이 청소년복지의 주된 대상이 되어 왔다. 그러나 오늘날은 제도적 접근방법이 활용되어 대상이 일반 청소년으로 확대되고 있다. 즉, 보호를 요하는 상황에 있거나 문제 또는 위기에 처해 있는 청소년뿐만 아니라 일반 청소년들까지 그 대상으로 포함하는 보편적 청소년복지의 개념이 널리 확산되고 있는 상황에서, 청소년복지가 표방하는 목적도 전체 청소년의 삶의 질 향상으로 그 초점이 맞춰지고 있다(이세형, 2020: 55). 즉, 청소년복지 프로그램도 특정 청소년을 위하기보다는 전체 청소년을 대상으로 하는 방향으로 나아가야 한다.

(2) 청소년복지의 특성을 반영한 프로그램의 방향

청소년복지 프로그램은 국가가 표방하고 있는 청소년 정책의 기조와 방향에 따라 달라질 수밖에 없는 것이 현실이다. 그럼에도 청소년복지의 실천적 접근방법을 살펴보면 개별사회사업, 집단사회사업, 지역사회조직, 사례관리 등이 있다(이세형, 2020: 55, 60-63).

① 개별사회사업

청소년문제를 해결하는 데 있어서 개별사회사업은 가장 기본적이면서도 중요한 접근방법 중 하나다. 이 방법은 개인과의 1대1 접촉을 통해 이루어지며, 이는 가장 오래된 방법 중 하나다.

개별사회사업의 특징은 문제를 가진 개인이나 가족을 대상으로 하며, 이 과정에서 전문적 지식과 기술을 보유한 전문가가 개입한다. 이 방식은 대상에 따라 맞춤형으로 이루어지며, 단순히 환경에 적응하는 것뿐만 아니라, 인격의 발달을 돕는 의식적인 노력이 포함된다. 개별사회사업은 전문가와 대상자 간의 심리적 조정과 치료에 중점을 두며, 개인과 사회환경 간의 상호작용을 중요하게 다룬다.

또한, 전문가는 대상자와의 개별사회사업 관계를 형성하고, 최종적으로는 대상자가 사회환경에 효과적으로 적응할 수 있도록 도와야 한다. 이를 위해 전문가는 몇 가지 전문적 원리를 준수해야 한다. 이는 개별화, 수용, 비판하지 않는 태도, 의도적인 감정 표현, 통제된 정서적 관여, 수용, 자기 결정, 비밀보장 등을 포함한다.

청소년들에게 개별사회사업을 실시할 때, 전문가는 청소년의 문제를 효과적이고 효율적으로 해결하기 위해 일련의 절차를 따라야 한다. 이에는 접수, 조사, 사정 또는 진단, 치료과정 등이 포함된다. 이 과정을 거쳤을 때, 청소년이 겪고 있는 문제를 근본적으로 이해하고, 그에 맞는 최적의 해결책을 찾아내는 것이 가능해진다.

② 집단사회사업

집단사회사업은 문제를 가진 개인이나 집단이 그 문제를 해결하게 도와주는 프로그램으로, 그 기본 원리는 집단 내 상호작용에 기반을 두고 있다. 이러한 집단사회사업은 그 집단과 개인 사이의 상호작용을 바탕으로 운용된다. 일반적으로 이런 집단사회사업의 과정은 전문가가 계획하고 의도적으로 진행하며, 준비단계, 탐색과 시험단계, 문제해결단계, 종료단계를 거친다. 각 단계별 특성을 정리하면 아래와 같다.

- 준비단계: 유사하거나 동일한 어려움을 갖고 있는 청소년들을 모아 집단을 구성하는 단계
- 탐색과 시험단계: 집단의 특성을 탐색하고, 관련한 사업의 취지와 방법을 설명하며, 이를 바탕으로 목표 지향적인 활동을 전개해 나가는 단계
- 문제해결단계: 구체적으로 구조화된 집단 결속력을 바탕으로 문제해결에 대한 강한 의지를 바탕으로 문제해결이 진행되는 단계

- 종료단계: 청소년이 갖고 있는 문제해결이 이루어져서 집단활동이 종결되고, 집단은 해체되는 단계

이렇게 각 단계마다 그 특성에 맞는 활동을 진행하면서, 개인이나 집단의 문제를 효과적으로 해결해 나가는 것이 집단사회사업의 핵심이다.

③ 지역사회조직

지역사회조직은 청소년에게 부정적인 영향을 미치는 문제를 해결하기 위해 지역사회의 자원을 모아서 조직화하는 방법이다. 청소년은 자신들의 주변 환경에 직접적이든 간접적이든 크게 영향을 받기 때문에, 청소년의 건전한 성장을 위해서는 지역사회조직의 적극적인 개입이 필요하다.

지역사회조직 사업의 기본 원칙으로는 자발성, 합리적인 절차, 합리성, 그리고 전문가의 참여가 있다. 합리성 원칙은 지역사회에서 발생하는 문제나 갈등이 주민들 간의 상호작용을 통해 조정될 수 있다는 것을 의미한다. 또한 전문가 참여는 지역사회의 환경을 바람직하게 만드는 데 필요한 원칙이다. 지역주민들의 자발적 참여는 물론 중요하지만, 지역사회의 변화를 촉진시키는 역할을 하는 변화촉진자, 즉 전문가의 지식과 기술 역시 중요하다. 이런 전문가들은 지역사회의 문제를 정확히 이해하고, 효과적인 해결책을 제시하는 데 큰 역할을 한다. 이렇게 지역사회의 자원을 활용하고, 전문가의 지식과 기술을 동원함으로써 청소년이 부딪히는 문제를 효과적으로 해결해 나갈 수 있다.

④ 사례관리

사례관리는 사회에서 복잡한 요구를 가진 사람들의 기능을 강화하고, 그들이 원하는 복지를 위해 전반적인 서비스를 제공하는 과정이다. 이 과정은 문

제를 단계별로 해결하며, 각 단계는 서비스 제공의 수준에 따라 다르게 진행된다.

사례관리는 전통적인 접근방식에 기초하고 있지만, 개별사회사업과는 차이가 있다. 개별사회사업은 대상 청소년과 사무실에서 만나 문제를 해결하려는 방식을 취하는 반면, 사례관리는 사무실 외의 장소, 즉 청소년의 실제 환경에서 개입하는 방식을 채택한다.

전문가는 사례관리자로서, 개별사회사업뿐만 아니라 집단지도, 가족치료, 지역사회조직 등의 다양한 방법을 통합하여 활용한다. 사례관리는 심리치료에 깊게 관여하지 않고, 대신 대상자의 실질적인 생활문제나 지역사회 내에서의 생존과 관련된 문제를 중점적으로 해결해 주는 역할을 한다. 이를 통해 대상 청소년이 보다 효과적으로 복지를 받을 수 있도록 돕는 것이 사례관리의 주된 목표다.

2) 청소년복지 프로그램의 원칙

앞서 설명한 바와 같이 청소년복지 프로그램은 정책적, 실천적 특성을 갖추어야 한다. 그러기 위해서는 포괄성의 원칙, 보편성과 선별성의 원칙, 개발적 기능의 원칙, 전문성의 원칙, 참여의 원칙 등이 반영되어야 한다(이세형, 2020: 57-58).

(1) 포괄성의 원칙

청소년복지는 단순히 청소년복지에 특화된 정책과 실천만으로는 충분하지 않다. 청소년의 활동, 보호 및 복지를 중심으로 하되, 가족, 보건, 복지, 장애인 정책 및 실천과 같은 다른 영역과도 연계되어야 하며, 교육, 노동, 교정

정책과 실천까지 포함해야 한다. 이런 포괄성의 원칙을 실현하기 위해, 청소년 정책의 총괄과 조정 기능을 강화하는 것이 중요하다.

(2) 보편성과 선별성의 원칙

청소년복지는 보편주의 원칙과 선별주의 원칙이 함께 적용된다. 보편주의 원칙은 모든 청소년에게 서비스를 제공하는 것을 의미하며, 선별주의 원칙은 특정 조건을 충족하는 청소년에게만 서비스를 제공하는 것을 의미한다. 예를 들어, 빈곤가정의 청소년이나 장애청소년 등 일정한 범주에 속하는 청소년에게만 서비스를 제공하는 것을 말한다. 이렇게 청소년복지는 요보호청소년과 일반 청소년 모두를 대상으로 하므로 요보호청소년을 위한 특별지원뿐만 아니라, 모든 청소년을 대상으로 하는 예방적, 개별적 서비스가 제공되어야 할 것이다.

(3) 개발적 기능의 원칙

청소년복지는 인적 자원을 보호하고 개발하는 기능을 가진다. 청소년의 능력을 개발함으로써 청소년 개인의 자립뿐만 아니라 사회의 발전에 기여할 수 있을 것이다. 이를 위해 직업적 능력 향상을 위한 직업교육, 문화역량을 향상시키기 위한 문화적 지원, 시민의식 정립을 위한 교육, 직업능력 개발 등의 교육이 이루어져야 할 것이다.

(4) 전문성의 원칙

청소년복지는 청소년기에 대한 과학적 이해에 근거한 전문적인 정책과 활동으로 이루어져야 한다. 청소년기는 아동기나 성인기와는 구분되는 독특한 특성을 가진 시기로, 부모로부터 독립하여 동성 및 이성과 친밀한 관계를 형성하고 진로를 준비하는 독특한 발달단계다. 이러한 청소년기의 특성을 과학적으로 이해하고, 이를 바탕으로 발달 과업을 성공적으로 수행할 수 있도록 지원하는 전문적인 개입이 이루어져야 한다.

(5) 참여의 원칙

청소년복지는 청소년이 수동적인 존재가 아니라 적극적인 사회구성원의 역할을 할 수 있도록 지원해야 하며, 이때 청소년의 참여는 핵심적인 요소다. 청소년 참여는 청소년이 자신의 삶에 영향을 주는 의사결정에 참여하게 하고, 관심 있는 사안에 대해 행동할 수 있도록 권한을 부여하는 모든 활동을 의미한다. 청소년은 참여를 통해 역량, 자아존중감, 사회적 기술, 시민성 등을 향상시킬 수 있다.

3 청소년복지 프로그램 현황

1) 가정 및 시설보호

(1) 청소년쉼터

청소년쉼터는 가정 밖 청소년의 생활보장뿐만 아니라 상담, 자립역량 강화, 고충 처리, 문화 활동 프로그램 기회 제공 등을 통해 가정 밖 청소년들의 가정 · 사회로의 복귀를 지원하고 있으며, 청소년보호시설의 전문화 및 차별화된 지원서비스를 제공하기 위하여 일시, 단기 및 중·장기 쉼터로 특성화하여 설치·운영하고 있다. 청소년쉼터는 가정 밖 청소년을 일정 기간 보호하면서 상담·주거·학업·자립 등을 지원하는 시설(「청소년복지 지원법」 제31조 제1호)로서 쉼터의 활동 범위에는 가정 밖 청소년의 일시보호 및 숙식 제공, 가정 밖 청소년의 상담·선도·수련활동, 가정 밖 청소년의 학업 및 직업훈련 지원활동, 청소년의 가출 예방을 위한 거리상담지원활동, 그 밖에 청소년복지 지원 관리 등이 포함된다.

(2) 아동복지시설 보호 사업

정부는 보호대상아동이 가정과 같은 쾌적한 환경에서 건전하게 성장할 수 있도록 노후된 아동시설부터 기능보강 지원을 확대하고 있으며, 아동시설의 다기능화와 함께 가정 단위의 형태로 전환하여 가정친화적 생활환경을 구축해 나가고 있다.

시설 아동을 중심으로 보호대상아동의 발달단계에 맞는 체계적인 자립지원 프로그램과 서비스 제공을 통하여 아동의 자립 의지·자립 기술 능력을 향상하게 할 뿐만 아니라 퇴소 후 실제적인 지원과 사후관리를 제공하고 있다.

현재 아동복지시설 생활(퇴소) 아동을 위해 제공되고 있는 자립지원서비스에는 자립수당, 자립지원정착금 지급, 전세자금 우선 지원, 영구 임대·주택 우선 분양, 자립지원시설 거주, 폴리텍대학 입학 우선 기회 부여, 국민취업지원제도·국민내일배움카드 우선 지원 등이 있다.

(3) 가정위탁 지원

가정위탁은 보호가 필요한 아동을 일정 기간의 가정에서 보호하는 것으로 2005년 개정된 「아동복지법」에 법적 근거를 두고 있다.

가정위탁을 활성화하기 위해 위탁가정에 양육보조금(연령별 월 30~50만 원 이상 권고)을 지원하고 있고, 위탁이 종결될 시 아동복지시설 퇴소 아동에 준하여 자립 정착금, 대학 진학자금이 지원될 수 있도록 권고하여 위탁 아동의 자립을 지원하고 있다. 주거 및 세제 혜택과 관련하여 국토교통부에서는 위탁가정에 대해 일반주택 전세자금 및 공공임대주택 임대 보증금을 지원하고 있으며, 국세청에서는 위탁 아동 1인당 150만 원의 과세 공제 혜택을 위탁부모에게 제공하고 있다. 그리고 가정위탁 아동의 질병 및 안전사고 발생 시 위탁부모의 심리적 · 경제적 부담을 완화하기 위해 아동의 상해보험 가입을 지원하고 있다.

입양 · 가정위탁 아동 중 주의력결핍 과잉행동장애(ADHD), 정서불안장애 등으로 인해 상담 · 치료가 필요한 아동을 위해서 심리 정서 검사 · 치료비를 월 20만 원 이내(심리검사비 20만 원)를 지원하고, 진료비 청구 부분에서 심리치료 지원사업과 관련한 교통비를 별도로 청구(월 2만 원 이내, 지역적 상황으로 택시 이용 시 월 4만 원 이내)하는 것을 가능하도록 하고 있다.

아동학대로 인해 원가정으로부터 분리된 만 6세 미만 아동을 일시 보호하기 위해 초기 아동용품 마련을 지원하는 용도로 1회 100만 원의 아동용품 구입비와 월 100만 원의 전문아동보호비를 지원하고 있다.

더불어 만 2세 이하 아동, 학대피해아동, 장애아동, 경계선지능 아동 등 전문적 보호와 양육이 필요한 아동들을 위탁 양육하는 전문위탁가정에 참여하는 가정에 아동 1인당 월 100만 원의 전문아동보호비를 지원하고 있다.

(4) 소년 · 소녀 가정 아동 보호

「국민기초생활 보장법」에 의한 수급자(가구) 중 부모의 사망, 질병 등 가정의 결함으로 만 18세 미만(출생일 기준)의 아동이 실질적으로 생계를 이끌어가는 가정을 소년 · 소녀 가정으로 지정하고 있으며, 정부에서는 이들에게 생계 · 의료보호 및 교육보호를 시행하고 있으며, 양육보조금(월 20만 원 이상 권고)을 지원함으로써 가정생활을 영위하고 학업을 계속할 수 있도록 지원하고 있다.

소년 · 소녀 가정은 가까운 이웃에 거주하는 아동 위원, 종교인, 아동 관련 전문가, 공무원, 대학생 멘토 등을 후견인으로 지정하여 고충이나 애로사항을 상시 의논하여 해결하도록 지원하고, 후견인, 결연 기관 담당자, 담당 공무원 등이 수시로 방문 · 면담하여 각별한 관심과 주의를 기울이고 있다.

하지만 소년 · 소녀 가정은 시설 보호나 가정위탁에 비해 외부의 위험에 노출된 보호 형태이므로, 가능한 한 지정을 제한하고 가정위탁 보호로 전환하는 작업을 추진해 나가고 있다.

(5) 공동생활 가정(그룹홈) 보호

아동 공동생활 가정(그룹홈)은 5~7인의 아동으로 가구를 구성하여 가정적인 분위기에서 정서적인 안정과 사회 적응 능력을 배양할 수 있도록 하는 보호 형태로, 「아동복지법」에 근거한 아동복지시설이다. 가정과 유사한 환경을 제공하여야 한다는 정책 방향에 의해 보호대상아동 발생 시 가정위탁과 아동공동생활 가정(그룹홈)에 우선 배치하도록 지방자치단체에 권고하고 있다.

2) 학교 밖 청소년지원

(1) 학교밖청소년지원센터(꿈드림센터)

초 · 중학교 및 이와 동일한 과정을 교육하는 학교에 입학 후 3개월 이상 결석하거나 취학의무를 유예한 청소년, 고등학교 및 이와 동일한 과정을 교육하는 학교에서 제적 · 퇴학 처분을 받거나 자퇴한 청소년, 고등학교 또는 동일한 과정을 교육하는 학교에 진학하지 않은 청소년에게 상담 · 교육 · 취업 · 자립지원 등의 서비스를 지원함으로써 학교 밖 청소년이 건강한 사회 구성원으로 성장할 수 있도록 돕는 사업이다.

꿈드림센터에서는 연계된 청소년의 특성과 요구에 따라 맞춤형 서비스를 지원한다. 서비스의 종류는 상담지원, 교육지원, 직업 체험 및 취업 지원, 자립지원 등이 있다.

(2) 학교 밖 청소년 건강검진 제도

3년 주기로 학교보건법에 따라 학교 연계 병원에서 건강검진을 받는 학생에 비해 건강관리에 취약한 학교 밖 청소년을 생애주기별 국가건강검진(영 · 유아, 일반, 생애, 암 검진 등) 체계에 포함하여 지속적인 건강관리를 추진하며, 학교 밖 청소년의 질병 예방과 조기 발견을 위해 생애전환기 연령(10대)의 특성에 적합한 맞춤형 건강진단 서비스를 제공하고 있다. 학교 밖 청소년 건강검진은 「청소년복지 지원법」을 근거로 9세 이상 18세 이하의 학교 밖 청소년이 우선 적용 대상이며, 19세 학교 밖 청소년도 건강검진을 받을 수 있으나 다른 국가건강검진과 중복되지 않는 경우에 한해 검진을 받을 수 있다.

3) 청소년방과후아카데미 운영

청소년방과후아카데미는 방과후 홀로 방치되기 쉬운 저소득 · 맞벌이 · 한부모 등 돌봄취약계층 청소년(초 4학년~중 3학년)에게 체험활동 · 학습 지원 · 급식 · 상담 등 종합적인 교육 · 복지 · 보호 서비스를 제공하여 청소년이 건강하게 성장할 수 있도록 지원하는 사업이다.

이를 통해 취약계층 청소년의 학습 및 체험활동 기회의 불균형을 완화하고 더불어 가정의 사교육비 및 양육 부담 경감에 기여하고 있다. 여성가족부와 지방자치단체가 공동으로 예산을 지원하며 '청소년수련관', '청소년문화의 집' 등 청소년 수련시설 등에 체험공간을 마련하여 방학기간 포함 연중 1일 4시간 이상 운영하고 있다.

4) 이주배경청소년 지원

이주배경청소년이란 「청소년복지 지원법」 제18조에 따라 다문화가족의 청소년과 그 밖에 국내로 이주하여 사회 적응 및 학업수행에 어려움을 겪는 청소년을 의미한다. 남북 분단이라는 정치 · 사회적 특수성과 다문화가정의 증가 등으로 이주배경청소년(북한이탈 · 중도입국 · 다문화청소년)에 대한 관심은 꾸준히 증가하고 있다.

이들을 지원하는 「청소년복지 지원법」을 근거로 이주배경청소년지원센터를 설치하였다.

여성가족부는 북한이탈청소년의 입국 초기 사회 적응 및 지역사회 정착을 돕기 위해 이주배경청소년지원센터를 통해 '비교문화 체험학습'을 제공하고 있다. 또한 북한이탈청소년의 하나원 퇴소 후 지역사회 정착을 돕기 위해 성 · 인권 · 진로 · 건강 등 다각적 교육을 지원하여 건강한 가치관을 확립하고 성장을 도모할 수 있는 '미래를 향한 첫걸음' 교육 프로그램을 운영하고 있다. 또한 온라인 · 대면 · 집단 · 찾아가는 상담 등 통합 상담 및 사례관리도 지원하고 있다. 특히 제3국에서 출생한 북한이주민 자녀와 중도입국청소년이 증가함에 따라 중국어 · 러시아어 · 베트남어 상담 통역지원사를 양성하여 운영하는 등 맞춤형 지원을 위해 노력하고 있다.

다문화청소년의 증가와 함께 청소년의 사회 부적응 현상도 발생하고 있는데, 다수의 다문화청소년이 외모의 차이, 한국어 소통 능력의 부족 등으로 일상생활에서 어려움을 겪고 있다. 중도입국청소년은 이주자로서의 어려움과 청소년기의 정체성 혼란 등을 동시에 겪게 되며, 외국인 근로자 가정의 청소년은 신분상의 불안정(미등록, 단기비자 등)으로 정규학교 입학에 어려움을 겪거나 학교생활이 불안정한 상황이다. 또한, 다문화가정 청소년은 진로나 학업능력 향상을 위한 정서적 · 환경적 요인이 취약한 경향이 있어, 낮은 학업 성취도 및 진로 설계의 어려움 등을 호소하기도 한다.

이에 따라 여성가족부는 '이주배경청소년지원센터'를 통해 북한이탈 · 중도입국 · 다문화 등 이주배경청소년의 입국 초기 적응과 후기 청소년 사회진출 지원을 위한 교육 프로그램을 제공하고 있다. 이주배경청소년의 사회 적응을 위한 '레인보우스쿨'에서는 한국어 교육, 사회문화 체험, 특기 · 적성 활동, 생활정보(편 · 입학) 등을 제공하고 있다. 또한 이주배경청소년의 사회진출을 지원하기 위한 진로교육과정은 진로기초과정 '무지개 잡(job)아라'와 진로심화과정 '내-일을 잡아라' 프로그램으로 구성되어 운영하고 있다.

여성가족부는 일반 청소년과 청소년 지도 인력의 다문화 이해도 제고 및 소통 역량 강화를 위한 교육 프로그램을 개발하여 제공하고 있다. 주요 프로그램으로 일반 청소년을 위한 다문화 감수성 증진 프로그램과 각계각층의 청소년교육전문가를 위한 다문화 연수 프로그램이 있다.

다문화사회 청소년 지도인력 양성을 위하여 예비 청소년지도사(대학생)와 청소년 수련시설 종사자, 다문화가족지원센터 등 현장 인력을 대상으로 연수 프로그램을 운영하고 있으며 이주배경청소년에 대한 지식, 다문화사회의 지도자로서 태도 · 인식, 현장실무에 적용할 수 있는 다양한 기술 역량을 향상할 수 있도록 연수사업을 운영하고 있다.

이주배경청소년 관련 건강한 정책 논의를 확산하기 위해서는 이주배경청소년 정책 소개 계간지 '이주배경924'와 정책 관심의 대중적 확산을 위한 동영상 콘텐츠인 '이슈 브리핑'을 정기적으로 발행하고 있다.

이주배경청소년지원센터를 통한 지원 외에 지역 기반의 이주배경청소년에 대한 지원을 위해 지역 내의 청소년 관련 자원의 연계체계를 마련하는 지역기관 연계 사업도 하고 있다.

5) 소득기준 지원

(1) 여성청소년 생리용품 지원

여성청소년 생리용품 지원은 여성청소년의 건강한 성장을 지원하기 위하여 경제적으로 어려운 여성청소년에게 생리용품을 지원하는 사업이다. 여성청소년이 선호하는 생리용품을 직접 구매할 수 있도록 바우처 지원 방식이 사용되고 있다.

여성청소년 생리용품 바우처는 청소년의 보호자 또는 청소년 본인이 청소년의 주민등록 주소지 관할 읍면 사무소 · 동주민센터 방문, 복지로 누리집(www.bokjiro.go.kr), 복지로 앱(App)을 통해 신청할 수 있다. 지원대상자로 결정된 후 바우처를 사용하기 위해서는 보호자 또는 청소년 본인 명의의 국민행복카드를 발급받아야 하며, 국민행복카드사별 가맹점에서 원하는 생리용품을 구매할 수 있다.

(2) 청소년 특별지원

청소년 특별지원은 보호자가 없거나 실질적으로 보호자의 보호를 받지 못해 사회 · 경제적으로 어려움을 겪고 있는 위기청소년 중 다른 제도 및 법에 따른 지원에서 제외된 청소년에게 현금 급여 또는 관련 서비스를 직접 지원하는 사업이다.

위기청소년 특별지원 사업은 시 · 군 · 구를 통한 전달체계를 활용하며, 청소년 본인 또는 그 보호자, 교원, 사회복지사, 청소년지도사 등이 행정복지센터에 신청하면 소득 조사, 청소년복지심의위원회의 심의 등을 거쳐 지원 여부를 결정하게 된다.

특별지원의 종류에는 생활지원, 건강지원, 학업지원, 자립지원, 법률지원, 상담지원, 활동지원, 그 밖의 운영위원회가 예산의 범위 안에서 필요하다고 인정한 지원이 제공되고 있다.

(3) 디딤씨앗통장(CDA)

디딤씨앗통장은 도움이 필요한 보호대상아동(시설보호 · 가정위탁 · 소년소녀가정 · 공동생활가정 · 장애인거주시설 아동) 및 기초생활수급가구 아동들을 대상으로, 단순히 개인 용돈이나 물품을 주는 것이 아니라 만 18세 이후 경제적으로 자립할 수 있도록 최소한의 초기 비용 마련에 도움을 주고자 하는 자산 형성 지원 제도이다.

보호대상아동은 만 0~17세까지, 기초생활수급가구 아동은 만 12~17세까지 가입할 수 있고, 아동이 후원 등을 통하여 일정 금액 적립 시 정부가 적립 금액의 1:2의 매칭 금액을 적립하여 저축액이 세 배가 되도록 한다.

디딤씨앗통장으로 모인 저축은 '학자금', '취업 훈련', '주거 마련' 등 자립을 위한 목적으로만 사용된다.

(4) 아동급식지원

정부는 부모의 실직 등으로 인한 경제적 빈곤 또는 부모의 질병, 사망, 가출 등 가족기능의 결손으로 발생하는 결식 우려 아동에 대해 아동급식을 시행, 아동 건전 육성을 도모하고 있다. 아동급식은 사회복지관, 민간 및 종교단체 급식소와 연계하여 교육 및 복지 프로그램과 함께 제공되고 있으며, 취학아동에 대해 조 · 석식, 미취학아동에 대해서는 조 · 중 · 석식을 제공하고 있다.

급식지원대상자는 지리적 여건 및 방문 신청이 어려운 가구를 위해 온라인(복지로)으로 아동급식을 신청할 수 있도록 하고 있다. 아동급식 전달방법은 지역 실정에 따라 지역아동센터, 사회복지관 등의 단체급식소 급식과 인근 지역의 일반음식점 급식을 적극 개발하도록 하였고, 지역의 도시락업체를 통해 도시락 배달이 불가하고, 지역 여건상 부득이한 경우에는 부식 지원과 식품만 교환이 가능한 식품권 등을 지원하는 등 다양한 급식 전달방법을 시행하고 있다. 이러한 급식지원대상의 확대 업무를 원활히 수행하기 위해서는 지역의 자원봉사 활성화 등 인적 자원과 종교 · 시민단체 등의 급식시설을 적극적으로 활용하는 등 지역 물적 자원의 참여가 필요하므로 이들의 참여를 적극 유도하였다.

6) 돌봄 지원

(1) 다함께돌봄센터

정부는 맞벌이가구 등 돌봄이 필요한 아동에게 양질의 돌봄서비스를 제공하기 위하여 '다함께돌봄사업'을 추진하고 있다. 다함께돌봄센터는 지방자치단체가 설립 · 운영 주체가 되어 안전하고 접근성이 좋은 지역 내 공공시설 등을 활용하여 돌봄이 필요한 모든 초등학생에게 다양한 서비스를 발굴 · 제공하는 시설이다.

다함께돌봄센터에서는 지역자원 및 수요를 고려한 맞춤형 프로그램을 제공하고 있으며, 방학기간을 포함하여 주 5일, 1일 8시간 이상 상시 운영하고 있다.

(2) 지역아동센터

지역아동센터는「아동복지법」제52조 제1항 제8호의 아동복지이용시설로, 방과후 돌봄이 필요한 18세 미만의 지역사회 아동의 건전한 육성을 위해 보호 · 교육, 건전한 놀이와 오락의 제공, 보호자와 지역사회의 연계 등 종합적인 복지서비스를 제공함으로써 홀로 방치될 수 있는 취약계층 아동들에게 사회적인 안전망을 제공하는 것을 목적으로 하고 있다.

여성의 사회 진출로 인한 맞벌이가족의 증가, 근로빈곤층의 확대 등으로 인해 방과후에 홀로 방치되는 아동에 대한 돌봄이 사회적 책임으로 인식되면서, 지역사회 안에서 아동의 건강한 성장뿐만 아니라 가족기능을 강화하고 아동의 종합적 복지서비스를 제공하는 기능과 역할을 담당하고 있다.

지역아동센터는 아동의 심리 · 정서적 안정과 신체 · 인지 · 사회성 발달을 목적으로 보호, 교육, 문화, 정서지원, 지역사회 연계 서비스 영역에 대한 프로그램을 운영하고 있다. 보호 프로그램을 통해 아동이 안전한 곳에서 건강한 생활을 할 수 있도록 급식, 일상생활지원, 정서지원, 안전지도 프로그램을 제공하며, 교육 프로그램은 아동에게 기초학습지도, 학교생활 관리, 다양한 교육 활동을 지원하고 있다. 문화 프로그램에는 공연 관람, 견학, 캠프 등이 포함된다. 정서지원 프로그램으로는 아동과 부모 상담 등을 통해 아동정서를 지원하고 있으며, 지역사회 연계 프로그램은 지역 네트워크를 통해 아동을 지역 전문기관과 연계하고 있는데, 지역사회 내 아동문제에 대한 사전예방적 기능 및 사후연계 기능을 수행한다.

7) 보호대상아동 발견 및 지원

(1) 드림스타트(취약계층 아동 통합서비스 지원)

드림스타트(Dream Start)는 취약계층 아동의 건강한 성장과 발달을 지원함으로써 공평한 출발 기회를 보장하고, 궁극적으로 빈곤의 대물림을 차단하는 것을 목적으로 한다. 이를 위해 건강 · 복지 · 보육 등 맞춤형 통합서비스를 제공하여 아동의 전인적 발달을 도모하고, 부모에는 자녀 양육지도, 직업훈련 · 고용 촉진 서비스를 제공해 가족기능 회복, 양육 여건 개선 등을 지원하고 있다.

지원대상은 0세(임산부)부터 만 12세(초등학교 6학년 이하)의 취약계층 아동과 가족으로, 복지 욕구 조사와 양육 환경 및 아동 발달 사정을 통해서 대상 아동을 선정한다. 단, 만 12세 이상의 아동이라도 초등학교 재학생이면 사업 대상에 포함하고 있다. 국민기초생활수급 가정 및 차상위계층 가정, 법정 한부모가정을 기본대상으로 지원하며, 농산어촌 기초단체(82개 지역)에만 특화대상으로 법정 한부모 외 한부모가정, 다문화, 조손가정을 대상으로 하고 있다. 아동 발달 수준 및 양육 환경 사정을 통해 위기 개입, 집중사례관리, 일반사례관리 등급으로 판정된 아동을 대상으로 서비스를 제공한다.

드림스타트 사업은 지역사회 복지자원 네트워킹을 통해 취약계층 아동의 전반적 삶의 다양한 욕구에 적합한 보건 · 복지 · 교육 · 문화 등을 종합적으로 지원하는 '맞춤형 통합서비스'를 시행하고 있다. 개인별 · 가구별 욕구 조사 및 사례관리를 통해 아동 생활 전반에 필요한 통합서비스를 제공한다는 점이 드림스타트 사업의 특징이다.

(2) e아동행복지원시스템

정부는 아동학대 예방 및 대응을 위한 종합 대책을 여러 차례에 걸쳐 다각적으로 추진해 왔다. 그러나 정부의 지속적인 대책에도 불구하고, 은폐된 공간에서 의사 표현이 어려운 아동을 대상으로 발생하는 아동학대의 경우에는 해당 아동이 사망하거나 중상해를 입은 후에야 발견되는 사례가 많았다. 이에 보건복지부는 '장기결석 여부', '영유아 건강검진 실시 여부', '단전 · 단수' 등의 사회보장 정보를 활용, 아동이 위기에 처했을 가능성이 있는 가구를 선제적으로 발굴하여 필요한 복지서비스를 연계하고, 아동학대가 의심될 때는 지방자치단체에 신고하는 'e아동행복지원시스템'을 운영하고 있다. 즉, 사전에 위기에 처했을 가능성이 있는 아동이 속한 가구의 어려움을 파악하고 적절한 개입을 통해 문제를 해결하여 아동학대로 이어지는 것을 방지하고자 하는 사업이다.

4 프로그램 개발의 노하우/유의할 점

1) 주제별 청소년복지 프로그램의 핵심전략

(1) 가족

청소년복지 프로그램을 개발할 경우 가족과 관련하여 교육, 가족구성원의 지지와 교류, 외부 자원의 활용 등에 대해서 다음과 같이 신경 써야 한다(노병일, 노대겸, 2019: 144-148).

① 교육

청소년의 복지 수준을 향상시키려면 부모가 자신의 자녀인 청소년을 제대로 이해하는 것이 굉장히 중요하다. 그래서 청소년복지에 종사하는 전문가들은 청소년기라는 민감한 시기에 대해 부모와 다른 가족구성원들에게 교육하고 이해시키는 역할을 해야 한다. 청소년의 발달과정에서 나타나는 반항적인 행동에 대해 부모가 이해하도록 도와주는 것이 필요하다.

또한, 안정되지 않은 가족 환경은 청소년의 복지에 부정적인 영향을 끼칠 수 있다. 심지어, 부모와 청소년 사이의 갈등이 때때로 폭력을 일으킬 수도 있다. 이러한 이유로, 청소년복지 전문가들은 가족이 청소년의 발달에 어떻게 부정적인 영향을 미칠 수 있는지에 대해 부모와 다른 가족구성원들에게 교육하는 것에 중점을 두어야 한다.

그리고 청소년은 때로는 가족이나 가족구성원에 대해 부정적인 생각을 가질 수 있다. 이런 이유로, 청소년복지 전문가들은 청소년이 가족이나 가족구성원에 대해 가지는 부정적인 감정과 태도에 대해 부모와 다른 가족구성원들에게 알려야 한다.

② 가족구성원의 지지와 교류

가족구성원 간에 서로를 지지하고 교류하는 관계를 형성하는 것은 청소년복지에 큰 영향을 미친다. 이런 이유로, 청소년복지 전문가들은 청소년과 가족구성원이 서로를 더욱 지지할 수 있는 관계를 형성하도록 돕고, 가족구성원들이 서로 더 많이 교류하도록 도와주어야 한다.

때로는 청소년이 가족구성원과의 교류를 끊어버리는 경우도 있다. 이런 상황에서는 전문가들이 청소년과 가족구성원 간의 연결을 다시 맺어주는 데 집중해야 한다. 이를 통해 청소년이 가족과 함께 성장하고 발전하는 데 필요한 지원을 받을 수 있게 하여 청소년의 복지를 향상시키는 데 기여할 수 있다.

③ 외부자원 활용

가족구성원과의 접촉이 청소년에게 해로울 때도 있다. 이런 상황에서는 가족 외의 다른 사람이 청소년을 돕는 방안도 염두에 두어야 한다. 예를 들어, 청소년과 가족 간의 관계에 문제가 있을 경우, 확대가족의 구성원이나 지역사회의 책임감 있는 성인이 청소년에게 긍정적인 역할 모델이 될 수 있다.

또한, 이러한 상황에서는 청소년의 정서적 발달에 필요한 지원을 제공해 줄 수 있는 다른 중요한 성인의 도움이 필요할 수 있다. 청소년의 건강한 성장을 위해서는 청소년의 발달과 관련된 요구사항을 충족시키는 것이 중요하기 때문이다. 이를 통해 청소년이 안정된 환경에서 성장하고 발전하는 데 도움을 주어 청소년의 복지를 향상시키는 데 기여할 수 있다.

(2) 학교

학교와 관련하여 청소년복지 프로그램을 개발할 경우 자원 활용, 학교폭력, 학업중단, 또래관계, 학업부진, 학생인권 등에 대해서 다음과 같이 염두에 두어야 한다(노병일 · 노대겸, 2019: 189-192).

① 자원 활용

학교는 다양한 인적, 물적 자원을 가지고 있다. 이 자원들은 학교 외부의 자원과 함께 협력하여 청소년이 겪는 문제를 예방하거나 해결하는 데 크게 도움이 될 수 있다. 특히 취약한 청소년들에게는 이런 자원이 큰 도움이 될 수 있다. 따라서 청소년복지 전문가는 학교 내외의 다양한 자원을 활용할 수 있도록 도움을 주어야 한다.

② 학교폭력

학교폭력은 피해자인 청소년에게 매우 부정적인 영향을 미친다. 폭력을 행하는 청소년은 나중에 사회에서도 폭력을 행하는 경향이 있다. 따라서 청소년복지 전문가는 학교폭력 가해자와 피해자 모두에게 개입하고, 폭력 문제를 근본적으로 해결하려는 노력이 필요하다.

③ 학업중단

학업중단은 청소년의 현재와 미래에 부정적인 영향을 미칠 수 있다. 학업중단은 갑작스럽게 일어나는 것이 아니라 점차적으로 진행되는 경우가 많다. 그래서 청소년복지 전문가는 활동 및 상담 등 관여하고 있는 청소년에게 학업중단의 조짐이 보이면 즉시 개입하고, 학교 교사나 사회복지사에게도 알려 청소년이 학업을 지속하도록 도와야 한다.

④ 또래관계

청소년에게 또래관계란 청소년기에 가장 큰 영향을 미치는 요인 중 하나이다. 따라서 청소년복지 전문가는 대상 청소년의 또래관계를 통해 정보를 얻거나, 청소년과 그의 친구들 사이의 관계에 주의를 기울여야 한다.

⑤ 학업부진

학습 영역은 청소년이 미래에 생산적인 사회구성원이 되기 위해서 매우 중요한 영역이다. 그러므로 청소년복지 전문가는 학교 교직원 및 학교 사회복지사와 협력해서 관련 서비스를 제공해야 한다.

⑥ 학생인권

청소년들은 학교에서 자신의 권리를 알거나 주장하는 데 어려움을 겪을 수 있다. 그래서 청소년복지 전문가는 청소년이 자신의 권리를 알고 이를 제대로 누릴 수 있도록 지원해야 한다. 이를 통해 그들이 건강하고 안전한 학교생활을 할 수 있도록 도와주어야 한다.

(3) 경제

청소년의 가정이 경제적으로 어려운 경우, 학습 영역, 신체적 영역, 가족돌봄 등에 대해서 다음과 같이 고려해야 한다(노병일 · 노대겸, 2019: 212-214).

① 교육

빈곤청소년이 교육을 계속 받는 것은 그들이 나중에 안정적인 소득을 얻고, 빈곤의 연속을 끊는 데 매우 중요하다. 따라서 청소년복지 전문가는 이들이 학교생활에 잘 적응하고 교육을 제대로 받도록 도와야 한다. 이를 위해 전문가는 교육의 중요성을 청소년에게 깨닫게 하고, 그들의 학교 활동과 성적을 지속적으로 모니터링해야 한다.

② 영양과 건강

빈곤청소년은 영양이 풍부하고 건강에 좋은 음식을 적게 섭취하거나, 이에 대한 관심이 부족할 수 있다. 이는 청소년의 신체적 · 정서적 발달에 부정적인 영향을 미칠 수 있다. 그래서 청소년복지 전문가는 청소년에게 영양과 건강의 중요성을 인식시키는 데 주력해야 한다. 특히 다이어트라는 명목으로 빈곤을 숨기려고 하는 청소년은 없는지 확인해야 한다.

③ 가족돌봄

청소년이 부모 역할을 하는 경우, 돌봄이 필요한 아동의 건강과 영양, 수유 등에 대한 기본 정보를 제공하고 필요한 지원을 해야 한다. 또한, 가족을 돌보는 청소년들은 교육, 놀이, 참여 등의 권리가 있지만 이를 충분히 누리지 못하는 경우가 많다. 이런 상황에서 청소년복지 전문가는 이들이 이러한 권리를 제대로 누릴 수 있도록 지원해야 한다. 이를 통해 청소년들이 건강하고 안전한 환경에서 성장할 수 있도록 돕는 것이 중요하다.

(4) 장애

장애를 가진 청소년을 위한 복지 프로그램을 개발하는 경우, 학대, 정신건강, 가족, 관계 형성 그리고 자립 등을 다음과 같이 염두에 두어야 한다(노병일 · 노대겸, 2019: 245-252).

① 학대

장애청소년들은 학대를 겪을 수 있으며, 그들 스스로 학대를 당하고 있다는 사실을 인지하지 못할 수 있다. 따라서 청소년복지 전문가는 장애청소년이 학대를 당하는지를 주의 깊게 살펴보고, 그들의 가족에게 장애청소년이 타인이나 주변 사람들로부터 학대를 받지 않도록 교육하는 것이 필요하다.

② 정신건강

장애청소년들은 정신건강 문제에 취약하며, 이는 그들이 청소년기에서 성인기로 전환하는 과정에 중요한 역할을 한다. 따라서 청소년복지 전문가는 장애청소년들이 좋은 정신건강을 유지하도록 돕는 것이 중요하다.

③ 가족

장애청소년의 가족은 그들을 가장 잘 이해하며, 가장 가까이에서 지원할 수 있는 사람들이다. 그들은 장애청소년이 안정된 환경에서 자립하도록 지원하는 활동을 장려하고 지원해야 한다. 청소년복지 전문가는 장애청소년의 가족들이 그들의 활동에 함께 참여하고, 장애청소년 양육에 대한 어려움을 극복할 수 있도록 지원해야 한다.

④ 관계 형성

장애청소년의 형제, 친구, 그리고 다른 중요한 사람들은 그들의 건전한 발달에 중요한 역할을 한다. 그들과의 관계 형성은 장애청소년이 청소년기를 성공적으로 넘어가는 데 중요하다. 하지만 장애청소년이 이들과의 상호작용에 어려움을 겪을 수 있으므로, 청소년복지 전문가는 그들이 다양한 관계를 형성하도록 지원해야 한다.

⑤ 자립

장애청소년이 성인이 되면, 그동안 받던 서비스를 더 이상 받지 못하게 될 수 있다. 그들이 청소년기에서 성인기로의 전환을 원활하게 할 수 있도록, 청소년복지 전문가는 필요한 지원을 제공하고 적절한 서비스를 연결해 주어야 한다. 이렇게 함으로써 장애청소년이 성인으로서의 삶을 성공적으로 이어나갈 수 있도록 돕는 것이 중요하다.

(5) 성

성과 관련된 청소년복지 프로그램을 개발할 때 성과 관련된 정보 제공, 서비스 이용시 수치감과 두려움, 임신과 출산 등에 대해 다음과 같이 고려해야 한다(노병일 · 노대겸, 2019: 273-276).

① 성과 관련된 정보 제공

인터넷의 발달로 청소년들은 성에 대한 정보를 인터넷과 또래들을 통해 쉽게 얻는다. 그러나 이러한 정보는 과학적으로 검증되지 않았거나 오해를 불러일으킬 수 있다. 이로 인해 청소년들이 잘못된 정보에 기반한 성적 행동을 할 경우, 청소년뿐만 아니라 그들의 가족과 사회에도 부정적인 영향을 미칠 수 있다. 그래서 청소년복지 전문가는 청소년들에게 정확한 성에 대한 지식을 제공하는 성교육 프로그램을 주기적으로 실시해야 한다. 이때 이성 교제, 성병 전파, 임신 등에 대한 실질적인 교육이 중요하다.

② 서비스 이용 시 수치심과 두려움

청소년들은 성 관련 서비스나 프로그램을 이용하는 데 수치감이나 두려움을 느낄 수 있다. 이로 인해 청소년들이 그러한 서비스나 프로그램에 적극적으로 참여하지 않을 수 있으며, 이는 서비스나 프로그램의 효과를 떨어뜨릴 수 있다. 따라서 청소년복지 전문가는 청소년들이 수치감이나 두려움 없이 성 관련 서비스나 프로그램을 이용할 수 있도록 도와야 한다.

③ 임신과 출산

청소년이 원치 않게 임신할 경우, 청소년과 그들의 가족은 많은 혼란을 겪을 수 있다. 이런 상황에서 청소년과 가족들은 어떤 조치가 가장 좋은지 판단하기 어려울 수 있다. 그래서 청소년복지 전문가는 임신한 청소년이 출산할 때까지 건강을 유지하도록 전문적인 서비스를 제공해야 한다. 이를 위해 관련 기관과 협력하여 임신한 청소년이 출산 전까지 건강을 잘 관리하도록 돕는 것이 필요하다.

(6) 정신건강

정신건강과 관련된 청소년복지 프로그램을 개발할 때 우울 · 자살 · 중독 · 약물, 상태 파악, 전문가 연계, 심리적 · 사회적 지지, 가족 유대 등에 대해 다음과 같이 염두에 두어야 한다(노병일 · 노대겸, 2019: 297-296, 314).

① 우울, 자살, 중독, 약물

우울증, 자살 우려, 중독 문제, 약물남용 등은 자기 사랑이 부족한 청소년에게 흔히 발생하는 문제다. 이런 문제를 해결하기 위해 청소년복지 전문가는 청소년의 자존감을 높일 수 있는 프로그램, 예를 들어 자기애 향상 프로그램을 실시해야 한다. 이 프로그램에서는 친한 친구가 어려움을 겪고 있으면 그 친구를 잘 대해주고 잘 보살펴주는 것처럼, 자기 자신을 잘 대해주고 잘 보살펴줄 것을 크게 장려하고 있다.

② 상태 파악

청소년의 정신건강 상태를 정확히 파악하는 것은 청소년의 건강한 정신건강 유지에 있어서 중요한 첫걸음이다. 이를 위해 청소년복지 전문가는 청소년의 정신건강 상태를 주기적으로 점검하고, 이를 바탕으로 필요한 서비스를 제공해야 한다. 또한, 초기 단계에서 정신건강이 취약한 청소년을 식별하고, 이들을 적절한 전문가에게 연결시키는 것이 중요하다.

③ 전문가 연계

정신건강 분야에서는 전문적인 지식을 가진 전문가의 역할이 매우 중요하다. 청소년복지 전문가는 지역사회의 정신건강 전문가와의 협력을 통해 청소년에게 필요한 자원을 확보하고 이를 효과적으로 활용해야 한다.

④ 심리적 · 사회적 지지

청소년에게 심리적 및 사회적 지지를 제공하는 것은 그들이 건강한 정신건강을 유지하는 데 큰 도움이 된다. 청소년복지 전문가는 학교나 지역사회에서 청소년이 받을 수 있는 심리적 · 사회적 지지를 최대한 확보하도록 노력해야 한다.

⑤ 가족 유대

가족은 청소년의 삶에서 중요한 역할을 한다. 특히, 가족과의 끈끈한 유대감은 청소년의 정신건강을 유지하는 데 큰 도움이 된다. 따라서 청소년복지 전문가는 청소년과 가족 간의 유대감을 강화하는 데 도움을 주어야 한다.

(7) 진로

진로와 관련된 청소년복지 프로그램을 개발할 때 정신건강 지원, 진로 정보 제공, 아르바이트 지원, 진로 교육 및 멘토링 등에 대해 다음과 같이 염두에 두어야 한다.

① 정신건강 지원

우리나라에서는 경쟁을 특히 강조하고 있다. 이런 탓에, 우리나라에서 청소년의 자살생각은 성적이나 진학에 대한 부담과 크게 관련되는 경우가 많다. 그러므로 청소년복지 전문가는 싱직이나 진학 등과 관련된 부담 때문에 나타나는 심리적 불안감을 줄이는 프로그램을 청소년에게 자주 실시할 필요가 있다.

② 진로 정보 제공

청소년들은 다양한 진로 옵션에 대한 충분한 정보를 갖지 못하고 있을 수 있다. 청소년복지 전문가는 청소년들이 자신의 흥미, 능력, 가치관에 맞는 진로를 선택할 수 있도록 다양한 진로 정보를 제공해야 한다. 이는 직업 탐색, 대학 및 전문학교 입학 정보, 장학금 정보 등을 포함할 수 있다.

③ 아르바이트 지원

아르바이트는 청소년들이 직업 세계에 대한 첫 경험을 쌓고, 진로에 대해 고민해볼 수 있는 기회를 제공한다. 그러나 청소년들이 안전하고 합법적인 아르바이트를 찾는 데 어려움을 겪을 수 있다. 청소년복지 전문가는 청소년들이 합리적인 시급과 근무조건을 제공하는 아르바이트를 찾도록 도와야 하며, 필요한 경우 청소년 노동 법률에 대한 교육도 제공해야 한다.

④ 진로 교육 및 멘토링

청소년복지 전문가는 청소년들이 자신의 장래에 대해 명확하게 이해하고 계획할 수 있도록 진로 교육 프로그램을 제공하거나 멘토를 연결해 주는 역할도 수행한다. 이는 청소년들이 자신의 장래에 대한 비전을 구체화하고, 그 비전을 실현하기 위한 목표를 설정하는 데 도움이 된다.

(8) 다문화

다문화와 관련된 청소년복지 프로그램을 개발할 때 정체성 인식 지원, 다문화 교육 제공, 외모지상주의 대응, 다문화청소년지원 네트워크 구성 등에 대해 다음과 같이 염두에 두어야 한다.

① 정체성 인식 지원

다문화청소년들은 자신의 정체성을 혼란스럽게 느낄 수 있다. 그들은 자신이 속한 문화와 살아가는 사회의 문화 사이에서 갈등을 느낄 수 있으며, 이는 그들의 자아정체성 형성에 영향을 준다. 청소년복지 전문가는 이러한 청소년들이 자신의 정체성을 이해하고 받아들일 수 있도록 도와야 한다. 이는 그들의 문화적 배경을 이해하고, 그 배경을 통해 자신의 정체성을 인식하고 존중하는 데 도움이 된다.

② 다문화 교육 제공

다문화청소년들은 자신의 문화적 배경을 이해하고 인정받는 것이 중요하다. 청소년복지 전문가는 청소년들에게 그들의 문화적 배경에 대한 교육을 제공하고, 그들이 자신의 문화를 자랑스럽게 생각하도록 도와야 한다. 또한, 그들이 다른 문화를 이해하고 존중하는 능력을 기르는 것도 중요하다.

③ 외모지상주의 대응

외모지상주의는 청소년들이 자신의 정체성과 자존감을 혼란스럽게 만들 수 있다. 특히 다문화청소년들은 사회적인 외모 기준에 부합하지 않을 수 있어, 이로 인한 부정적인 영향을 받을 수 있다. 청소년복지 전문가는 이러한 외모지상주의에 대한 교육을 제공하고, 청소년들이 자신의 외모에 대해 건강한 자존감을 가질 수 있도록 도와야 한다.

④ 다문화청소년 지원 네트워크 구성

청소년복지 전문가는 다문화청소년들이 서로의 경험을 공유하고 서로를 지원할 수 있는 네트워크를 구성하는 데 도움을 줄 수 있다. 이는 그들이 자신의 문제와 갈등을 공유하고, 서로의 문화를 이해하고 존중하는 데 도움이 된다.

2) 청소년복지 프로그램 개발 시 유의사항

(1) 낙인

낙인(stigma)이란 어떤 사람 또는 집단에 대한 심한 편견으로 그들에게 부당하고 매우 부정적인 내용을 담은 표식을 말하며, 낙인찍음(stigmatization)

은 그러한 표식이 찍힌 개인 또는 집단을 소외시키고 배척하는 행위를 말한다. 낙인 경험이란 특정 상황 때문에 겪었던 부정적인 경험(편견, 차별, 부정적 느낌 등)이다(김수미 · 정경은, 2013: 33).

청소년이 경험하는 사회적 낙인에는 선입견, 편견, 무시 등이 있다. 사회적 낙인을 경험한 청소년은 수치심, 좌절감, 분노, 낮은 자아존중감 등으로 이어져 부정적인 자기개념을 형성하게 된다(박지원 · 문성호, 2020: 7).

낙인은 낙인을 경험한 청소년뿐만 아니라 낙인찍음을 한 청소년에게도 부정적 영향을 미친다. 청소년들의 경우 미래사회를 이끌어갈 세대로서 소수자 집단에 대한 부정적 인식을 유지하고 강화하게 된다면 미래에 한국의 사회적 갈등을 조장하게 되어 심각한 문제가 초래될 수 있다(김수미 · 정경은, 2013: 33).

따라서 청소년복지 프로그램을 개발할 때 낙인이 발생하지 않도록 주의할 필요가 있다.

(2) 시책일몰제

시책일몰제는 예산일몰제, 정책일몰제, 업무일몰제 등 다양한 이름으로 불린다. 예산낭비 방지 및 행정효율화를 위한 방안으로 점차 확대되는 추세이다. 시책일몰제는 자치단체가 시행하는 시책이 정책환경 및 주변 여건의 변화로 인하여 그 실효성이 현저히 떨어져 실익이 없을 경우 이를 폐지하여 행정능률을 높이고 예산낭비 요인을 없앰으로써 행정의 효율성을 높이고자 하는 사업이다. 여기서 시책은 자치단체가 결정하여 집행하거나 시행하고 있는 모든 예산 · 비예산의 시책, 제도 및 사업을 말한다. 일몰이란 심의 및 의결에 의한 시책의 폐지를 말한다(이성현, 2022.7.19).

복지 프로그램들은 지방자치단체 등에서 예산을 지원받아 운영되는 경우가 많다. 그러다가 시책일몰제에 의해 예산이 중단되면 해당 프로그램에 대한 수요가 있음에도 중단할 수밖에 없게 되는 경우가 있다. 따라서 복지 프로그램에 대한 예산지원이 중단될 수도 있다는 것을 알고, 이에 대한 계획이 필요하다.

(3) 역차별

역차별은 소수집단이나 취약계층에 대한 보호조치로 인해 야기되는 주류집단에 대한 차별을 나타내는 용어이다. 즉, 역차별은 이전에 차별을 받았던 것으로 알려진 집단에 속한 개인을 우대하는 관행이나 정책을 말한다(Tryfonidou, 2009: 17).

한국사회에서 차별과 역차별 논쟁은 주로 지역, 성별, 세대 및 계층 간 차이에서 기인하였다. 최근에는 이주민에 대한 편견이 주요 사회갈등의 요소로 대두되면서, 이주민에 대한 우대가 일반 국민을 역차별한다는 주장이 제기되고 있다. 특히 다문화가족이나 북한이탈주민가족에 대한 지원이 저소득층이나 한부모가족, 장애인 등과 같은 기존의 취약계층에 비해 과도하게 선주민에 대한 역차별을 야기한다는 지적이 존재한다. 이러한 역차별 논란은 인식에서 비롯된다고 할 수 있다. 역차별 인식은 소수집단이나 취약계층을 우대하는 관행이나 정책으로 인해 주류집단이 낮은 평가나 지위, 혜택을 받는다는 개인의 인식이라 할 수 있다(설진배 · 김혜원, 2022: 126).

따라서 청소년복지 프로그램을 개발할 때 역차별 인식이 발생하지 않도록 주의할 필요가 있다.

5 청소년복지 프로그램 사례

1) 학교 밖 청소년복지 프로그램 사례[4)]

(1) 사업명

• 평생직업교육 지원사업

(2) 사업소개

지역 내 학교 밖 청소년들을 대상으로 진로설계 프로그램을 진행하여 진로상담, 동기부여, 직업 전 훈련 등을 지원하고 직업교육 프로그램으로 자격과정을 개설하여 자격증 취득을 통한 학교 밖 청소년의 역량 강화를 도모한다.

또한, 지역 내 학교 밖 청소년의 실태 및 욕구조사를 바탕으로 ○○시 내 학교 밖 청소년들의 욕구와 관련 정책들에 대한 현황 파악 및 유관기관과 지자체에 협력을 촉구할 수 있는 발판을 마련한다.

(3) 사업기간

• ○○년 9월 1일~○○년 12월 31일(4개월)

4) 사랑의열매(2022). 2021 사랑의열매 배분사례집. pp.114-119.

(4) 사업대상

- ㅇㅇ시 관내 만 9세 이상 24세 미만의 학교 밖 청소년 96명
- 유관기관 담당자 50명

(5) 기획배경

ㅇㅇ시 학교 밖 청소년은 점차 증가하는 추세이다. 이러한 학교 밖 청소년을 대상으로 ㅇㅇ시 상담복지센터에서는 학교 밖 청소년 대상 심리상담 지원 프로그램을 담당하고 ㅇㅇ대학교에서는 ㅇㅇ년 교육부 지원사업으로 평생직업교육을 진행했으나 3년 뒤에 종료되었다. 이에 ㅇㅇ사회복지공동모금회 한국토지주택공사 지정기탁사업을 통해 학교 밖 청소년들의 욕구가 높은 평생직업교육 프로그램을 지원하고 유관기관과의 연계를 통해 학교 밖 청소년을 위한 지원체계를 구축하여 지속 가능한 사업으로 확대하였다.

(6) 성과목표

- 진로상담을 통한 자아 정체감 향상
- 평생직업교육 이수를 통한 취업능력 향상
- 지원체계 구축을 통한 학교 밖 청소년에 대한 인식 개선

(7) 프로그램 세부내용

세부 사업명	추진내용	산출 목표	산출 결과	시행 시기
진로설계	• 진로상담 – 참여자 모집홍보(ㅇㅇ교육지원청, ㅇㅇ시 청소년상담복지센터 연계)	10회	10회	11월

	• 진로설계 특강 – 참여자 모집홍보(○○교육지원청, ○○시 청소년상담복지센터 연계)	5회	5회	
평생직업 교육	• 바리스타 2급 – 참여자 모집홍보(○○교육지원청 연계) 및 개별 유선OT 진행 – 자격과정 강의 및 실습 진행 – 자격과정 시험 응시 – 사전/사후 취업능력 향상 평가	주 2회, 4주 진행 9명x8회= 72명	70명	10~11월
	• ITQ 자격증반 – 참여자 모집홍보(○○시 청소년상담복지센터 연계) 및 개별 유선OT 진행 – 자격과정 강의 및 실습 진행 – 자격과정 시험 응시 – 사전/사후 취업능력 향상 평가	주2회, 5주 진행 12명x10회= 120명	113명	10~11월
	• 운전면허 자격증반 – 참여자 모집홍보(○○시 청소년상담복지센터 연계) 및 개별 유선OT 진행 – 교육업체 선정(지역 내 기관 발굴) – 자격과정(학과, 기능, 도로과정) 진행 – 자격과정 시험 응시 – 사전/사후 취업능력 향상 평가	7회 진행 12명x7회= 84명	84명	10~12월
지원체계 구축	• 업무협약식 – 4자 업무협약기관 선정(○○시, ○○교육지원청, ○○대학교, ○○시 지역사회보장협의체 – 협약식 추진 및 좌담	1회	1회	10월
	• 실태조사 – 실태조사 TF님 구성(○○대학교 연계) – 실태조사 설문지 문항 구성 회의 – 조사대상자 모집(○○시 청소년상담복지센터 연계) – 온라인 실태조사 실시 – 실태조사 분석 및 결과보고서 작성 – 자료집 편찬 및 배부	학교 밖 청소년 100명, 1회 진행	62명	10~12월
	• 포럼 – 유관기관 홍보(○○교육지원청, ○○대학교, ○○시 청소년상담복지센터 등) – 온라인 포럼 개최 홍보(유관기관 홍보) – 자료집 제작 및 유관기관 배부 – 온라인 포럼 진행	1회	1회	12월

(8) 사업의 성과

성과목표	성과지표	평가결과
진로상담을 통한 자아정체감 향상	자아정체감 향상 설문조사	• 설문조사결과(진로설계 특강) – 진로 및 직업에 대한 이해 향상, 나에 대한 이해 향상, 진로에 대한 계획수립 동기 유발, 직업설계에 적극 참여 가능성 모두 83%의 만족도로 응답
	상담효과 조사	• 상담효과 조사결과(진로 상담) – 참여자 개별 상담을 진행한 결과 자기 이해 및 확장, 생각과 행동 정리, 전략 수립 등에 구체적인 도움이 되었다는 소감을 통해 자아정체감 향상 목표 달성
평생직업교육 이수를 통한 취업능력 향상	진로성숙도 10% 향상	• 진로성숙도 결과 – ITQ과정 9.9% / 운전면허 과정 6.2% / 바리스타 과정 17.5%
	자아정체성 10% 향상	• 자아정체성 결과 – ITQ과정 15.8% / 운전면허 과정 4.8% / 바리스타 과정 6.3%
지원체계 구축을 통한 학교 밖 청소년에 대한 인식개선	학교 밖 청소년지원체계 강화를 위한 학교 밖 청소년지원사업 욕구조사	• 학교 밖 청소년지원체계 강화를 위한 학교 밖 청소년지원사업 욕구조사결과 – 학업중단 시기 및 중단 이유를 고려한 사전 예방 필요 – 학교 밖 청소년들이 또래관계를 형성할 수 있는 기회와 멘토링 등을 활용한 학업지원 등의 방안 마련 필요 – 지역사회 청소년 간 다양한 교류 · 연합 활동 확대 – 지역대학 및 청소년 유관기관 간 공동사업 개발 및 확대 – 학교 밖 청소년을 위한 맞춤형 지원사업 확대 강화
	학교 밖 청소년의 지원체계 강화방안 연구포럼 관찰조사	• 학교 밖 청소년의 지원체계 강화방안 연구포럼 관찰조사 – 통합적 원스톱 제고를 위한 연계기관 구축 강화 – 지자체의 협력 및 인센티브 확대 – 학업중단 이후 유형을 고려한 차별화된 프로그램 개발 – 취업 후 노동 인권 교육 필요 – 학교 안, 밖의 협업체계 구축

(9) 영향력 및 기여도

코로나 19로 인해 더욱 위축되어 있던 시점에 지역 내 학교 밖 청소년들 역시 심리적으로 침체기를 겪고 있었으며 새로운 것에 도전하고자 하는 의욕이 현저히 낮았다. 사업 초기에 직업교육에 대한 수요를 파악하여 가장 욕구가 높은 강좌 개설 및 수강한 결과 96%의 높은 출석률을 보였으며 자격증 취득으로 이루어졌다. 이를 통해 지역 내 취업 역량 강화, 가정 내 경제적 부담의 완화와 잠재 인력 양성에 이바지하였다.

지역 내 학교 밖 청소년의 실태 및 욕구를 조사함으로써 ㅇㅇ시 내 학교 밖 청소년들의 욕구와 관련 정책들의 현황을 파악할 수 있다고 향후 구축되어야 할 지원체계와 관련 정책들에 대해 유관기관 및 지자체에 협력을 추구할 수 있는 발판이 마련되었다.

(10) 향후계획

본 사업에서 실시한 실태조사에 의하면 학교 밖 청소년들은 학업중단 이후 주변 사람들의 선입견, 편견, 무시 등을 경험하였고, 미래에 대한 불안과 막막함, 가족과의 갈등, 외로움, 소외감 등의 심리 · 정서적 어려움을 겪고 있다. 이에 사업에 참여하고 있는 학교 밖 청소년들이 당당히 자신의 몫을 해내고 있음에 대한 긍정적인 이미지 및 사회적 인식개선을 위해 지역자원 및 연계 기관들과 함께 다양한 홍보 전략을 활용할 예정이다. 또한 학교 밖 청소년들이 또래관계를 형성할 수 있는 기회 제공하고 청소년들을 위한 공동 프로그램 개발 및 추진을 통해 연차별 프로그램을 추진할 예정이다.

청소년 유관기관(청소년수련관, 청소년문화의집 등) 및 지역 내 사업체와 연계, 협력으로 다양한 프로그램 기획, 개발 및 취업으로 연계하기 위한 시대의 흐름을 반영하고 학교 밖 청소년의 욕구 맞춤형 지원사업을 추진하여 강화할 계획이다.

2) 시설 퇴소 청소년복지 프로그램 사례[5)]

(1) 사업명

- 아동공동생활가정(그룹홈) 퇴소 청소년의 지역사회 정착을 위한 자립훈련 지원사업 '어깨동무'

(2) 사업소개

- 자립아동 실태를 파악하고 데이터를 구축하며 자립에 대한 욕구를 파악함으로써 아동발달 및 환경에 맞는 자립지원을 이루는 사업이다.
- 자립 전담요원을 배치하여 상담, 정보제공, 자립지원에 대한 성과를 관리하며 퇴소 전/후 아동들의 자기표현력 및 자기주도성을 강화하여 자립지지체계 마련을 위한 자립훈련 지원사업이다.

(3) 사업기간

- 00년 11월 1일~01년 10월 31일(12개월)

(4) 사업대상

- 그룹홈 보호 종결 아동 14명
- 그룹홈 보호 종결 예비아동 중 미디어분야에 관심이 있는 아동 25명

5) 사랑의열매(2020). 2019 사랑의열매 배분사례집. pp.54-58.

(5) 기획배경

자립전담요원 배치기준에 의하면 아동양육시설은 현재 230여명, 가정위탁은 20명이 배치된 반면 공동생활가정은 필요인원이 전무한 상황이다. 양육시설 및 가정위탁의 경우 2012년부터 배치가 시작됨에 따라 시설 내 자립의 필요성에 대한 의식이 자리 잡혔으며 프로그램 또한 정착되고 있다. 그러나 여전히 배치가 되지 않은 공동생활가정의 아동은 자립에 불리한 상황에 놓여 있다.

(6) 성과목표

- 아동공동생활가정 유형에 맞는 자립지원모델 구축
- 퇴소 전 아동의 자기표현력 및 자기주도성 강화
- 퇴수 후 아동의 자립 지지체계 마련

(7) 프로그램 세부내용

	추진내용	산출 목표	산출 목표 결과	시행시기
자립전담 요원 배치	• 자문위원단을 구성하여 자문회의 진행 • 그룹홈 종사자 대상으로 사업 공유회 • ○○그룹홈 대상으로 자립관련 연구조사 · 워크숍 • ○○ 자립아동 데이터 구축	8회	15회	11월~12월, 익년 1월~5월, 7월, 9월
퇴소 전 아동 지원	• '미디어분야'에 대한 4박5일 교육 진행 • 창작물 발표/전시회 진행	1회	1회	7월~8월
퇴수 후 아동 지원	• 당해 퇴소 아동 사례관리 • 당해 퇴소 아동 퇴소 초기 정착금지원 • 자문위원단 개별사례회의 진행	60회	56회	1월~10월

(8) 사업의 성과

구분	성과지표	평가결과
아동공동생활가정 유형에 맞는 자립지원모델 구축	• 자립아동 데이터 구축 • 자립전담요원 역할 수립	• 자립아동 그룹홈 현황 파악 및 자원연계 실시 • 워크숍을 통한 연구조사 실시/대상자별 연구조사 실시
퇴소 전 아동의 자기표현력 및 자기주도성 강화	• 교육 참여율 및 만족도 조사 • 제작 결과물 및 참여수기	• 미디어 교육 4박5일 숙박교육으로 25명 참여 • 선호분야별 교육: 방송영상계열, 미디어작품제작 · 기획계열, 엔터테이너분야 등 체험 및 현직직업전문의 직업현장이야기, 현실적인 조언과 전망 등 소통형 진로토크 진행 • 직업 창작물 제작/발표: 3분 영화, 광고, 다큐, 뉴스, 더빙, 음반, 뮤비 등 총 5개조 발표 및 시상회 진행
퇴소 후 아동의 자립 지지체계 마련	• 사례관리 및 요소별 지원내역	• 총 14명, 각 3회 이상 사례관리 실시/자립지원금 지원 • 아동별 개별 사례관리 파일 마련(사후관리계획서, 개별 사후관리일지, 사후관리 동의서 등) • 생필품지원 3회 실시 및 타 지원서비스 연계 및 정보제공은 SNS를 통해 안내

(9) 제한점

자립 전담요원이 전무하며, 자립 전담요원에 대한 이해도가 아동, 종사자 모두 부족한 상태에서 인터뷰를 실시하거나, 사례관리를 진행하기에 어려움이 있었다. 이에 사업에 대해 이해를 돕고자 사업 전 설명회, 사업홍보물 제작, 워크숍 진행 등 본 사업에 대한 홍보를 우선적으로 실시하여 위와 같은 장애요소를 제고하고자 하였다.

(10) 향후계획

본 사업을 통해 산출한 그룹홈 종사자들과 자립 전담요원 간의 역할 정의 및 자립아동의 욕구조사를 통해 향후 사업에 있어 자립 업무에 대한 종사자

소진을 예방하고 전문성을 향상시킴에 따라 자립요원과 같은 전문인력 미배치에서 오는 차별을 극복하고 자립에 대한 적절한 정보와 지원을 연결해 줌으로써 그룹홈 청소년 자립을 성공적으로 이끌어 갈 것이다.

3) 요보호 청소년복지 프로그램 사례6)

(1) 사업명

저소득 중학생의 방과 후 보호 · 학습지원 · 건강활동 · 진로체험 · 재능기부를 위한 사업 '푸르미 청소년 공부방'

(2) 사업소개

○○시에 거주하는 저소득 및 보호가 필요한 중학생을 대상으로 안정적인 장소를 제공해 보호 및 기초학습 능력을 향상시키고 체력증진활동을 통해 신체발달을 돕는다. 또한 재능배움활동 및 문화체험활동, 재능기부의 다양한 활동을 통해 나눔을 실천하고 자존감을 향상시킨다.

(3) 사업기간

- ○○년 1월~○○년 12월(12개월)

(4) 사업대상

- ○○시 거주 저소득 및 보호가 필요한 중학생 15명

6) 사랑의열매(2019). 2018 사랑의열매 배분사례집. pp. 94-97.

- 사업 담당자, 강사, 대학생 및 자원봉사자, 보호자, 친구

(5) 기획배경

10여년 전부터 ○○시의 지원을 받아 방과후 저소득 가정아동을 위한 공부방을 운영하였으나, ○○시 예산 운영의 어려움으로 지원 중단이 확정되면서 공부방을 이용하던 중학생의 지속적인 학습지원과 보호의 문제가 발생하였다. 공부방 운영에 대한 지원이 이어지지 않으면, 적게는 일 년 동안, 많게는 11년 동안 공부방을 이용했던 청소년들은 갈 곳이 없어져 보호를 받을 수 없고 방황을 하게 된다.

본 사업을 통해 꼭 보호받아야 하는 청소년들이 올바른 자아정체감을 형성할 수 있는 공간을 마련하고자 하였다.

(6) 성과목표

- 안전한 공간으로의 인식 변화
- 기초학습능력 향상
- 신체활동을 통한 체력증진
- 재능배움활동 및 문화체험활동, 재능기부를 통한 자존감 향상
- 복지관의 긍정적 이미지 쇄신 및 사업홍보

(7) 프로그램 세부내용

구분	추진내용	결과	시행시기
방과후 청소년보호	• 지도교사를 통해 평일 16시부터 19시까지 공부방 운영을 통한 청소년보호 • 출석부 작성 및 개별 과정 일지 작성을 통한 일정 파악 • 보호 청소년에 대한 간식 지원(공부방 내, 1일 3시간 주5회)	216일 3,217명	2월~12월
교과목 학습지도 및 숙제지도	• 평일 16시부터 19시까지 사회복지사 및 자원봉사자를 활용한 교과목 학습지도 및 숙제지도	216일 3,217명	2월~12월
생일 축하합니다!	• 분기별 생일파티 및 선물 제공	4회/15명	3월~12월
칭찬합시다!	• 출석이 우수한 학생, 성적이 우수한 학생을 선발해 문화상품권 증정 • 문화체험 진행 후 감상문을 작성해서 프로그램당 3명씩 총 15명에게 문화상품권 증정	25명	7월~12월 (연4회)
문화체험활동	• 연2회 영화 관람을 통한 친목도모 및 문화체험 • 여름방학 기간 여름캠프를 통한 수상레저 활동 • 지역자원인 박물관 관람 • 겨울방학 기간 동안 스케이트장 방문	5회/75명	6월~12월
체력증진활동	• 프로그램 전 · 후 인바디 검사 • 연1회 보건소를 통한 영양교육 실시 • 연3회 볼링장 방문	6회/90명	4월~12월
재능배움활동 및 재능기부활동	• 석고방향제 만들기, 천연비누 만들기, 손 마사지 배우기, 빵 · 쿠키 만들기의 재능을 배움 • 요양시설, 종합사회복지관, 경로당 등에 직접 재능기부활동 • 봉사활동 시간인정을 통한 동기부여	7회/105명	9월~12월
진로 세우기	• 한국잡월드를 방문해 직무 및 직업체험 • ㅇㅇ대학교 캠퍼스투어 • ㅇㅇ진로교육센터와 연계해 MBTI 검사를 통한 성격 유형 파악 및 적성과 진로를 확인	3회/45명	7월~12월

(8) 사업의 성과

성과목표	성과지표	평가도구	평가결과
안전한 공간으로의 인식변화	• 방과 후 자체 안전사고 발생건수 연 3회 이하 • 참여 청소년의 60% 이상 안전한 공간으로 인식	• 교육환경 점검일지 • 만족도조사지	• 교육환경 점검일지를 통한 안전사고 발생건수 0건 목표달성 • 참여청소년 15명 중 기관이 안전한 곳이라고 인식하는가에 대한 설문에 대상자의 73%가 안전한 공간으로 인식
기초학습능력 향상	• 성적 15% 향상	• 학교평가 성적점수	• 학교에서 중학교 1학년은 시험 미실시 • 시험을 시행한 6명에 대해서만 평가함 • 1학기는 33% 향상, 2학기는 50% 향상되어 목표달성
신체활동을 통한 참여 청소년의 체력증진	• 신체발달지수 60% 향상	• 인바디 검사지	• 참여자의 87%가 체력 증진되어 목표달성
재능 배움 활동 및 문화체험활동, 재능기부를 통한 자존감 향상	• 재능배움 및 문화체험활동 프로그램 출석률 60% 이상 • 자아존중감 긍정적 변화	• 출석률 • 자아존중감척도 • 봉사소감문	• 재능배우기 4회 및 문화체험활동 5회 각각 출석률 100%로 목표달성 • 자존감 척도 점수 15명, 전체 점수 향상
기관의 긍정적 이미지 쇄신 및 사업홍보	• 연 3회 이상 보도자료를 통한 홍보	• 보도자료	• 사업 진행 후 기관 홈페이지를 통해 연 11회 사업진행 사진게재를 통해 사업을 홍보

(9) 영향력 및 기여도

- 저소득 청소년들을 2년 동안 지속적으로 공부방을 통해 보호될 수 있었다.
- 안전사고가 0건으로 보호자들에게도 아이들을 보호할 수 있는 안전한 공간이라는 인식을 제고할 수 있었다.

- 공부방을 통해 청소년들의 시험성적이 상승되고, 기초학습능력을 향상시키는데 도움이 된 것으로 나타났다.

(10) 향후계획

- 차년도부터 ○○시 지원으로 청소년 방과후 아카데미 중등부가 신설되어 본 사업을 유지할 수 있게 되었다. 또한 2회에 걸쳐 진행한 '진로 세우기' 프로그램에 청소년들의 참여 및 호응도가 높았으며, 지역 내 학교에서도 진로 프로그램에 대한 관심이 많아 저소득 중학생들의 자존감 향상과 진로탐색의 기회를 증대하기 위해 이를 심화하여 진행할 예정이다.

4) 다문화청소년 복지 프로그램 사례[7)]

(1) 사업명

- 이주배경청소년 건강검진 · 의료비 지원사업

(2) 사업소개

- 건강검진 및 의료 사각지대에 있는 이주배경청소년을 발굴하여 건강검진을 받도록 하고 적기에 치료를 받을 수 있도록 하여 건강권을 보장하는 사업이다.

7) 이주배경청소년 지원재단(2024). 2023년 사업활동보고서. pp.106-108.

(3) 사업기간

- 00년 10월 6일~01년 9월 29일(12개월)

(4) 사업대상

- 9~24세 이주배경청소년 256명

(5) 성과목표

- 건강검진을 통한 이주배경청소년 질병 조기발견 및 예방
- 비급여 진료 항목에 대한 이주배경청소년 의료비 부담 감소 및 경제적 부담 경감
- 미등록 이주아동, 난민 등 이주배경청소년 사각지대 발굴

(6) 프로그램 세부내용

구분	내용	지원현황	기간
건강검진 신청 · 접수	• 한국의학연구소 월 2회 명단 제출 • 신청기관 지원대상자 인솔 및 건강검진 실시	총 256명	10월~ 익년 1월
의료비 지원 신청 · 심의	• 의학전문가 섭외 및 심의를 통한 대상자 선정 • 심사기준표(치료의 시급성, 효과성 등)에 의거하여 선발 • 2개월 이내 치료 개시 후 치료결과(영수증) 및 의료지원 수기 작성	4회 17명	익년 1월~8월

(7) 사업의 성과

구분		인원(명)	비율(%)	합계
건강검진지원	국제결혼가정 자녀	46	18	256명 (100%)
	외국인가정 자녀	171	66.8	
	탈북배경청소년	39	15.2	
의료비지원	국제결혼가정 자녀	8	47	17명 (100%)
	외국인가정 자녀	8	47	
	탈북배경청소년	1	6	

생각해볼 문제

1. 프로그램이 낙인을 발생시키는 것은 아닐까?
2. 일몰제에 의해 지원받던 예산이 없어지면 내년에는 어떻게 사업을 수행할 것인가?
3. 청소년복지 프로그램으로 인해서 역차별이 발생하지는 않을까?

참고문헌

구혜영(2020). **청소년복지론(2판).** 신정.

김상곤, 최승희, 안정선(2012). **사회복지 프로그램 개발과 평가.** 학지사.

김수미, 정경은(2013). 다문화청소년의 낙인경험에 관한 연구. **청소년문화포럼, 34,** 27-49.

김태현(2019). **사회복지사라면 김과장의 프로포절처럼.** 어가.

노병일, 노대겸(2019). **청소년복지론.** 양성원.

박지원, 문성호(2020). 학교 밖 청소년의 사회적 낙인이 자아존중감을 매개로 진로장벽에 미치는 영향: 부모애착의 조절된 매개효과. **청소년문화포럼, 63,** 5-30.

사랑의열매(2019). 2018 사랑의열매 배분사례집.

사랑의열매(2020). 2019 사랑의열매 배분사례집.

사랑의열매(2022). 2021 사랑의열매 배분사례집.

설진배, 김혜원(2022). 공정성 인식이 다문화수용성과 역차별 인식에 미치는 영향. **융합사회와 공공정책, 16,** 2, 122-149.

여성가족부(2023). 2022 청소년백서.

이성현(2022.07.19). 나라살림백과: 시책일몰제. 모두의 나라살림(http://www.firiall.net/wiki/974).

이세형(2020). **청소년복지론.** 양성원.

이민홍, 정병오(2020). **사회복지 프로그램 개발과 평가(3판).** 양서원.

이주배경청소년 지원재단(2024). 2023년 사업활동보고서.

조성우, 안정선, 최승희, 김상곤(2018). **쉽게 배우고 바로 활용하는 사회복지 프로그램 개발과 평가.** 학지사.

천정웅, 김윤나, 이채식, 전경숙(2012). **청소년복지론.** 신정.

Tryfonidou, A. (2009). Reverse Discrimination in EC Law. Kluwer Law International.

CHAPTER

07 청소년 상담 프로그램

학습목표

1. 청소년 상담 프로그램의 정의를 알 수 있다.
2. 청소년 상담 프로그램의 효과를 알 수 있다.
3. 청소년 상담 프로그램의 특성을 알 수 있다.

핵심키워드

청소년 상담 프로그램, 집단상담 프로그램 개발 및 절차

청소년 상담 프로그램 개발을 시작하기 위해서 우선 청소년 상담 프로그램이 무엇인지 그리고 청소년 상담 프로그램의 특성을 아는 것이 필요할 것이다. 청소년을 대상으로 하는 효과적인 상담 프로그램을 개발하기 위해서 이에 대한 개념을 살펴본 후 청소년 상담 프로그램 개발 비결과 유의할 점을 다루고자 한다.

1 청소년 상담 프로그램의 정의와 필요성

1) 상담 프로그램의 정의

상담 프로그램을 이야기하기 전에 상담에 대한 정의를 살펴보고자 한다.

보통 상담이라고 하면 교사가 학생에게 이야기하는 것이나 친구에게 인생에 대해 조언하는 것, 은행원에게 금융 관련 이야기를 나누는 것 등을 모두 포괄하고 있다. 전문적인 수련을 받은 상담자가 상담하는 것 대한 정의는 다양하지만, 그중 상담을 정의 내린 것을 보면, 상담이란 도움이 필요한 사람과 도움을 줄 수 있는 사람 사이의 개별적인 관계를 통하여 새로운 학습이 이루어지는 과정으로 정의하였다(박성수, 1997). 또한, 상담이란 도움이 필요한 사람(내담자)이 전문적인 훈련을 받은 사람(상담자)과 대면관계에서 생활과정의 해결과 사고, 행동 및 감정 측면에서 인간적인 성장을 위해 노력하는 학습과정으로 정의하였다(이장호, 1991). 즉, 상담이란 전문적인 훈련을 받은 상담자와 심리적인 어려움을 경험하는 내담자가 상호작용하면서 내담자의 문제해결 및 행복한 삶을 영위할 수 있도록 돕는 과정을 의미한다고 하겠다.

내담자가 스스로 자신의 문제를 해결할 수 없어 심리적인 고통을 경험할 때 상담을 받게 된다. 일반적으로 청소년을 대상으로 하는 임상 장면에서 청소년이 상담을 받게 되면 집단상담을 제외하고 개인상담은 프로그램화하기보다는 초기, 중기, 후기와 같은 상담과정을 토대로 상담을 진행한다.

상담 프로그램은 이러한 상담과정을 프로그램의 형태로 체계화하는 것을 의미한다고 이해할 수 있다. 상담 프로그램이라고 하면 보통 집단상담을 생각할 것이다. 개인상담의 경우 초기, 중기, 후기와 같이 상담과정을 토대로 상담을 진행하기 때문에 개인상담은 인지행동치료와 같이 매뉴얼화된 경우보다 그렇지 않은 경우가 더욱더 보편적이다. 따라서 청소년 상담 프로그램을 집단상담으로 한정하여 서술하고자 한다.

상담 프로그램이란 "개인이나 조직의 심리적 발달과 성장에 초점을 두고 있으며, 이를 위한 활동의 구성원리는 개인의 자기 성장, 대인관계의 상호작용, 집단의 역동 등이다. 상담은 여러 회기로 구성되어 있고, 각 회기는 일련의 교육목표와 교육 내용이 포함되어 있으므로, 교육과정과 유사한 측면이 있지만 이를 구현하기 위한 활동의 구성원리는 심리적 흐름과 변호에 초점을 맞추어야 한다."라고 정의하였다(김창대, 2015). 또한, 집단상담을 한두 사람의 전문가 지도로 참여자의 상호관계성 역동을 토대로 하여 신뢰롭고 수용적인 분위기 속에서 개인의 태도와 행동의 변화 또는 한층 높은 수준의 개인 성장 발달 및 인간관계 발달의 능력을 촉진하려는 의도에서 이루어지는 하나의 역동적인 대인관계 과정으로 정의하였다(이형득, 1992). 상담 프로그램은 개인의 심리 문제 예방과 해결뿐만 아니라 변화와 성장에 방점을 두고 있다.

2) 상담 프로그램 개발의 필요성

일반적으로 내담자와 상담자가 상담을 통하여 성취하고자 하는 목표는 다음과 같다. 첫째, 내담자의 정서적 불편함을 감소시킬 수 있도록 조력하는 것이다. 둘째, 내담자의 행동이 바람직하게 변화하도록 돕는 것이다. 셋째, 성숙한 대처 기술을 향상하도록 돕는 것이다. 넷째, 대인관계를 개선하는 것이다. 다섯째, 합리적 의사결정을 촉진하고 내담자가 가진 잠재력을 발휘할 수 있도록 하는 것이다.

이러한 상담 목표를 성취하기 위해서 상담 프로그램을 개발한다면 다음과 같은 이점이 있을 것이다. 첫째, 내담자의 문제 유형별로 표준화된 상담 프로그램이 있다면, 상담자가 누구이든 프로그램을 숙지하면 내담자의 문제에 맞는 전문적인 개입을 할 수 있다는 점에서 유용하다고 할 수 있다. 둘째, 현실적으로 상담을 장기간 고비용을 들여서 받기 어려운 경우가 많아서 상담실 장벽이 높게 느끼는 경우도 많다. 상담 프로그램이 개발된다면 단시간 내에 상담에서 명확한 효과를 얻을 수 있어서 비용 면에서 부담이 줄어든다는 장점이 있다. 셋째, 내담자 맞춤형으로 다양한 상담 프로그램이 개발된다면 내담자도 상담을 통하여 어떠한 효과를 얻을 수 있는지 명확히 알 수 있다는 장점이 있다. 내담자들은 모호한 상담 효과보다 명확한 문제 진단을 통한 상담 효과를 알기를 원한다. 특히, 저자의 오랜 상담 경험을 비추어 보았을 때, 청소년 상담의 경우 부모는 자녀의 문제와 그에 맞는 구체적이고 명확하며 자녀에게 맞는 개입과 효과성을 알기를 원했다.

다음으로 집단상담이 어떤 측면에서 집단구성원을 도울 수 있는가에 대한 것이다. 즉 집단상담의 치료적 요인은 집단상담이 필요한 이유를 말해준다. 얄롬(Yalom)이 제시한 집단치료의 요인들은 총 11가지로 구체적인 내용은 다음과 같다.

첫째, 희망을 심어주기이다. 집단상담자는 집단상담의 효용성에 대하여 집단원에게 긍정적인 확신을 줌으로써 희망을 심어주는 것이 중요하다. 집단상담의 효과성에 대하여 희망에 차는 집단원은 그렇지 않은 집단원보다 집단상담 효과를 볼 가능성이 높다.

둘째, 보편성이다. 심리적 고통으로 집단상담에 참여한 집단원들은 자신만 끔찍한 경험으로 힘들거나 불안하다고 생각하며 참여하게 된다. 이들은 일상생활에서 타인과 유사한 감정을 경험한다는 것을 공유했던 경험이 없을 수 있다. 특히, 청소년의 경우 더욱 그럴 공산이 크다. 이럴 때 집단상담에서 나만 힘들다는 느낌이 사실이 아니라는 것을 알게 되는 것은 집단원에게 상당한 위로가 된다. 힘든 경험에 따른 부정적인 정서에 대하여 대부분 사람은 비슷하게 느낀다. 집단상담에서 청소년이 다른 집단원에게 자신의 부정적인 감정을 수용받은 경험은 아주 큰 치료적 요인으로 작용한다.

셋째, 정보전달이다. 정보전달은 집단지도자가 집단구성원에게 충고, 직접적 지도 등을 제시하는 것과 정신건강에 대한 교육도 포함된다.

넷째, 이타주의는 중요한 치료 요인이다. 집단원들은 주는 행동을 통해서 받게 되는데 누군가에게 자신이 필요하고 도움이 되는 존재라는 것을 확인할 수 있다.

다섯째, 초기 가족의 교정적 재현이다. 다양한 집단구성원들은 강한 정서, 경쟁적 감정, 친밀함 등을 경험함으로써 서로에게 중요한 가족과 공통점을 가진다. 집단원들이 가족 내에서 미해결된 경험이나 문제를 가지고 있으면 집단상담에서 재현될 수 있고 이것이 교정적으로 다시 경험된다면 충분한 치료 효과를 본 것이다.

여섯째, 사회화 기술의 발달이다. 집단상담은 축소된 사회라고 볼 수 있으므로 집단상담에 참여하게 되면 사회적 기술을 발달시키는 데 아주 효과적이며, 아예 사회성 기술 발달을 목표로 두고 진행하는 집단상담도 있다.

일곱째, 모방행동이다. 집단구성원들은 다른 집단원들을 모방한다. 집단원은 자신과 유사한 문제를 가진 다른 집단원들을 관찰함으로써 도움을 얻는다.

여덟째, 대인관계 학습이다. 청소년기는 또래가 중요해지는 시기로 또래와 긍정적인 상호작용을 통하여 친밀감을 유지하는 것이 그들의 중요한 발달과업이다. 대인관계 학습에 대한 치료 요인은 청소년들에게 아주 중요한 몫을 차지한다. 집단지도자는 집단원의 대인관계 양상을 관찰하여 그들이 보이는 갈등과 방어(예: 이상화, 동일시, 평가절하 등)에 대하여 면밀히 파악하여 교정적인 상호작용을 할 수 있도록 조력하는 것이 아주 중요하다.

아홉째, 집단응집력이다. 응집력은 집단원들이 집단에 남아 있도록 하는 모든 힘의 합이고 집단구성원들이 느끼는 집단의 매력이다. 집단응집력이 높을수록 '우리'를 강조하고 집단을 더욱 가치 있게 생각할 것이다. 그렇게 되면 높은 출석률과 참여, 집단원 간 상호지지를 할 가능성이 높다. 높은 응집력이 있는 집단에 참여한 집단구성원들은 자기 내면을 다른 집단원과 공유하고 수용됨으로써 인간적 접촉을 할 수 있게 된다. 이 경험은 매우 치료적이다.

열째, 정화이다. 정화는 정서를 개방하고 감정을 배출하여 해소하는 것을 의미한다. 정화가 치료 요인이지만 정화 자체만으로는 충분하지 않고 정화 이후 부정적 경험에 대한 인지적 학습을 한다면 더욱 치료적일 수 있다.

열한째, 실존적 요인들이다. 이것은 추가적 요인으로 집단구성원들은 서로 많은 지지를 주고받으며 상호작용하고 집단지도자의 지도를 받지만, 자신의 인생을 살아가는 방식에 대한 궁극적인 책임은 본인에게 있다는 것을 알게 된다는 것이다.

집단상담의 치료적 요인들

- 희망을 심어주기
- 보편성
- 정보전달
- 이타주의
- 초기 가족의 교정적 재현
- 사회화 기술의 발달
- 모방행동
- 대인관계 학습
- 집단응집력
- 정화
- 실존적 요인들

출처: Yalom (2001). 최신 집단정신치료의 이론과 실제.

2 청소년 상담 프로그램의 특성

1) 청소년의 시기별 특성

청소년기는 아동에서 성인으로 이행하는 과도기적 단계이다. 이 시기에 사춘기가 시작되어 신체적으로도 큰 변화를 경험하며, 자아정체성을 형성해 나가는 시기이기 때문에 심리적으로도 급격한 변화를 맞이하게 된다. 이 시기 동안 청소년들은 사회적이고 학업적인 도전에 직면한다. 이러한 변화는 청소년들에게 스트레스를 유발할 수 있고 정서적 문제로 이어질 수 있다.

청소년기 안에서도 시기를 초기(11~14세), 중기(14~17세), 후기(17~21세)로 구분할 수 있다. 시기에 따라 발달 특성이 다르므로 상담 프로그램을 개발할 때도 청소년의 시기별 발달 특성을 고려해야 한다.

우선 초기 청소년기의 특성을 살펴보면 다음과 같다. 초기 청소년기의 나이는 11세에서 14세 사이이며, 사춘기가 시작되면서 신체적 변화가 일어난다. 신체적 변화에 따른 불안정감을 경험하는 시기로 이러한 변화로 점진적으로 성숙한 신체를 형성해 나가게 된다. 신체적 성숙의 발달 속도는 개인차가 있지만 한 인간의 발달을 놓고 보았을 때는 급격한 신체적 변화가 일어나는 시기이므로 자기 신체 변화에 대해 낯섦을 경험할 수 있다.

그리고 중기 청소년기는 14세에서 17세에 해당하는 시기로 보편적인 청소년기에 가장 가까운 시기이다. 이 시기의 청소년들은 부모로부터 의존에서 벗어나 직접 세상을 경험해 보고 싶어 하면서 독립에 대한 욕구가 높아지는 시기이지만 동시에 독립에 대해 불안함을 경험하는 시기이다. 즉, 부모로부터의 개별화를 위한 과도기적 시기이기 때문에 부모와의 갈등이 가장 심한 시기이다.

마지막으로 후기 청소년기는 17세에서 21세로 이성에 관심을 가지고 이성과의 교제를 시작하며, 중기 청소년기보다 부모와의 갈등이 완화되고 성인으로의 준비하는 시기로 진로나 취업 등 미래에 대한 고민을 본격적으로 하는 시기이다.

청소년기 안에서도 초기 · 중기 · 후기로 구분하여 시기별 청소년 특징에 맞는 집단상담 프로그램 개발이 세분되어 이뤄져야 할 것이다. 공통으로 청소년 시기에 집단상담이 중요한 역할을 할 수 있다. 유사한 고민을 한 청소년들이 집단상담에 참여하게 되었을 경우, 서로의 경험을 공유할 수 있고, 집단원 간 상호작용을 통하여 자신만의 문제가 아님을 알고 불안이 낮아질 수 있을 것이다. 자신과 타인에 대한 이해를 높일 수 있고, 심리 문제를 건강한 방식으로 다룰 수 있는 경험을 할 수 있다. 자신의 문제를 건강하게 해결하고 극복한 경험을 한 청소년은 긍정적인 자아존중감을 형성할 수 있을 것이다.

2) 청소년 집단상담 프로그램

청소년 집단상담 프로그램은 청소년이 자신을 이해할 수 있고 타인과 건강한 대인관계를 형성하고 유지하면 긍정적인 자아정체감을 확립할 수 있도록 한다. 전반적으로 청소년의 건강한 성장을 돕는다.

(1) 대인관계 기술 향상

청소년들은 집단상담 프로그램에 참여함으로써 자신에 대한 이해가 높아지고 다른 집단원과의 건강한 의사소통을 통하여 공감 능력을 향상할 수 있고, 갈등 해결 기술도 습득할 수 있다. 이에 따라 사회성을 향상하게 시킬 수 있고 일상생활에 적용하여 청소년기에 중요한 또래와의 관계를 형성하고 유지하는 데 중요한 경험이 된다.

(2) 자아성찰

집단상담 프로그램에 참여함으로써 자신에게 초점을 맞추고 자신의 감정, 생각, 행동에 대하여 표현하고 성찰하는 경험을 할 수 있다. 이는 자신에 대한 이해도가 넓고 깊어지는 경험이 될 수 있으며, 정서 안정으로 연결될 수 있다.

(3) 긍정적 자아존중감 증진

청소년 집단원은 집단상담에서 또래 집단원과의 상호작용을 통해 정서적 지지를 주고받을 수 있다. 이러한 경험을 통하여 청소년 집단원은 긍정적인 자아존중감을 형성하고 증진시킬 수 있다. 또한 집단 내 소속감을 강화시킬 수 있고, 자신에 대한 긍정적인 인식을 심화시키는 데 중요한 역할을 한다.

(4) 문제해결 능력 향상

청소년들은 집단상담에 참여하여 집단원들의 다양한 문제 상황을 공유하며, 그에 대한 해결책을 모색할 수 있다. 이를 통하여 다른 집단원이 문제나 갈등 상황을 해결하고 다루는 것을 간접 체험하면서 학습할 수 있고, 스트레스를 관리하는 방법을 배울 수 있다. 이러한 경험은 이후 청소년이 일상생활에서 만나는 문제를 해결할 수 있는 토대가 될 수 있다.

3) 청소년 집단상담 프로그램 국내 저서 동향

2024년 5월 기준으로 청소년 집단상담 프로그램 출판된 저서와 연구들에 대한 동향을 살펴보고자 한다. 먼저 국내에 출판된 청소년 집단상담 프로그램을 다룬 저서를 살펴보자. 아래 〈표 7-1〉은 청소년 집단상담 프로그램 관련 저서들을 목록으로 제시한 표이다.

■ 표 7-1 청소년 집단상담 프로그램 관련 저서 목록

연번	제목	저자	출판	발행연도
1	청소년 집단상담 프로그램(2판)	김춘경, 박지현, 손은희 외	학지사	2021
2	청소년 집단상담 프로그램	유승희, 박지현, 손은희 외	학지사	2015
3	아동 청소년을 위한 집단상담 프로그램 실제: 공감을 위한 집단상담	김정일	양서원	2016
4	마음활동 집단상담 프로그램 – 어울림, 뻔뻔학애	채선기	학지사	2023
5	십오통활 집단상담 프로그램	한영주, 채선기, 김수진 외	학지사	2017
6	위기청소년을 위한 집단상담 프로그램	천성문, 함경애, 최희숙 외	학지사	2016

(1) 청소년 집단상담 프로그램(2021)

청소년 집단상담 프로그램은 시대적이고 사회적으로 시의적절하게 집필된 책이다. 왜냐하면 집단상담은 청소년기의 발달 특성을 토대로 청소년문제를 해소하는 데 효과적인 상담 개입이기 때문이다. 이 책은 2부로 구성되었으며, 제1부에서는 청소년 집단상담이론에 대하여 다루고 있고, 제2부에서는 8편의 청소년 집단상담 프로그램을 소개하고 있다.

(2) 청소년 집단상담 프로그램(2015)

이 책은 청소년 집단상담 프로그램에 대해 다룬 이론서로 기초적인 청소년 집단상담 프로그램 전반에 대하여 익힐 수 있다. 구체적으로 살펴보면, 청소년 집단상담의 기본 개념, 청소년 집단상담사의 자질과 기능, 청소년 집단상담의 발달단계, 치료적 요인 등에 대한 이론적인 내용을 다루고 있다. 또한 이 책의 후반부에는 불안, 스트레스 등을 주제로 한 구체적인 집단상담 프로그램을 소개하고 있다.

(3) 아동 청소년을 위한 집단상담 프로그램 실제: 공감을 위한 집단상담(2016)

이 책은 아동 · 청소년을 위한 집단상담 프로그램에 대해 다룬 개론서로 기초적인 집단상담 프로그램 전반을 학습할 수 있도록 구성되어 있다.

(4) 마음활동 집단상담 프로그램 - 어울림, 뻔뻔학애(2023)

이 책은 '어울림 프로그램'과 '뻔뻔학애 프로그램'으로 구성되어 있다. 먼저 '어울림 프로그램'은 청소년들의 대인관계 향상에 초점을 맞춘 집단상담 프로그램으로 '신체활동'과 '마음 활동'으로 구분되어 있다. '신체활동'은 '관심' '배려', '협동'으로, 마음활동은 '감정', '소통', '격려'로 구성되어 있다. 이를 통하여 진정한 친구에 대하여 자연스럽게 체득하게 되고, 친구와 진정한 대화를 할 수 있는 내용을 다루고 있다. 이는 자신의 감정이 중요하듯 타인의 감정 또한 중요하다는 사실을 깨닫는 과정을 다룬다.

한편, '뻔뻔학애 프로그램'은 학습 동기 강화와 진로 탐색에 초점을 맞추고 있다. '동기부여', '자기 이해', '의사결정'의 세 파트와 열 가지의 주제로 구성되어 있다. 공부하는 이유에 대한 답과 진로에 대한 깊이 있는 탐색을 통하여 학습과 진로를 연결하여 통합적이고 깊이 있는 자기 이해를 할 수 있도록 돕는다.

(5) 십오통활 집단상담 프로그램(2017)

이 책은 사춘기의 정점을 경험하는 중학교 시기를 의미하는 15세 청소년의 심리발달 이론과 사회학적 관점을 토대로 집필된 책이다. 이 책은 15세를 '자아정체성'을 확립해 가는 적기, 즉 두 번 다시 오지 않을 기회의 시기라는 관점을 기반으로 하고 있다. 따라서 15세 청소년들이 정상적인 과도기를 충분히 거치면서, 여유를 가지고 자신과 타인, 세상을 탐색할 수 있는 기회를 제공해야 한다는 원칙을 가지고 세부 프로그램 요소를 구성하였다.

위기청소년을 위한 집단상담 프로그램(2016)

이 책은 위기청소년을 대상으로 하여 상담 장면에서 효과적으로 접근할 수 있도록 문제행동을 유형별로 구분하였다. 낮은 자아존중감과 부정적인 자아개념을 가진 청소년의 문제를 예방 및 개입하여 지지체계의 역할을 수행하는 프로그램으로 구성되었다. 학교나 청소년 상담센터 등에서 위기청소년들을 만나는 상담자가 이 책을 토대로 손쉽게 운영이 가능하도록 집필되었다. 프로그램들은 총 10차시로 구성되었으나 현실에서 프로그램 운영 및 시간적 제한이 있을 때를 대비하여 선택해서 실시할 수 있도록 구성되어 있다. 이 책은 5개 장으로 구성되어 있다. 위기청소년의 이해와 그들을 위한 집단상담의 특징, 외톨이 청소년, 자해나 자살 행동, 학교폭력 가해의 문제행동, 그리고 스마트폰 중독 성향을 주제로 집단상담 프로그램이 구성되어 있다.

4) 청소년 집단상담 프로그램 국내 연구 동향

다음은 청소년 집단상담 프로그램 관련 논문 동향에 관한 내용을 살펴보고자 한다. 1987년부터 2024년까지 청소년 집단상담 프로그램을 키워드를 분석하여 워드 클라우드로 키워드를 한눈에 볼 수 있도록 시각화하였다. 핵심 키워드를 확인하기 위하여 키워드 빈도분석을 통하여 키워드 40순위까지를 〈표 7-2〉에 제시하였다. 키워드는 효과(232회), 진로(88회), 개발(79회), 연구(65회), 영향(52회) 등의 순으로 나타났다. 집단상담 프로그램의 경우 효과성을 검증하는 연구들이 대다수였던 것으로 파악된다. 또한 진로, 인터넷, 스트레스, 자기효능감, 조절 등과 같은 주제로 집단상담 프로그램을 진행했다는 것을 알 수 있었고, 청소년이 경험하는 다양한 심리 및 사회문제 중 앞서 기술한 주제들이 청소년이 주로 경험하는 어려움임을 파악할 수 있었다.

표 7-2 키워드 네트워크 출현 빈도 순위(40위)

순위	키워드	빈도	순위	키워드	빈도
1	효과	232	21	인터넷	26
2	진로	88	22	스트레스	24
3	개발	79	23	자기효능감	24
4	연구	65	24	심리	23
5	영향	52	25	조절	23
6	학교	48	26	검증	22
7	치료	46	27	증진	22
8	적응	44	28	비행청소년	21
9	중심	44	29	자아	21
10	향상	44	30	분석	20
11	메타분석	40	31	기반	19
12	자아존중감	38	32	대인관계	19
13	중독	32	33	아동	19
14	중학생	31	34	예방	19
15	활용	31	35	우울	19
16	대상	30	36	학업	19
17	자기	29	37	탐색	18
18	행동	29	38	부모	17
19	정서	28	39	정체	16
20	사회	26	40	고등학생	15

주요 키워드 사이에 동시에 출현하는 빈도수를 파악하기 위하여 UCINET 분석툴의 NetDraw 기능을 활용하여 동시 출현 네트워크를 분석하였다. 동시 출현 빈도가 높은 키워드는 '효과-분석'(52회), '효과-학교'(42회), '효과-개발'(41회), '메타분석-분석'(40회), '효과-자아'(40회), '효과-메타분석'(40회) 등의 순으로 나타났다. 동시 출현 빈도가 높은 상위 40위는 표 3에 제시하였다. 키워드 동시 출현 빈도 결과를 보면, 첫째, '효과'와 '분석', '학교' 등의 키워드가 동시에 출현하는 것으로 확인되었다. 둘째, '개발', '자아', 그리고 '메타분석' 등의 키워드가 동시에 출현하는 것으로 확인되었다.

이러한 결과가 시사하는 바는 청소년 집단상담 프로그램의 경우 집단으로 참여 가능하다는 점에서 학교 현장에서 실시되는 경우가 많고, 프로그램의 특성상 효과성을 분석하는 것이 당연한 절차이기 때문에 해당 키워드와 관련된 것들이 동시 출현하는 것으로 나타난 것으로 보인다. 또한 눈여겨 볼 것은 자아존중감, 학교, 적응, 인터넷, 자기효능감 등과 같은 주제로 집단상담이 이루어진 것으로 보이며 해당 주제들은 여전히 청소년기를 지나고 있는 이들에게 매우 중요한 요소임을 재확인할 수 있다는 데 의미가 있다.

표 7-3 키워드 동시 출현 빈도 순위(40위)

순위	키워드1	키워드2	빈도	순위	키워드1	키워드2	빈도
1	효과	분석	52	21	효과	중학생	20
2	효과	학교	42	22	효과	조절	20
3	효과	개발	41	23	효과	검증	20
4	메타분석	분석	40	24	중독	인터넷	19
5	효과	자아	40	25	효과	정서	19
6	효과	메타분석	40	26	효과	심리	19
7	자아존중감	자아	38	27	효과	감소	19
8	학교	적응	35	28	효과	인터넷	19
9	효과	자기	33	29	효과	사회	18

10	효과	치료	29	30	효과	대학생	17
11	효과	자아존중감	28	31	효과	자기효능감	17
12	효과	진로	28	32	학교	자아	17
13	효과	연구	28	33	개발	검증	17
14	효과	향상	27	34	개발	학교	16
15	효과	중심	26	35	영향	자아	15
16	효과	적응	26	36	영향	치료	15
17	효과	행동	24	37	효과	스트레스	15
18	자기	자기효능감	23	38	연구	중심	15
19	효과	대상	23	39	진로	성숙	15
20	효과	중독	22	40	진로	자기	14

3 청소년 집단상담 프로그램 개발 절차

청소년 집단상담 프로그램을 개발하기 위하여 김창대 등(2011)이 제안한 프로그램 개발 모형을 적용하여 청소년 상담 프로그램 개발 절차를 제시하고자 한다. 전체 개발 절차 단계는 다음 〈표 7-4〉와 같다.

■ 표 7-4 청소년 집단상담 프로그램 개발 절차

단계	세부과정	주요 내용
기획 단계	목표수립	자문을 통한 청소년 상담 프로그램 기획 및 목적 · 목표 설정
	문헌연구	개발하고자 하는 청소년 상담 프로그램 주제와 관련된 문헌 연구(정의, 특징 등) 국내외 청소년 상담 프로그램 특징 및 현황 분석 개발하고자 하는 청소년 상담 프로그램 시사점 도출
	요구분석	청소년 상담 실무자, 개발하고자 하는 주제의 전문가, 청소년 대상 요구조사 실시

<table>
<tr><td rowspan="2">구성 단계</td><td>모형개발</td><td>문헌연구와 요구분석 결과를 종합하여 프로그램 구성 및 운영 원리 도출</td></tr>
<tr><td>내용구성</td><td>청소년 상담 프로그램 구성요소, 주요 내용, 활동 내용 선정 및 조직화
회차별 세부목표와 활동 내용 개발
청소년 상담 프로그램 운영을 위한 강의용 교안, 활동 워크북 등 교구 개발</td></tr>
<tr><td rowspan="3">실시 및 평가 단계</td><td>예비연구</td><td>예비연구 실시를 위한 시범운영집단 계획
연구대상, 진행방법, 측정도구 등</td></tr>
<tr><td>평가 및 수정 · 보완</td><td>청소년 상담 프로그램 사전 및 사후 측정을 통한 효과성 검증
청소년 상담 프로그램 참가자 및 상담자 대상 만족도 분석 및 의견 분석
전문가 감수</td></tr>
<tr><td>개발완료</td><td>효과성 검증 결과와 참가자 및 상담자 의견, 전문가 감수 내용을 토대로 청소년 상담 프로그램 수정 및 개발완료</td></tr>
</table>

출처: 이귀숙, 장은희, 김은영(2016). 청소년 자살예방 프로그램 개발 및 적용효과에서 재구성함.

1) 기획단계

청소년 집단상담 프로그램을 기획하는 단계에서는 목표 수립, 문헌 연구, 그리고 요구분석을 통하여 개발하고자 하는 청소년 상담 프로그램에 대하여 프로그램을 실시하고자 하는 대상에게 효과적이고 구체적인 주제를 선정하고 그에 따른 목표를 수립한다.

(1) 목적 및 목표설정

① 청소년 집단상담 프로그램을 기획하기 위해서 우선 목적을 설정할 때 자문을 통하면 도움이 된다. 그리고 개발하고자 하는 청소년 집단상담 프로그램 목적은 집단상담을 계획하고 운영하는 데 있어서 길잡이 역할을 한다. 예를 들면, 청소년의 인터넷중독 경향성 감소, 청소년의 사회성 기술 향상과 같은 것이 집단상담의 목적이 된다.

② 목표는 목적을 실현하기 위한 구체적이고 평가할 수 있는 것으로 설정

해야 한다. 예를 들면, 청소년이 인터넷 사용 시간을 조절할 수 있다, 청소년이 친구에게 먼저 인사할 수 있다 등이 집단상담 프로그램 목적을 시행하기 위한 목표로 설정할 수 있다.

(2) 문헌연구

① 개발하고자 하는 청소년 집단상담 프로그램 주제와 관련한 변인의 정의, 특징, 동향 등에 대하여 국내외 논문, 보고서, 저서 등을 참고하여 내용을 종합한다.

② 개발하고자 하는 청소년 집단상담 프로그램에 대한 특징과 현황을 분석한다.

③ 청소년 집단상담 프로그램 변인과 해당 프로그램에 대한 문헌들을 구조화하고 정리하여 개발하려는 청소년 집단상담 프로그램의 시사점을 도출한다.

(3) 요구분석

① 요구분석은 프로그램을 개발하기 전에 관련 대상자, 지역사회, 그리고 기관 등이 해결해야 할 문제와 우선순위를 파악하는 활동으로 정의할 수 있다. 개발할 프로그램이 진정으로 가치를 가지고 해당 대상자에게 유용하려면 기획단계에서 요구분석을 실시해야 한다(김창대 등, 2011).

② 요구분석 대상으로는 청소년 집단상담 프로그램 참여자, 청소년 상담사, 청소년 상담 프로그램 주제와 관련된 전문가가 선정될 수 있다. 요구분석 방법으로 포커스그룹 인터뷰, 설문조사 등의 방법으로 실시할 수 있다.

2) 구성단계

(1) 모형개발

① 문헌 연구 분석 결과와 요구분석 결과 내용을 종합하여 청소년 집단상담 프로그램 구성과 운영 원리를 도출한다.

(2) 내용구성

① 집단상담 프로그램의 회기 수, 소요 시간, 횟수

집단상담 프로그램 회기 수는 집단상담 프로그램의 특성과 대상에 따라 달라질 수 있다. 보편적으로 특정한 목표를 이룰 수 있는 집단상담 프로그램의 경우 단기로 진행되며, 주당 1회, 8회기로 소요 시간은 80~90분 정도로 운영한다. 청소년의 경우 바쁜 일정을 생각했을 때 현실적으로 더 짧은 회기로 진행되기도 한다. 한편, 잘 형성된 집단일지라도 2시간이 지나게 되면 집단리더와 집단원들이 지쳐서 상담 효과가 감소할 수 있다.

② 집단상담의 크기

저자의 임상경험과 문헌에서 말하고 있는 알맞은 집단의 크기는 집단구성원의 수가 5~10명 정도가 가능하다. 집단원의 수가 3~5명 이하일 경우 집단 기능이 멈추거나 집단원 간 역동이 비교적 잘 일어나지 않을 가능성이 높아서 상호작용이 감소하여 집단상담 효과가 줄어들 수 있다. 이와는 반대로 집단원 수가 지나치게 많을 때 집단리더가 모든 집단원들을 다루기가 어렵고 주도적인 성격의 집단원만 참여하게 되어 소극적인 집단원은 소외될 수 있으므로 집단원 수를 고려하여 집단원을 모집하는 것이 바람직하다.

③ 집단상담 장소

집단상담을 대면으로 진행할 때 장소는 사적인 대화가 보장된 조용한 공간이어야 한다. 집단원들이 원형 테이블에 둘러앉아서 진행하거나 신발을 벗고 테이블이 없는 곳에서 둥그렇게 앉아서 진행할 수 있다. 집단상담자들은 보통 후자를 더 선호하는데, 그 이유는 집단원의 몸 전체를 볼 수 있고 비언어적 반응이나 앉은 자세의 변화를 관찰하여 집단에 활용할 수 있기 때문이다.

아울러 비대면 집단상담을 진행하는 때도 마찬가지로 집단원이 자신의 사적인 대화가 보장될 수 있는 안전한 장소에서 집단상담 프로그램에 참여할 수 있도록 안내한다. 청소년의 경우 보호자에게 이에 대한 안내를 충분히 하여 청소년이 비대면 상황에서도 상담에 신뢰하고 참여할 수 있도록 한다.

④ 집단상담 구성

집단 목적에 따라 동질집단으로 구성할지 이질집단으로 구성할지 결정한다. 인구통계학적인 분류에 따라 공유할 수 있는 집단을 동질집단이라고 하고 그렇지 않았을 때 이질집단이라고 한다.

⑤ 집단상담 형태

집단상담의 형태는 집단에서 목표하는 바에 따라서 개방집단과 폐쇄집단으로 구분하여 운영할 수 있다. 개방집단은 집단상담이 진행되는 동안 새로운 집단원을 받아들일 수 있어서 집단구성원들이 처음 그대로 유지되지 않는 특성을 가진다. 개방집단의 경우 집단원이 중도에 탈락하더라도 새로운 집단원이 들어올 수 있어서 집단이 적당한 인원으로 운영될 수 있다.

반면, 폐쇄집단은 보편적으로 6개월 이하로 진행되는 단기의 형태를 띤 집단상담이다. 집단상담을 시작할 때 모집된 집단원들이 집단상담이 마무리될 때까지 함께 참여하고 집단상담 중간에 새로운 집단원은 들어올 수 없다. 이에 폐쇄집단은 집단응집력이 강화될 수 있고 집단원과의 의사소통, 수용 등에 대하여 안정적인 상태로 운영될 수 있다는 장점이 있다. 하지만 집단의 크기가 작을 때 기능을 잘 할 수 없어서 안정성이 보장되면 진행하는 것이 좋다.

⑥ 집단 기능에 따른 집단

집단상담은 집단의 기능에 따라 구분할 수 있다. 교육 집단, 과업 집단, 성장 집단, 상담 집단, 치료 집단, 자조 집단, 그리고 지지 집단으로 구분해 볼 수 있다. 교육 집단은 집단원을 교육하기 위한 목적으로 하는 집단을 의미한다. 예를 들면, 생명존중 교육을 들 수 있다. 두 번째, 성장 집단은 집단원이 배우려는 동기를 가진 경우에 구성되는 집단을 의미한다. 예를 들면, 독서모임이 해당한다. 세 번째, 상담 집단은 자기 이해나 부적응 행동 극복을 도와주는 집단을 뜻하며 이를테면, 학교폭력 예방교육, 나를 알아가기 집단상담 프로그램 등이 포함된다. 네 번째, 치료 집단은 집단원이 치료를 필요로 하고 이를 통하여 변화를 꾀할 수 있는 집단으로 알코올중독 치료모임이 해당한다. 다섯 번째, 자조 집단은 집단원들 간 서로를 돕는 특성이 있는 집단으로서 재난이나 자살로 인한 유가족들이 모여서 집단을 만드는 경우이다. 여섯 번째, 지지 집단은 집단원들의 지지를 통해 대처 방법 공유 집단을 의미한다. 예를 들면, 마약중독치료를 받는 환자들이 모여서 서로 지지하며 치료를 위한 방법을 공유하며 서로에게 힘이 되어 주는 경우가 해당된다.

⑦ 평가 계획

집단상담을 평가하기 위해서 누가, 언제, 무엇을, 어떻게 평가할 것인지와 평가결과는 어떻게 처리할 것인지에 대한 구체적인 계획이 있어야 한다. 구체적인 계획을 토대로 해야만 그 집단상담이 효과적으로 운영되었는지 객관적으로 알 수 있다.

⑧ 공동 리더

공동 리더가 있으면 집단원 간 역동을 더욱 면밀하게 다룰 수 있고, 한 집단상담자가 직접 집단활동에 참여하거나 집단을 지도하는 동안 다른 집단상담자는 집단 전체를 객관적인 입장에서 관찰할 수 있는 장점이 있다.

(3) 청소년 집단상담 프로그램 계획서 작성

① 전체 회기의 계획

집단상담의 목적에 따라 적합한 집단활동을 구성하기 위해 기존 이론과 프로그램을 수집하여 다룰 필요가 있는 모든 주제에 대해 생각해야 한다.

집단활동을 구성할 때 집단상담자가 익숙하고 안정적으로 진행할 수 있는 것으로 한다. 집단원 간 상호작용을 감당할 수 있는지도 심사숙고해야 한다.

구조화 집단상담의 경우는 초기, 중기, 후기 시기별 특징을 고려하여 계획한다. 즉, 도입단계, 전개단계, 마무리단계로 구성된다. 도입단계는 집단원 간 이해와 신뢰감을 높이는 활동을 중심으로 배열한다. 전개단계는 목표를 성취하기 위한 활동과 문제해결을 위한 활동으로 구성한다. 마무리단계는 집단이 마무리되는 시기로 집단원 간 이별의 감정을 나누고 집단성과를 공유하며 실생활에 적용할 수 있는 활동으로 배열한다.

② 각 회차의 계획

각 회차를 계획할 때 집단상담자는 집단원들이 그 과정에 기꺼이 참여할 수 있는 상황을 제공하여 더욱 편안한 느낌으로 자기 탐색을 할 수 있도록 돕는 전략을 고민하여야 한다.

(4) 청소년 집단상담 프로그램 계획서 작성

① 집단계획서 작성

집단계획서는 집단의 목적과 필요성, 집단 대상, 집단 유형, 집단의 크기, 집단 일정, 장소, 집단원 수, 홍보 방법, 기대 효과와 평가가 기술되어야 한다. 기관에서 실시하면 예산 책정까지 포함되어야 한다.

② 집단상담 프로그램 계획서 예시

전체 집단상담 프로그램 계획서

<table>
<tr><td>프로그램명</td><td colspan="3">나를 찾아 떠나는 여행</td></tr>
<tr><td>기간 및 시간</td><td>총 4회기
회기당 2시간</td><td>대 상</td><td>고등학생 10명</td></tr>
<tr><td>목 적</td><td>자신의 적성 이해 및 진로 탐색</td><td>장 소</td><td>집단상담실</td></tr>
<tr><td>과 정</td><td colspan="2">상 담 내 용</td><td>비 고
(준비사항)</td></tr>
<tr><td>1회기</td><td colspan="2">오리엔테이션 및 자기소개</td><td rowspan="4"></td></tr>
<tr><td>2회기</td><td colspan="2">진로 탐색 검사 실시, 해석 / 워크숍</td></tr>
<tr><td>3회기</td><td colspan="2">진로 고민 나누기 / 자신의 적성 이해하기</td></tr>
<tr><td>4회기</td><td colspan="2">마무리(진로 선택, 계획 세우기)</td></tr>
</table>

집단상담 프로그램 세부계획서

회 차	진로개발을 위한 자아인식	날 짜	9월 4일(토)
시 간	15:00~17:00 (120분)	대 상	대학교 1-2학년 (20명)
목 적	1. 진로성숙의 기본 바탕인 자기이해를 증진할 수 있다.		

과 정	활 동 내 용	비 고 (준비사항)
소 개 (5분)	■ 강사 소개 ■ 집단상담 주제 및 활동 내용 설명 ■ 집단상담 규칙 안내하기	비대면 집단상담(Zoom) 실시를 위한 인터넷환경 확인, 심리검사 결과해석 파일
도 입 (15분)	■ 나의 정체성 찾기 • 지금의 나, 과거의 나, 미래의 나에 대한 소개 • 집단원 간 피드백 주고받기	
활 동 (90분)	■ MBTI 해석 및 유형별 활동 • 성격유형별 집단활동: 진로선택에 대한 가치관, 생각, 감정 나누기 • 집단원의 성격유형별 차이의 이해를 통한 타인에 대한 이해의 폭 확장을 이룩하여 자기이해 증진 ■ Holland 해석 • 심리검사 해석결과에 대한 요약과 소감 이야기와 집단원 간 피드백 주고받기 • 집단상담에서 보편성 확인을 통한 진로선택의 어려움 해소	
마무리 (10분)	■ 집단상담 집단원 간 피드백 및 마무리 • 집단상담 내용 요약 • 집단원 간 피드백 • 소감 나누기	

3) 청소년 집단상담 프로그램 실시 및 평가단계

(1) 예비연구

① 개발한 청소년 집단상담 프로그램이 효과적인지 검증하기 위해서 시범 운영을 계획할 필요가 있다. 먼저 참여할 연구대상을 실험집단과 통제 집단을 구분하여 선정한다.

② 두 번째, 청소년 집단상담 프로그램 실시시간 등 진행방법을 정한다.

③ 세 번째, 해당 프로그램의 효과성을 측정하기 위하여 집단상담 주제의 변인에 해당하는 측정도구를 정하여 프로그램 사전과 사후에 측정하도록 계획한다.

④ 청소년 집단상담 프로그램을 평가하는 단계는 청소년 집단상담의 목표 달성 및 집단원의 변화를 구체적으로 확인하며, 청소년 집단상담의 과성을 점검한다. 그리고 청소년 집단상담의 가치와 효과를 객관적인 방법으로 과학적인 검증을 한다. 이는 청소년 집단원의 변화와 성장 및 집단상담의 목표 달성에 효과적인 방법을 찾아낼 수 있도록 돕는다.

(2) 평가 및 수정·보완

해당 단계에서는 청소년 집단상담의 운영과정에서 발생하는 여러 가지 문제점을 파악하여 프로그램을 수정하고 보완한다.

① 청소년 집단상담 프로그램 평가대상은 집단원, 집단상담자, 그리고 집단상담과정으로 구체적인 내용은 다음과 같다.

• 집단원

- 집단원의 바람직한 행동 변화 및 성장을 평가한다.
- 집단원에 대한 평가에 포함할 수 있는 항목은 문제행동 해결을 위한 대안 행동 실천, 집단에서 바람직한 역할과 기능을 평가한다.

• 집단상담자

- 집단상담자의 상담개입을 평가함. 즉, 집단상담자의 상담기술, 상담자의 자질, 집단운영 방식 등을 평가할 수 있다. 집단상담자의 평가는 슈퍼비전과 사례발표를 통해서 이루어질 수 있다.

• 집단상담과정

- 집단 분위기, 응집성, 집단원 구성원 간 상호작용의 형태를 평가한다.

② 집단상담 프로그램에 대한 효과성을 검증하기 위해서 평가 시점은 사전, 회기별, 사후에 대한 대응 표본과 독립표본 검증을 통하여 가능하다.

• 사전평가

- 집단상담을 시행하기 전 계획단계에 수립한 사항들을 확인한다.

• 회기별 평가

- 집단을 통해 일어난 변화와 집단 회기의 생산적 · 비생산적 요소 검토하고 회기별 평가를 통해 다음 회기의 목표와 상담 전략을 구상한다.

• 사후평가

- 집단상담의 전 과정이 끝날 무렵 1~2회 집단상담의 전체 경험에 관하

여 평가하고 집단원의 행동 목표 달성도, 집단 경험 전반에 대하여 평가한다.

- 추후 평가
  - 추후 평가는 집단상담 전 과정이 끝나고 1~2개월 경과 후 집단상담의 효과가 어느 정도인지 평가한다. 평가 이후 문제점 발생하면 해결책을 모색해야 한다.

③ 이 밖에도 상담사와 해당 청소년 집단상담 프로그램 주제의 전문가가 프로그램을 감수한다.

(3) 개발 완료

청소년 집단상담 프로그램 효과성 검증 결과, 집단원, 청소년 상담사의 의견과 전문가가 감수한 내용을 토대로 하여 개발된 청소년 집단상담 프로그램을 수정하고 보완하여 최종적으로 프로그램 개발을 완료한다.

4 청소년 집단상담 프로그램 예시

다음은 실제 진행되고 있는 청소년 집단상담 프로그램을 소개하고자 한다. 이는 인터넷 사용이 일상화 · 보편화된 현대사회에 청소년에게 꼭 필요한 주제이다.

서울시립보라매인터넷중독예방센터에서 2023년에 개발하여 시범운영 후 저자를 포함하여 전문가의 의견과 깊이 있는 논의를 토대로 수정 및 보완하여 2024년에 진행한 청소년 디지털 트라우마 예방 및 심리정서지원 프로그램(집단상담 예방프로그램)인 「마음지진 알람 CPR ON」이다.

해당 프로그램은 디지털 트라우마 예방 교육 프로그램으로 상담 프로그램의 한 영역으로 볼 수 있다. 청소년들에게도 인터넷이 보편화되어 거의 모든 청소년들이 인터넷을 손쉽게 접하고 있다. 인터넷 세상은 보호자가 통제하거나 이를 파악하기 어려운 특성을 가진다. 하지만 청소년들은 인터넷 리터러시 능력이 충분하지 않아서 그들에게 부정적인 영향을 나아가 악영향을 미칠 수 있다. 이에 예시로 제시하는 프로그램은 현시점에서 시의적절한 주제이다. 청소년들의 정신건강을 지키기 위하여 반드시 알아야 할 내용이다.

프로그램 개요는 〈표 7-4〉와 같다. 총 2회로 구성되어 있으며, 1회는 디지털 트라우마에 대한 이해를 다루고 있다. 2회차는 디지털 트라우마 예방을 위하여 실천할 수 있는 것들에 대한 것이다. 해당 프로그램 지침서는 부록에 자세히 안내되어 있으니 참고 바란다.

표 7-4 프로그램 개요

구분	주제	내용
1회	디지털 트라우마 이해	이해 1: 디지털 트라우마 알아보기 이해 2: 지금 마음 들여다보기 이해 3: 안전하게 지키는 방법 알기 이해 4: Psychological+Physical approach (심리적+신체적 다가가기)
2회	디지털 트라우마 예방 실천하기	실천 1: Cognitive approach (인지적으로 다가가기) 실천 2: Psychological+Physical approach (심리적+신체적 다가가기) 실천 3: Resilience (나의 회복탄력성 높이기)
평가		아동용 사건충격(디지털 트라우마) 척도 디지털 트라우마 프로그램 효과성 및 만족도

출처: 서울시립보라매인터넷중독예방센터

부록 APPENDIX

1. 청소년 디지털 트라우마 예방 및 심리정서 지원 프로그램 마음지진 알람 'CPR ON'
2. 디지털 트라우마(사건충격) 척도
3. 마음지진 알람 'CPR ON' 효과성 및 만족도

FOCUS ON PRACTICE

YOUTH PROGRAM

DEVELOPMENT AND EVALUATION

1 청소년 디지털 트라우마 예방 및 심리정서 지원 프로그램 마음지진 알람 'CPR ON'

1. 디지털 트라우마 이해하기

1) 들어가기

◆ Teaching Mention

프로그램 시작 전 워크북 사전 검사지를 실시합니다.

참여자와 인사하고, 본 프로그램의 목표와 참여자의 역할에 대해 설명합니다.

> 안녕하세요. 저는 여러분과 함께 디지털 트라우마에 대해 살펴볼 ○○○선생님입니다. 우리는 온라인상에서 많은 미디어와 정보들을 접하게 되면서 영상이나 사진을 본 경험이 많을 텐데요. 일상생활에서 쉽게 접하는 온라인 환경, 미디어 매체를 통해 우리는 의도치 않게 심리적 외상을 입기도 합니다. 그럴 때 우리에게 나타나는 심리적 반응은 어떤 것들이 있는지, 우리에게 미치는 영향력을 이해해 보고 우리 마음이 흔들리는 마음 지진 알람이 켜졌을 때 실천할 수 있는 방법에 대해 생각과 의견을 나누어 봅시다.

디지털 트라우마 교육과 관련하여 질문이 있는지 물어보고 프로그램을 시작합니다.

2) 뉴스 만들어 보기

하나의 주제를 가지고 학생들이 한 줄씩 작성해서 뉴스를 완성해 봅니다. A4 용지를 조 단위로 나누어 주거나, 앉아 있는 줄 별로 나누어 주고 학생들이 돌아가면서 한 문장씩 뉴스를 이어서 작성할 수 있도록 안내합니다.

최근에 들었던 내용이나 온라인에서 접했던 정보들을 첨가하여 넣어도 좋습니다.

뉴스를 만들어 보니 어떤 마음이 들었는지, 생각과 기분 등을 자유롭게 나누도록 합니다.

우리가 만들어 낸 뉴스가 온라인상에서 퍼지게 될 때 어떤 결과를 가지고 오게 될지 생각해 봅니다.

그 결과로 어떤 영향이 우리에게 있을지, 혹은 피해를 입는 사람들이 있진 않을지 생각해 봅니다.

뉴스가 아니더라도 온라인에서 접하게 되는 정보들 중에는 확인되지 않거나 정확하지 않은 정보들도 있으며, 이러한 정보들이 재생산되고 확대되는 것에 대해서 생각해 볼 수 있도록 합니다.

◆ Teaching Tip

'바이러스' 주제만으로 삭싱하기 어려워한다면 강사가 몇 가지 단어를 더 제공하여 해당 단어들이 포함되게 뉴스를 만들어 볼 수 있도록 합니다.

온라인상에서 만들어지는 뉴스가 활동해 본 것처럼 쉽게 만들어지고, 퍼질 수 있다는 점에 대해서 생각해 볼 수 있는 시간을 갖는 것이 좋습니다.

들어가는 단계에서는 강사와 학생 간 라포가 형성되는 시간으로 학생이 먼저 대답하기 어려워할 경우, 강사가 먼저 자기개방을 해서 모델링이 되어주는 것도 좋습니다.

3) 이해 1: 디지털 트라우마 알아보기

◆ Teaching Mention

디지털 트라우마의 개념을 설명합니다.

디지털 트라우마에 대한 간략한 개념을 정리합니다.

- 트라우마의 의미 살펴보기
  트라우마는 죽음, 심각한 질병 혹은 자신이나 타인의 신체적 위협이 되는 사건을 경험하거나 목격한 후 겪는 심리적 외상을 말합니다. 일반적인 스트레스의 범주를 넘어 안전과 생명에 위협이 될 만한 사건을 겪었을 때 트라우마가 발생할 수 있습니다. 트라우마는 '상처'라는 의미의 그리스어 트라우마트(traumat)에서 유래되었습니다.
- 트라우마의 특성 살펴보기
  트라우마는 예측이 어렵고 회피할 수 없는 상태로 압도되거나 벗어나기 어려운 상태를 말합니다.
- 디지털 트라우마 의미 알아보기
  디지털 트라우마는 직접 경험하지 않더라도 디지털기기를 통해 사회적 재난이나 참사, 사고 등의 영상이나 사진을 반복적으로 보는 것으로 인해 발생할 수 있는 심리적 외상입니다. 예를 들어, 재난, 참사 영상을 본 후 자꾸 생각이 나서 마음이 너무나 괴로운데도 다시 관련된 영상을 찾아보게 된다면 디지털 트라우마를 경험하고 있을지 모릅니다.

디지털 트라우마의 심리적 반응을 설명합니다.

- 스멀스멀(침습)
  사건과 관련된 불쾌한 기억이 반복적으로 떠오른 현상. 반복되는 기억과 악몽, 사건이 다시 일어난 것 같은 느낌 등 뇌가 사건을 이해하고 소화하려는 반응.
- 우물쭈물(회피)
  사건을 연상시키는 것들을 피하려는 행동. 사건과 연상되는 활동, 장소, 사람을 피하거나 사건의 중요한 부분을 기억하지 못함. 일상생활에서 무감각하거나 흥미 감소. 이는 고통을 피하려는 본능적인 반응.
- 안절부절(과각성)
  몸이 항상 긴장하고 경계 상태를 유지하며 쉬지 못함. 작은 일에도 쉽게 깜짝 놀라고 항상 주위를 살피고 경계함. 집중력이 저하되고 불면증이 발생. 놀란 몸이 스스로를 보호하려는 반응.
- 투덜투덜(인지와 기분의 변화)
  자신과 주변사람, 세상에 대한 부정적인 사고. 과도한 죄책감과 우울, 미래에 대한 불안, 쉽게 화를 내거나 예민한 반응. 자신에 대한 통제력을 상실한 결과.

◆ Teaching Tip

디지털 트라우마, 주로 나타나는 반응에 대해 예시를 들어서 설명하고, 용어는 간단히만 하고 넘어갑니다.

'증상', '진단' 등과 같은 전문용어 사용은 자제하고, 개념적인 이해보다는 이런 반응이 나타날 때 심리적으로 불편감을 느끼고 있다는 것을 알 수 있도록 전달합니다.

이러한 반응들은 생존본능과 관련되어 나오는 반응임을 이해하고, 뒷부분에 나오는 스트레스 반응에 대한 기본 개념으로 활용할 수 있습니다.

직접 경험하지 않아도, 사건의 목격담을 듣거나 관련된 영상, 사진을 지속적으로 보는 행동 또한 간접외상, 디지털 트라우마를 유발할 수 있다는 것을 전달합니다.

4) 이해 2: 지금 마음 들여다보기

◆ Teaching Mention

사례를 통해 영상을 계속 검색하는 마음을 탐색합니다.

도입 부분에서 우리가 해보았던 뉴스 기억나시나요? 정원이는 우리가 만들었던 뉴스를 온라인상에서 접하게 됩니다. 처음에는 우연히 호기심에 관련 영상들을 보게 되었는데 그 이후에는 계속해서 관련된 영상들이 뜨게 되고, 반복해서 찾아보는 모습을 보이게 됩니다. 정원이가 계속 관련 영상을 찾아보는 건 어떤 마음일까요? 그리고 영상을 검색한 것은 어떤 결과를 가져오게 될까요? 생각해 봅시다.

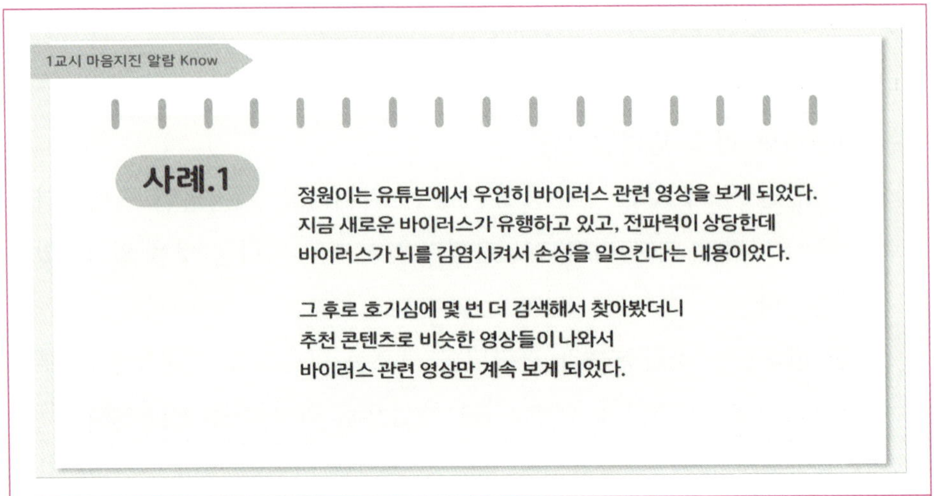

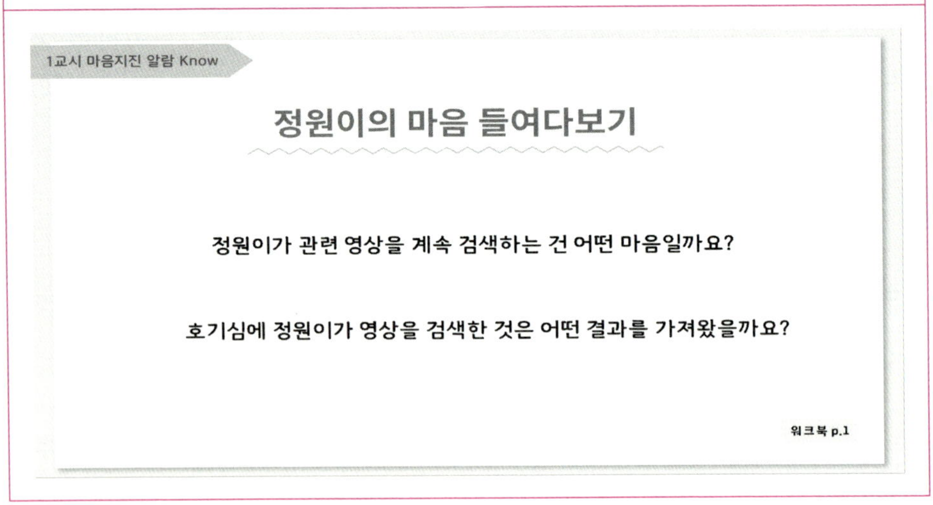

◆ Teaching Tip

1. 워크북 작업을 하며 학생들이 고민해 보는 시간을 갖도록 합니다.
2. 고민해 본 정원이의 마음은 어떤 마음이었을지, 그 결과는 어땠을지 다른 학생들과 함께 나누어 봅니다.
3. 실제로 학생들도 이와 비슷한 경험들이 있었는지, 있었다면 어떤 때에

그런 행동들을 했는지에 대해서도 나누어 봅니다.

〈참고〉 둠스크롤링(Doomscrolling)이란?

여러분도 이렇게 반복해서 검색해 본 경험이 있나요? 정원이의 이런 행동은 둠스크롤링(Doomscrolling)으로 설명할 수 있습니다.
Doom은 불행, 죽음, 파멸, Scrolling은 컴퓨터나 화면에 나온 기사를 읽으며 화면을 아래로 내린다는 뜻을 합한 단어로 암울하고 충격적인 사건들로 구성된 뉴스나 기사를 찾아 계속 확인하고 보는 것을 뜻하는 신조어입니다.
정원이의 이런 행동은 부정적인 사건에 대한 해답을 찾고, 부정적인 일을 통제하거나 피하는 방법을 찾기 위한 본능적인 행동입니다. 그렇지만 대부분은 해답을 찾지 못하게 되고 불안감, 스트레스, 우울감, 외로움 등과 같은 감정을 느끼게 됩니다. 둠스크롤링은 정신건강에 악영향을 초래하는 결과를 가져오기도 합니다.

5) 이해 3: 안전하게 지키는 방법 알기

◆ Teaching Mention

우리의 디지털 생활환경에는 어떤 위험요소들이 있을까?

이처럼 디지털 환경 속에서 디지털 트라우마를 유발하는 요소들에는 어떤 것들이 있을까요?

1. 자극적인 영상의 알고리즘
2. 모자이크 처리 되지 않은 영상
3. 무분별한 유포, 가짜 뉴스

우리가 이전에 시청했던 영상, 검색기록, 구독 채널, 댓글이나 좋아요를 통해서 나에게 맞춤 영상들이 추천됩니다. 또는 내가 팔로우한 친구가 즐겨보는 영상이 나에게 추천되기도 합니다. 처음에는 이러한 알고리즘의 추천으로 나의 의사와 상관없이 자극적인 영상을 접하게 되는 경우가 많습니다. 그러다가 한 번이라도 호기심에 검색을 해서 찾아보게 되면 관련 알고리즘의 영상이 나의 선호도와 맞다고 판단하여 사용자가 선호하는 콘텐츠로 추천을 하게 됩니다.
일상생활에서도 우리는 어떤 사건의 현장을 보게 될 때 동영상을 찍어서 기록할 수 있고, 쉽게 다른 사람들에게 전송할 수도 있습니다. 경우에 따라서 사건을 제보하게 되어 누군가의 피해를 막을 수 있는 긍정적인 결과를 가져오기도 하지만, 해당 영상이나 사진이 무분별하게 퍼질 때 어떤 어려움이나 위험이 생기게 될지 생각해 보는 것이 필요합니다.
스마트 기기가 일상화되면서 쉽게 영상, 사진에 접하게 되고 빠른 전파속도, 고화질 등의 기술 발전은 간접외상을 입히기에 충분한 조건이 되었습니다. 온라인상에서 나오는 무수한 뉴스들과 잘못된 정보들로 불안감이나 두려움을 느끼게 되기도 합니다.

1교시 마음지진 알람 Know

디지털 트라우마를 유발하는 위험요소들

디지털 생활에는 어떤 위험 요소가 있을까요?

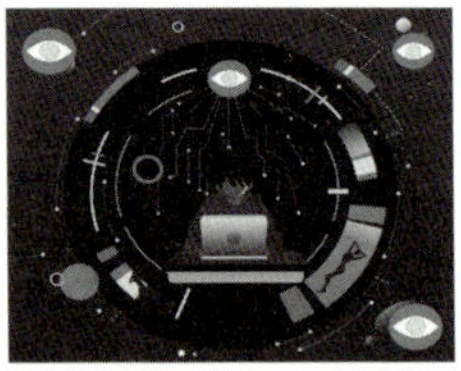

자극적인 영상의 알고리즘

모자이크처리 되지 않은 영상

무분별한 유포 가짜 뉴스

1교시 마음지진 알람 Know

디지털 트라우마 위험요소들

- **스마트기기 일상화로 자극적인 영상을 쉽게 접하게 됨**
- **처음에는 본인 의사와 상관없이 영상을 보게 되는 경우 많음**
- **호기심에 검색을 해서 찾아보게 되면 관련 알고리즘 영상** ⇧
- **무분별하게 퍼지는 사고 사진, 영상이 심리적 외상을 키움**
  : 빠른 전파속도, 고화질, 간접 경험

디지털 환경 속 위험요소로부터 안전하게 지키는 방법은 어떤 것이 있는지 워크북 활동을 실시합니다.

〈예시〉

1. 자극적인 영상의 알고리즘
   추천 알고리즘에서 '관심 없음', '채널 추천 안 함'을 선택하여 관련 알고리즘이 나오지 않도록 한다./ 전자기기와 사회적 거리를 둔다./ 사용 시간을 제한하여 소셜미디어 사용 시간을 정하고 지키며 한다.

2. 모자이크 처리되지 않은 영상
   영상을 신고한다./ 영상을 전달한 친구에게 이런 영상을 배포하는 것은 정보통신망법에 문제가 될 수 있다고 알려준다.

3. 무분별한 유포, 가짜 뉴스
   온라인상의 많은 정보들 중에서 올바른 정보가 있는지 선별하고 판별하는 과정을 거친다./ 가짜뉴스나 영상을 퍼트리지 않는다./ 영상과 사진을 퍼뜨리는 친구에게 행동을 멈춰야 한다고 알려준다.

〈그 외 예시〉

관련 영상을 멀리하고 긍정적이고 행복한 일에 신경을 쓰도록 한다./ 자극적인 영상과 뉴스 반복적으로 시청하는 것을 지양한다./ 영상으로 접한 재난, 사고에 대해 지나치게 몰입하지 않도록 한다. / 물리적으로 고립되지 않도록 밖으로 나가 다른 사람들과 교류한다./ 일상 속에서 소소한 행복의 의미를 찾아 사고방식을 전환하도록 노력한다./ 적절한 휴식과 근육 운동을 하며 환기한다.

〈참고〉 정보통신망 이용촉진 및 정보보호 등에 관한 법률

제44조의7(불법정보의 유통금지 등) ① 누구든지 정보통신망을 통하여 다음 각 호의 어느 하나에 해당하는 정보를 유통하여서는 아니 된다. 〈개정 2011.9.15., 2016.3.22., 2018.6.12.〉

1. 음란한 부호 · 문언 · 음향 · 화상 또는 영상을 배포 · 판매 · 임대하거나 공공연하게 전시하는 내용의 정보
2. 사람을 비방할 목적으로 공공연하게 사실이나 거짓의 사실을 드러내어 타인의 명예를 훼손하는 내용의 정보
3. 공포심이나 불안감을 유발하는 부호 · 문언 · 음향 · 화상 또는 영상을 반복적으로 상대방에게 도달하도록 하는 내용의 정보

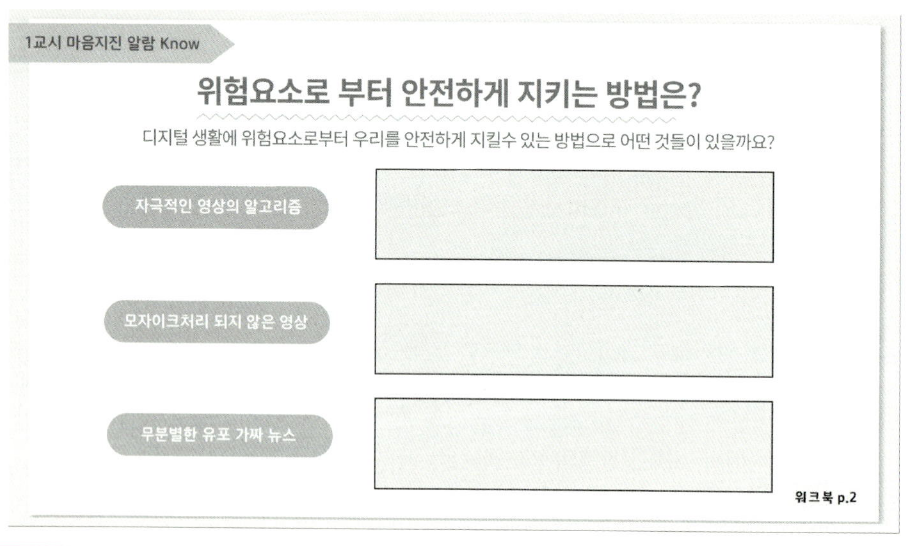

나은이의 사례를 통해 디지털 트라우마 심리적 반응을 다시 확인합니다.

나은이가 겪고 있는 상황에 해당되는 것은 어떤 것일까요?
앞에서 확인했던 디지털 트라우마로 인해서 나타나는 심리적 반응을 다시 한번 확인해 봅시다.
단톡방에서 받은 영상을 본 후 나은이의 몸과 마음, 생각, 기분, 느낌 등 어떤 반응을 보였을까요? 워크북 활동을 해봅니다.

1교시 마음지진 알람 Know

사례.2

나은이는 친구들 단톡방에 최근에 있던 일이라며
cctv 동영상을 하나 받게 되었다.
무슨 영상인지 재생해보니,
편의점 앞에서 범죄가 일어나는 영상이었다.

영상 속에 사람은 나은이와 비슷해보이는 또래였다.
그 영상을 본 이후로 나에게도 그런 일이 생길까봐 두렵고
세상이 안전하지 않다는 생각이 들었다.

1교시 마음지진 알람 Know

그 후로 길을 걷다가 문득 cctv 장면이 생각이 났고
그럴때면 주변을 살피고 몸이 긴장되는 것이 느껴졌다.
평소 친구들과 편의점에 종종 들리곤 했는데,
영상이 떠오르는 장소를 가고 싶지 않은 마음에
핑계를 대며 안 갈때도 있었다.

집에 혼자 있다가도 작은 소리에 깜짝 놀라게 되고,
자려고 누웠을 때도 눈 앞에 영상이 떠올라
잠이 오지 않는 날들이 늘어났다.

◆ Teaching Tip

1. 워크북 작업을 하며 학생들이 고민해 보는 시간을 갖도록 합니다. 감정을 표현할 수 있는 그림이나 색연필 등을 통해 신체 정서 반응이 나타

났을 것 같은 부위를 표시하며, 몸과 마음이 연결되어 있음을 느껴봅니다.

2. 사례를 통해 마음 들여다보기 활동을 하다가 조금이라도 힘들다고 느끼면 강사에게 이야기할 수 있도록 합니다. 힘들다고 말한 학생이 있다면 어떤 불편감이 있는지 확인하고, 필요에 따라 간단히 안정화기법(심호흡)을 실시합니다.
3. 워크북 활동 후 학생들이 어떤 반응을 작성했는지 나누어 보며 공유의 장을 열 수 있도록 조력합니다.

트라우마는 일상생활에서도 수시로 발생 할 수 있고, '빅 트라우마'와 '스몰 트라우마'로 구분될 수 있습니다.

나은이의 마음을 알아본 후 어떤 생각들이 들었나요? 일상에서 우리는 많은 정보와 사건들을 경험하게 됩니다. 나은이처럼 친구들과의 단톡방을 통해서 일수도 있고, 정원이처럼 온라인상의 콘텐츠를 통해서 접하게 될 수도 있지요.
내가 직접 현실에서 겪지 않은 일인데, 혹은 온라인 가상의 공간에서 본 것일(일어난 것일) 뿐인데 내가 이런 반응이나 생각이 드는 것이 이해되지 않거나 연관성이 없다고 느낄 수 있습니다. 하지만 일상생활에서 크고 작은 경험들은 우리에게 심리적 불편감을 줄 수 있습니다.
예를 들어 보겠습니다.
빅 트라우마는 커다란 사건이나 경험이 개인의 삶에 영향을 주는 것으로 자연재해(태풍, 홍수, 지진 등), 사회적 재난(화재, 폭발, 교통사고, 전염병 등), 폭력 등으로 피해를 입은 것이 해당됩니다. 이러한 빅 트라우마는 외상후스트레스장애(PTSD)를 유발합니다.
스몰 트라우마는 작은 상처가 반복되거나 모이는 경험이 삶에 영향을 주는 것으로, 작지만 결코 덜 중요하지 않은 수많은 심리적 상처와 타박상을 입은 것을 말합니다.
이 중에서 디지털 트라우마(간접외상)는 스몰 트라우마의 영역에 해당 됩니다. 스몰 트라우마가 빅 트라우마보다 증상이 작다는 것을 의미하는 것은 아닙니다. 사소하고 쉽게 경험할 수 있는 사건이 계속 누적되는 경우 스몰 트라우마에 큰 영향을 미칩니다. 간접 경험을 통해서도 불편감을 느낄 수 있습니다. 이렇듯 스몰 트라우마는 겉으로 잘 드러나지 않지만, 심리적 어려움을 경험할 수 있습니다.

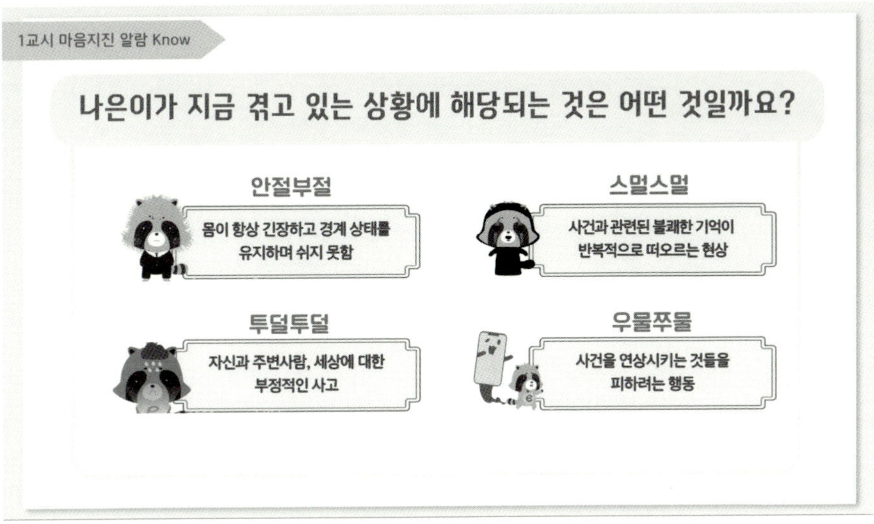
1교시 마음지진 알람 Know
나은이가 지금 겪고 있는 상황에 해당되는 것은 어떤 것일까요?
안절부절
몸이 항상 긴장하고 경계 상태를 유지하며 쉬지 못함
스멀스멀
사건과 관련된 불쾌한 기억이 반복적으로 떠오르는 현상
투덜투덜
자신과 주변사람, 세상에 대한 부정적인 사고
우물쭈물
사건을 연상시키는 것들을 피하려는 행동

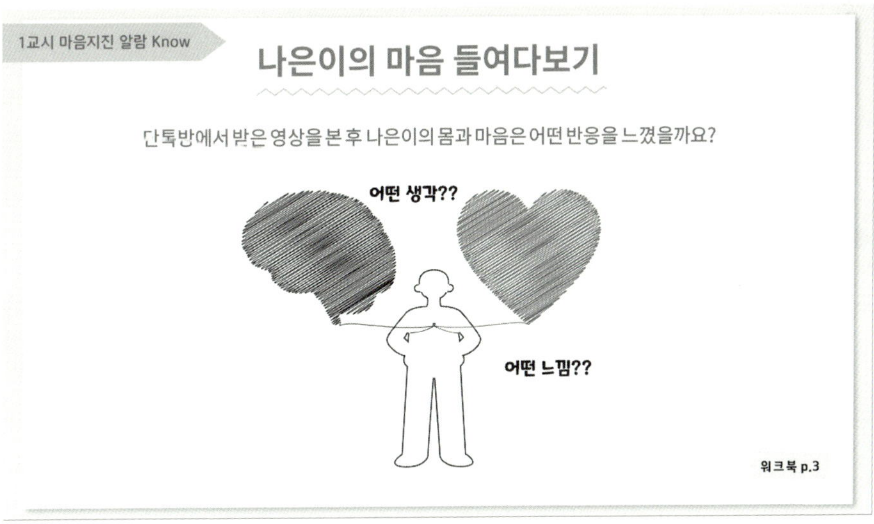
1교시 마음지진 알람 Know
나은이의 마음 들여다보기
단톡방에서 받은 영상을 본 후 나은이의 몸과 마음은 어떤 반응을 느꼈을까요?
어떤 생각??
어떤 느낌??
워크북 p.3

〈참고〉 외상후 스트레스 장애(PTSD)

외상후 스트레스 장애(PTSD: Posttraumatic stress Disorder)는 외상 사건을 경험하고 난 후 다양한 심리적 부적응 증상이 나타나는 경우를 말한다. 외상 사건(traumatic event)은 죽음 또는 죽음의 위협, 신체적 상해, 성폭력과 같이 개인에게 심각한 충격을 주는 사건들(예: 지진, 화산폭발 같은 자연재해, 전쟁, 살인, 납치, 교통사고, 화재, 강간, 폭행)을 의미한다. 생명의 위협이나 심각한 신체적 상해의 위협을 느낄 만큼 충격적인 사건들을 경험하게 되면 사건이 종료되었음에도 불구하고 그러한 충격적 경험이 커다란 심리적 상처가 되어 오랜 기간 피해자의 삶에 영향을 미치게 된다. 이런 외상 경험은 개인이 그러한 외상 사건을 직접 경험한 경우뿐만 아니라 타인에게 일어난 외상 사건을 가까이에서 목격하거나 친밀한 사람(가족이나 친구)에게 그러한 사건이 발생했음을 알게 된 경우에도 발생할 수 있다.

출처: 권석만(2014). 현대이상심리학. 학지사. p.230.

'학교에서 경험하는 노골적인 괴롭힘이나 따돌림은 어린 시절에 겪는 주요한 빅 트라우마로, 많은 아이가 이를 힘겹게 견뎌내곤 한다. 그러나 보다 덜 노골적인 무시나 네모난 구멍에 혼자 둥근 막대가 되어 꽂혀 있는 듯한 이질감, 운동장에서 당한 굴욕, 시험 스트레스, 의미 있는 학습보다 학급 내 계급을 중시하는 환경에서 성공하기 위한 압력 등도 많은 아이에게 스몰 트라우마가 될 수 있다.'

출처: 멕애럴(2023). 스몰 트라우마. 갤리온. p.30.

◆ Teaching Tip

1. 스몰 트라우마와 같이 일상생활에서도 심리적 외상(트라우마)은 수시로 발생할 수 있으며, 개인의 삶에 부정적인 영향을 미치는 작은 사건들이 쌓이는 것 또한 충분한 심리적 외상이 될 수 있다는 점을 배웁니다.
2. 스몰 트라우마의 개념에 디지털 트라우마도 해당이 된다는 점을 전달하기 위한 과정입니다. 간접경험, 디지털 기기를 통한 영상, 사진 등으로도 발생할 수 있는 트라우마에 대한 이해와 위험성을 인지하도록 합니다.

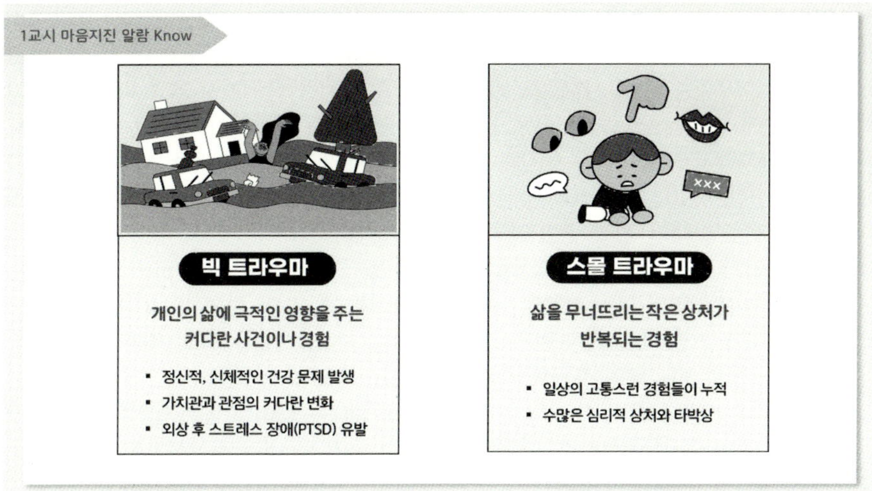

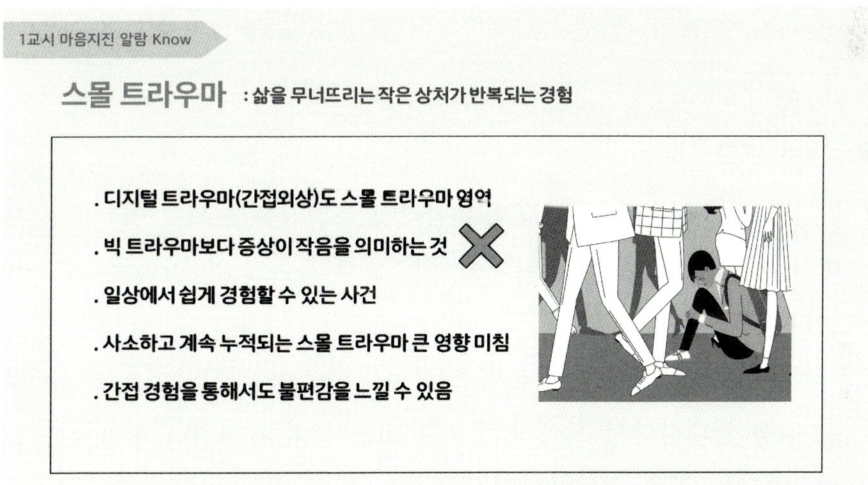

같은 경험을 했다고 하더라도 사람에 따라서 받아들이는 것은 다를 수 있습니다.

그렇지만 모두가 같은 반응을 보이는 것은 아닙니다. 사람에 따라서 같은 경험을 했다 하더라도 받아들이는 것은 다를 수 있습니다. 디지털 트라우마 유발 영상이나 사진을 보더라도 타격감 없이 아무렇지 않은 사람들도 있습니다. 또는, 처음에는 놀란 몸과 마음의 반응이 시간이 지남에 따라 자연스럽게 회복되기도 합니다. '나는 괜찮았기 때문에 다른 사람도, 내 친구도 괜찮겠지'라는 마음은 생각해 보아야 할 문제입니다. 만약, 주변의 친구가 힘들어 하고 있다면 충분히 그럴 수 있다고 지지해 주세요. 이렇듯 우리가 누군가에게 영상을 공유하게 될 때에는, 보내기 전에 한번 생각해 보는 자세가 필요하겠죠.
사례의 나은이처럼 심리적으로 어려움을 경험하고 있다면, 마음이 힘들다고 나에게 보내는 신호입니다. 놀란 기억과 몸이 마음에 남아 있어서 그럴 수 있고, 정상적이고 충분히 자연스러운 반응입니다. 그럴 때는 가장 먼저 나에게 보내는 신호를 알아차리고 '내가 지금 힘들어 하고 있구나' 하고 받아들여 주세요.
그 다음에는 내가 할 수 있는 일부터 하나씩 차근히 해내는 것이 도움이 됩니다. 예를 들면 손 씻거나 세수하기, 책상 정리하기, 산책하기, 일기 쓰기 등 내가 일상적으로 해왔던 루틴을 꾸준히 하나씩 수행해 보세요.
또, 내가 힘들다는 것을 내가 의지하거나 믿을 수 있는 가족, 친구, 지인들에게 이야기해 주세요. 나를 이해해 줄 수 있는 사람들에게 대화를 걸고 도움을 받는 것도 중요합니다.

◆ Teaching Tip

1. 디지털 트라우마 유발 영상으로 심리적 불편감을 느끼고 있더라도 시간이 지나면 자연스럽게 회복되고, 이전으로 돌아갈 수 있다는 것을 전달합니다.
2. 괜찮은 사람도 있지만, 심리적 어려움을 호소하는 사람이 있을 수 있다는 점을 안내하면서 도움이 필요할 때는 사회적 자원을 활용하는 것이 필요하다는 것을 전달합니다.

6) 이해 4: Psychological+Physical approach(심리적+신체적 다가가기)

◆ Teaching Mention

프로그램이 단회기(1회기)로만 진행될 경우, 2교시 CPR 중에서 안정화 기법(Psychological approach)을 배워보고 스트레스 상황에서 사용할 수 있도록 안내합니다.

Psychological approach (심리적 다가가기) 안정화 기법을 안내합니다.

> 디지털 트라우마로 마음 지진이 일어났을 때 응급처치가 필요하겠죠? 디지털 트라우마를 예방하고 마음지진 알람이 울릴 때 응급처치를 할 수 있는 "CPR" 방법이 있습니다. 오늘은 우리에게 주어진 시간 관계상 일상에서 쉽게 적용해 볼 수 있는 P 심리적, 신체적으로 다가가기를 함께 배워보고 나에게 가장 잘 맞는 것이 어떤 방법인지 생각해 봅시다. 안정화 기법은 트라우마 반응뿐만 아니라 정서조절 및 스트레스가 심할 때도 활용할 수 있는 기법입니다.

2교시 CPR ON

01 심장 박동을 안정시키는 호흡법

① 숨을 코로 들이마십니다.
입으로 '후~' 하면서
천천히 몸에 있는 공기를 내보내듯 숨을 뱉습니다.

② 다시 숨을 코로 들이마십니다.
입으로 '후~'하면서 공기를 내뱉습니다.
긴장감이 숨과 함께 몸 밖으로 나간다고 상상해보세요.

③ 다시 한번 숨을 코로 들이마십니다.
천천히 셋을 셀 동안 깊이 숨을 마쉬고
입으로 '후~'하면서 공기를 내뱉습니다.

워크북 p.7

출처: 재난 정신건강지원 정보콘텐츠 및 플랫폼 개발 연구(보건복지부 정신건강기술개발사업)

2교시 CPR ON

02 나비포옹법

① 두 팔을 가슴 위에서 X자로 교차시켜 양쪽 팔뚝에 양손을 올립니다.

② 나비가 날갯짓 하듯이 손바닥으로 좌우를 번갈아 어깨를 두드립니다.
토닥토닥

③ 10~15번 정도 두드리면서 심호흡을 합니다.
이것이 1세트 입니다.

④ 내 몸과 마음을 토닥토닥 해주세요.

⑤ 4~6세트 반복합니다.

출처: 재난 정신건강지원 정보콘텐츠 및 플랫폼 개발 연구(보건복지부 정신건강기술개발사업)

워크북 p.8

2교시 CPR ON

03 '지금-여기'로 의식을 돌리는 착지법

스트레스 반응을 멈추는 감각 자극

▶ 촉각 : 젤리를 손 위에 올려두고 느껴본다.

▶ 시각 : 눈으로 젤리의 색깔을 바라본다.

▶ 청각 : 젤리를 눌렀을 때 소리를 귀기울여 들어본다.

▶ 후각 : 새콤 달콤한 향을 맡는다.

▶ 미각 : 젤리를 입안에 넣고 굴린다.

워크북 p.9

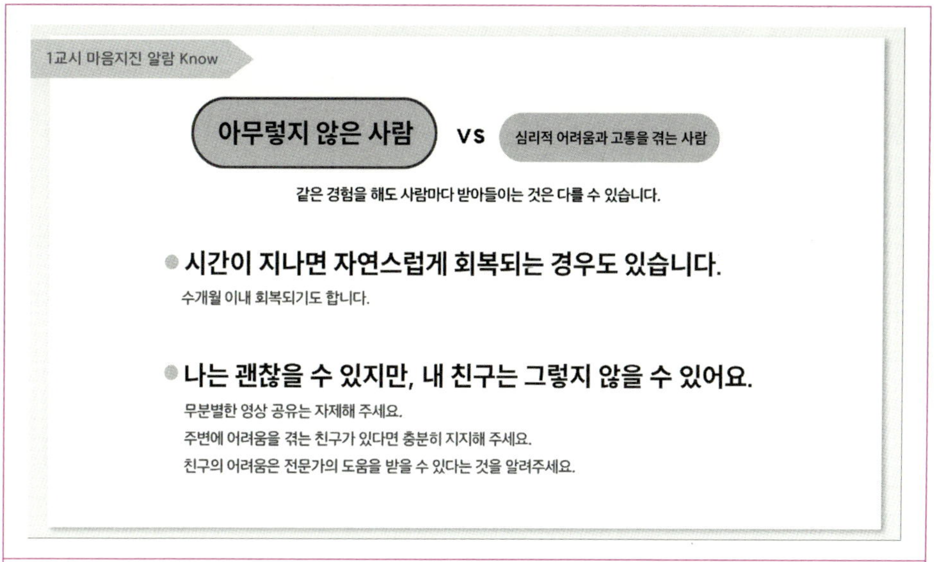

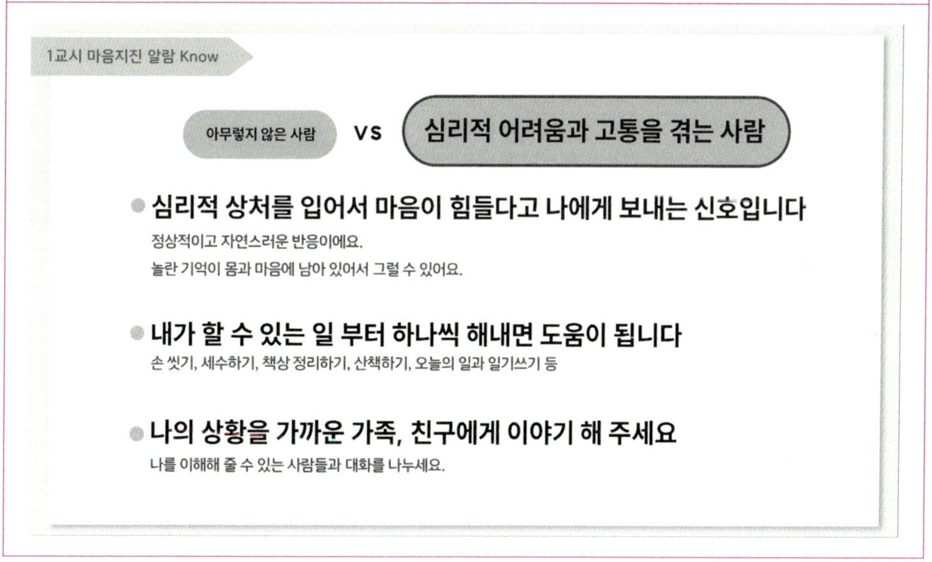

◆ Teaching Tip

1. 현장에서 강사가 호흡법과 나비 포옹법에 대해 시범을 보이면서 학생들이 함께 따라 할 수 있도록 지도합니다.

2. 착지법을 진행할 때는 강사가 사전에 젤리를 준비하여 학생들에게 나누어주고, 촉각 · 시각 · 청각 · 후각 · 미각 등 감각자극을 활용하는 방법도 직접 경험할 수 있도록 돕고 스트레스 반응이 나타날 때는 감각으로 주의를 돌리는 방법에 대해서도 안내합니다.
3. 흥분되어 있거나 각성되어 있는 상태(과각성)에서는 호흡법이 도움이 되고, 멍해 있거나 무감각, 해리 상태(저각성)에서는 착지법이 도움이 된다는 것을 안내합니다. 나비 포옹법은 가슴이 두근대고 불안한 생각이 들 때 셀프 토닥토닥하면서 스스로 안심이 되게 도울 수 있고, 양쪽 어깨를 번갈아 가며 자극을 주는 것은 무감각하고 멍해 있는(저각성) 상황에서도 도움이 된다는 것을 안내합니다.
4. 안정화 기법을 사용해 보며 실제로 몸과 마음에 어떤 반응이 있는지 워크북 작업을 하고 소감을 나눕니다.

Physical approach(신체적 다가가기) 몸과 마음은 연결되어 있으며 운동도 도움이 된다는 것을 안내합니다.

7) 나오기

1회기를 마무리하며 내용을 정리합니다.

심리적으로 불편감이 있다면 체크리스트를 통해 자가진단을 해보고, 도움이 필요하다면 언제든지 센터로 연락을 할 수 있다는 것을 안내하며 1회기를 마무리합니다.

〈참고〉 몸과 마음을 위한 운동하기

'운동은 신체건강뿐 아니라 두뇌도 건강하게 만든다.'

1. 운동은 뇌의 근육을 강화한다.
2. 운동은 우울증약만큼 효과가 있다.
3. 스트레스를 줄인다.
4. 운동은 수면의 질을 높인다.

출처: 정신의학신문(2020). '운동은 신체건강뿐 아니라 두뇌도 건강하게 만든다'. (2020.08.19.일자 기사)
https://www.psychiatricnews.net/news/articleView.html?idxno=15522

이번 시간에는 누구나 경험할 수 있는 디지털 트라우마에 대해 살펴보았습니다. 디지털 트라우마가 무엇인지, 우리가 쉽게 접할 수 있는 인터넷을 통해 의도하지 않은 트라우마를 경험할 수 있다는 것을 알게 되었습니다. 친구들과의 메신저에서 받은 영상을 쉽게 공유하기 전에 스스로 걸러내는 행동, 그리고 심리적 어려움을 경험하고 있다면 나에게 보내는 신호를 알아주는 것이 필요하다는 것을 다시 한 번 기억해 주세요. 체크리스트로 자가진단을 해보고 싶은 학생들은 워크북을 활용해 보고, 도움이 필요하다면 언제든지 센터로 연락을 주어도 좋습니다. 오늘 우리가 함께 한 활동 중에 가장 기억에 남는 것은 무엇인지 짧게 한 마디씩 나누어 봅시다.

2. 디지털 트라우마 예방 실천하기

1) 들어가기

◆ Teaching Mention

이번 시간에 다룰 내용인 디지털 트라우마 예방 실천하기에 대해 설명합니다.

> 이번 시간에는 디지털 트라우마로부터 우리를 지킬 수 있는 방법을 살펴보려고 합니다. 'CPR' 안전교육 시간에 들어본 학생들도 있을 텐데요, 심폐소생술, 응급처치를 말합니다. 1차시에서 배운 것처럼 일상 속에서 우리의 마음에 크고 작은 지진이 일어나는데, 그럴 땐 응급처치가 필요하겠죠? 혹은 우리 모두 예방 실천법을 익혀두면 주변에 어려움을 겪고 있는 다른 이를 도울 수도 있는 힘이 되기도 합니다. 지난 시간에 열심히 참여해 준 것처럼 이번 시간에도 활발하게 참여해 주리라 믿습니다.

디지털 트라우마를 예방하는 방법으로 「CPR」의 앞 자를 딴 예방 방법을 배울 것임을 안내합니다.

> 이번 시간에는 C(Cognitive approach)에 해당하는 인지적으로 다가가기, P(Psychological+Physical approach)에 해당하는 안정화 기법과 운동의 중요성을 알아보고자 합니다. 마지막으로 R(Resilience)에 해당하는 회복탄력성을 높이는 방법을 확인하며 예방 실천 방법에 대해서 알아보도록 합시다.

◆ Teaching Tip

1. 학생들이 예방 실천 방법의 이름을 숙지하여 디지털 트라우마를 경험했을 때, 실천 방법으로 쉽게 떠오를 수 있도록 이름이 붙여진 것이라는 설명을 합니다.
2. 예기치 않은 직간접 사건으로 심리적 외상을 입을 수 있지만, 회복 가능

하다는 것과 예방을 할 수 있다는 사실을 설명합니다.

2) 실천 1: Cognitive approach (인지적으로 다가가기)

◆ Teaching Mention

인지적인 방법을 사용해서 예방 실천할 수 있음에 대해서 안내합니다.

인지적 방법을 이해하기 위해서는 스트레스 반응에 대한 이해가 우선임을 전달합니다.

스트레스는 생존을 위한 적응적인 반응으로 인류에게 지속되고 있는 점에 대해 전달합니다.

스트레스와 불안을 구분하는 방법을 안내하고, 활동 준비를 위하여 자신의 스트레스 사건을 생각해 보기로 합니다.

■ 스트레스에 대해 먼저 나눠봅시다. 여러분들은 스트레스가 무엇이라고 생각하나요?
스트레스는 인류가 살아남고 진화하기 위해서 필요했던 반응이라는 것을 알고 계시나요? 인간이 맹수를 만나게 되었을 때 ① 맹수와 싸워서 맞서거나 ② 맹수보다 빠르게 도망가거나 ③ 맹수에게 먹이처럼 보이지 않기 위해 숨거나 꼼짝 않고 있는 것이 생존에 주로 도움이 되었던 반응이었습니다. 그래서 이러한 스트레스 반응은 인간의 생존 본능에 의해 발달하게 되었고, 지금처럼 맹수에게 쫓길 일이 없는 환경이 되어도 유지되는 반응이기도 합니다. 이렇듯 적당한 스트레스 반응은 우리를 지켜주고, 우리 몸의 자율신경계에서 해결이 가능합니다. 그렇지만 감당하기 어려운 큰 스트레스는 유사한 상황만 생겨도 위험 상황이라 인식되고, 대비하기 위하여 스트레스 반응과 불안을 만들기도 합니다.
나에게 스트레스를 주는 어떤 문제가 지금 나에게 위협이 되는지, 아니면 막연한 불안감으로 힘들게 하는 것인지를 인지적으로 구분해 보는 것으로도 스트레스 상황에서 도움이 됩니다.

■ 스트레스와 불안을 구분해 봅시다.
가장 크게 구분할 수 있는 것은 나에게 어려움을 주는 '그 일'이 현재와 관련이 있는지? 아니면 가상의 상황이거나 과거에 대한 후회 또는 미래에 대한 걱정과 관련이 있는지? 구분해 보는 것입니다.

최근 나의 마음을 힘들게 했던 일을 생각해 봅시다. 친구와 다툰 후 갈등 상황일 수도 있고, 시험 성적이 떨어져서 속상할 수도 있지요. 워크북을 활용해서 최근 나를 힘들게 했던 사건을 몇 가지 떠올려 보고 각 질문에 왼쪽으로 내려가는 화살표가 많다면 '스트레스', 오른쪽으로 내려가는 화살표가 많다면 '불안'에 가까운 것이라고 정해봅시다.
스트레스는 외부의 자극에 반응하는 것이기 때문에, 문제를 해결하기 위해 내가 할 수 있는 일들을 생각해 본다면 스트레스 반응을 줄일 수 있습니다.
반면, 불안은 외부의 자극이나 상황이 없는데도 주관적으로 느끼는 걱정을 말합니다. 만약에 기적이 일어난다면 어떻게 바뀌었으면 좋을지 생각해 봅니다.
스트레스와 불안을 구분하는 것만으로도 우리가 어떻게 대처해야 하는지 알 수 있습니다.

3) 실천 2: Psychological+Physical approach (심리적+신체적 다가가기)

프로그램이 2회기로 진행된다면 안정화 기법을 이번 순서에 학습합니다.

이번에는 P 심리적, 신체적으로 다가가기를 배워보도록 하겠습니다. 안정화 기법은 트라우마 반응뿐만 아니라 정서조절 및 스트레스가 심할 때도 활용할 수 있는 기법입니다. 나에게 가장 잘 맞는 것이 어떤 방법인지 생각해 봅시다.

2교시 CPR ON

Cognitive

스트레스란?

인류가 살아남기 위해 적응적인 반응

극복하기 위해 맞서다	도피 · 도망가다	꼼짝않고 얼어붙어 숨다

- 스트레스 반응은 인간의 생존 본능에 의해 발달
- 적당한 스트레스는 우리 몸의 자율신경계에서 해결 가능
- 감당하기 어려운 큰 스트레스는 유사한 상황에서 스트레스 반응과 불안을 만들어 위험에 대비

2교시 CPR ON

스트레스와 불안

스트레스

"현재와 문제와 관련이 있는가?"

- 외부 자극에 반응하는 감정
- 문제 해결을 위해 내가 할 수 있는 일 찾기
- 신체적 스트레스 반응 조절 훈련하기
- 호흡법, 운동, 신체 감각 자극

불안

"가상의 상황과 관련이 있는가?"

- 미래에 대한 걱정, 과거에 대한 되새김
- 외부자극 없어도, 주관적으로 느끼는 걱정염려의 감정
- 과거에 대한 후회, 미래에 대한 걱정 써보기
- 만약, 기적이 일어난다면 어떻게 바뀔까?

워크북 p.5

매뉴얼(지침서) p.8 Psychological+Physical approach (심리적+신체적 다가가기)을 참고하여 안내한다.

스트레스 해소방법 나누기 활동을 진행합니다.

> 우리가 배운 방법들을 활용해서 활동을 해보려고 합니다. 스트레스와 불안을 구분해 보면서, 최근 힘들었던 일로 어떤 스트레스가 떠올랐었나요? 나는 스트레스 상황에서 해소하는 방법으로 어떤 방법을 사용하나요? 오늘 배운 방법 중에서 나의 마음에 드는, 나와 잘 맞는 것은 어떤 게 있었나요? 친구들과 함께 활동을 해보도록 합시다.

강사는 포스트잇 또는 라벨지, 스티커 등 학생들이 활동할 때 사용할 수 있도록 인당 각각 4장씩 나누어줍니다.

4장의 포스트잇에 3장에는 나만의 스트레스 해소방법을 적고, 나머지 1장에는 1차시와 2차시까지 배워본 방법(스트레스 불안 구분하기, 호흡법, 나비 포옹법, 착지법, 운동하기) 중 스트레스 해소 방법으로 나의 마음에 드는 것을 적도록 합니다.

나만의 스트레스 해소방법 3장 중 1장은 본인이 가지는 것이고, 나머지 2장은 친구에게 나눠줄 수 있습니다. 워크북 6페이지에 포스트잇을 붙이고, 이동하며 친구가 나의 스트레스 해소방법이 마음에 들어 가져가고 싶어 하면 나눠줄 수 있는 2장의 포스트잇을 1명에게 1장씩 나눠줍니다.

활동을 통해 다른 친구들의 스트레스 해소방법은 어떤 것이 있는지, 배워본 방법 중 나에게 적합한 방법은 어떤 것이었는지를 확인하는 시간을 갖습니다.

> 활동을 해보니 어땠나요? 친구의 스트레스 해소 방법과 배워본 방법 중 나에게 잘 맞는 방법은 어떤 것이 있었나요? 또는 내가 알지 못했던 방법인데 새롭게 알게 된 것들은 어떤 것인가요? 친구의 스트레스 해소방법 중 마음에 들었지만 포스트잇을 얻지 못했던 것은 워크북에 직접 적어 봅니다.
> 활동을 해보며 어땠는지 소감을 나누어 봅시다.

◆ Teaching Tip

1. 강사는 강의 환경과 구성원들에 따라 책상을 밀어 자유롭게 이동할 수 있도록 하거나, 정해진 시간 안에서 활동할 수 있도록 돕습니다.
2. 룰과 규칙은 유연하게 환경에 맞게 조정하고, 학생들이 방법을 공유하고 함께 나누며 다양한 방법으로 활동할 수 있도록 합니다.

4) 실천 3: Resilience (나의 회복탄력성 높이기)

◆ Teaching Mention

위기대응 능력 향상을 위한 회복탄력성 강화방법을 살펴봅니다.

회복탄력성이라는 단어를 들어본 적 있나요? 회복탄력성은 상처에서 회복해 다시 건강한 상태로 돌아가는 힘을 뜻합니다. 우리 모두는 회복탄력성을 가지고 있고, 이를 통해서 상처받은 후에도 건강한 성장이 가능합니다.
회복탄력성은 후천적인 노력을 통해서도 충분히 강화할 수 있는 영역입니다. 나의 회복탄력성을 높이는 방법들에 어떤 것들이 있는지 살펴봅시다.

나의 대표강점을 세 가지 이상 찾아보고, 일상 속에서 꾸준히 활용할 수 있는 방법을 찾아봅니다.

회복탄력성을 높이는 첫 번째로는 나의 대표 강점을 찾는 것입니다.
여러분에게 나의 약점이나 부족한 점, 아쉬운 점을 꼽아보자고 하면 셀 수 없이 많이 나열할 수 있지요? 우리는 어렸을 때부터 약점을 보완하는 방식으로 교육받아 왔기 때문에 부족한 점, 약점을 찾는 것이 더 익숙하고 편할 수 있습니다.
그렇지만 회복탄력성이 높은 사람들의 공통점은 자신의 강점을 잘 알고, 일상생활에서 강점을 꾸준히 발휘하기 위해 노력하는 모습을 보입니다. 나의 강점을 찾는 것은 마음의 근육을 키워가는 과정입니다.
우리 한번 나의 대표 강점 세 가지 이상을 찾아보고, 어떤 노력을 통해 꾸준히 실행할 수 있는지 워크북 활동을 해봅시다.

〈참고〉

창의	새롭고 좋은 것을 생각하고 만들어 낼 수 있는 능력
호기심	흥미 있는 것에 대하여 적극적으로 탐색하고자 하는 태도
존중	다양한 관점에서 생각하고 나와 다른 생각도 받아들일 수 있는 태도
학구열	배우고 익히는 것에 흥미를 느끼고 열심히 참여하는 태도
지혜	폭 넓게 살피고 어려운 일이 생기면 좋은 해결방법을 생각하는 능력
사랑	어떤 사람이나 대상을 아끼고 소중히 여기는 마음
친절	타인을 존중하고 배려하며 다정하게 대하는 태도
사회성	상황에 맞게 행동하고 사람들과 잘 어울리는 능력
용감	말하기 어려운 일도 옳다고 생각하면 말과 행동으로 실천하는 능력
끈기	시작한 일은 포기하지 않고 끝까지 마무리하는 능력
정직	나의 생각, 감정을 솔직하게 표현하고 거짓이나 꾸밈없이 행동하는 태도
활력	열정과 에너지를 가지고 활기차게 생활하는 능력
용서	나를 힘들게 한 사람에게 나쁜 감정을 내려놓고 너그럽게 받아들이는 태도
겸손	자신을 드러내어 잘난체 하지 않고 노력하는 태도
신중	말과 행동을 하기 전에 조심스럽게 생각하고 심사숙고하는 태도
자기조절	자신의 감정, 욕구, 행동을 적절하게 조절하는 능력
시민정신	공동체의 이익을 위하여 최선을 다하는 태도
공정	차별하지 않고 공평하고 올바른 태도
리더십	나와 의견이 다르더라도 생각을 존중하고, 집단 리더로서 활동 계획하여 구성원을 이끄는 능력
감상력	감동적인, 아름다운 것을 진지하게 감상하며 아름다움을 느낄 줄 아는 능력
감사	좋은 일을 알아차리고 고마움을 느끼며 표현하는 태도
희망	긍정적으로 생각하고, 힘든 일에도 적극적으로 행동하는 태도
유머	다른 사람에게 웃음과 즐거움을 줄 수 있는 능력
통찰력	다른 사람들이 보지 못하는 점을 발견하여, 방향성을 예측하는 능력

출처: 김광수, 김경집, 하요상, 기경희, 양곤성(2019). 청소년 성격강점카드. 인싸이트.

◆ Teaching Tip

1. 보기에 있지 않은 강점도 찾아볼 수 있다는 것을 안내합니다.
2. 구성원들이 그룹으로 모여 서로의 강점을 나누고, 친구는 어떤 강점이 있는지 나눠보는 시간을 갖습니다.
3. 구성원들에게 가장 많이 나온 강점은 어떤 것이 있는지도 나눠봅니다.

사회적 지지, 사회와 연결된 우리인 만큼 연대감이 도움이 됩니다. 마음의 후원자를 찾아봅니다.

> 이번에는 나에게 긍정의 힘을 줄 수 있는 사람을 생각해 봅시다. 떠오르는 사람이 있나요? 지금 당장 생각나는 사람이 없다면, '이 사람'에게 응원을 받고 싶은 사람을 생각해 봅시다. 그 사람이 나에게 어떤 말을 해줄 것 같나요? 혹은 어떤 말을 해주었으면 하나요? 그 말을 듣고 난 다음에 나의 마음은 어떤가요? 듣게 된다면 나의 기분은 어떨 것 같나요? 워크북 활동을 해봅시다.

◆ Teaching Tip

1. 스트레스 상황에서는 다른 사람과 교류하고 나의 어려움을 주변에 알려서 도움을 요청하는 것도 중요하다는 것을 전달합니다.
2. 또는, 주변의 친구가 어려움을 겪고 있다면 친구의 마음을 충분히 공감해 주고 지지해 주며 오늘 배운 방법 중 도움이 되는 방법을 알려줄 수 있다는 것을 확인하며 활동을 마무리합니다.
3. 회복탄력성을 높일 수 있는 또 다른 팁을 안내하며, 이 외에도 어떤 것들이 도움이 될지 자유롭게 나눠보도록 합니다.

구성원들에게 응원의 메시지를 전달하고 서로를 응원하는 시간을 갖습니다.

이번에는 우리 서로가 서로에게 마음의 후원자가 되어 봅시다. 워크북에 롤링페이퍼를 작성하며, 이 친구에게 어떤 말이 도움이 될지, 긍정의 힘을 줄 수 있는 메시지는 어떤 것이 있는지 고민해 보고 에너지를 전달해 주세요.

◆ Teaching Tip

강사는 사후검사와 만족도 작성 시간을 고려하여, 구성원 모두에게 롤링페이퍼를 돌리지 못하더라도 정해진 시간 동안 돌아갈 수 있는 만큼 작성하도록 안내합니다.

5) 맺기

◆ Teaching Mention

이번 시간을 통해 기억에 남는 활동을 한 가지를 떠올려 봅니다.

• 소감 나누기

1회기에는 디지털 트라우마에 대한 이해를 진행했고, 2회기에는 디지털 트라우마 예방 실천방법에 대해서 알아보았습니다. 나에게 적용하기에 가장 적합한 방법은 어떤 것이었나요? 배운 방법 중 가장 인상 깊은 내용은 무엇이었나요? 오늘 예방 실천 시간에 배운 내용들은 일상 속의 크고 작은 스트레스 상황에서도 도움이 됩니다.

• 디지털 트라우마 Q & A

워크북의 디지털 트라우마 Q&A를 확인해 보며, 디지털 트라우마를 유발하는 영상 구분 방법, 예기치 않게 관련 영상에 노출되어 계속 생각날 때 대처방법에 대해 다시 한번 생각해 봅니다. 그리고 심리적 불편감을 경험하고 있다면 꼭! 전문가의 도움을 받으시기를 바랍니다.

• 디지털 트라우마 회복지원 기관소개

스스로 극복하기 어려운 트라우마 반응이 나타났을 때 도움받을 수 있는 기관들은 다음과 같습니다. 힘이 들 때는 언제든지 서울시인터넷중독예방상담센터로 연락을 주세요. 고민하는 여러분과 함께 하겠습니다.

- 서울시인터넷중독예방상담센터

인터넷 · 스마트폰 과의존에 대한 어려움을 가지고 있는 청소년을 대상으로 체계적인 맞춤형 상담을 제공하기 위해 개인상담, 가족상담, 심리검사, 집단상담 등과 같은 상담사업을 진행하고 있습니다. 또한 아동 · 청소년 및 성인을 대상으로 인터넷과 스마트폰 과의존이 관련된 예방교육을 제공하여 인터넷과 스마트폰을 효율적으로 사용하고 다양한 대안활동을 통한 자기조절능력을 향상하고 사이버 윤리의식 향상을 돕고 있습니다.

- 국가트라우마센터

표준화된 재난 정신건강 서비스 운영 매뉴얼과 재난 현장 맞춤형 위기대응 지침을 기반으로 재난 발생 시 신속하게 대응하기 위한 거버넌스 체계구축 사업을 수행하기 위해 재난현장에 대한 위기대응과 재난 정신건강 서비스 체계를 고도화하기 위한 사업을 운영하고 있습니다. 또한 재난 경험자들의 심리상태를 파악하여 집중 관리가 필요한 고위험군을 선별, 심리검사와 심층면담에 따른 근거 기반 트라우마 치료 프로그램을 운영하고 있습니다. 그뿐만 아니라 국가적 재난이 발생 시 신속하게 현장에 투입하여 재난 정신건강 서비스를 제공하기 위해 '찾아가는 마음 안심버스'를 운영하고 있습니다.

※이용안내
[전화번호] 02-2204-1438,9
[이용시간] 월~금, 08:30~17:30(공휴일 제외)

- 청소년상담복지센터

청소년 대상의 긴급 상황 발생 시 지역의 상담 기관을 중심으로 신속하고 효율적인 개입을 통해 심리적 외상을 최소화하고 2차 피해를 예방하기 위해 청소년 상담 전문가들이 배치되어 있습니다. 이에 각종 사건 사고, 재난 등으로 직간접적으로 심리적 외상이 발생한 청소년에게 적절한 교육을 통해 심리적 안정화를 고취시키기 위한 긴급대응체계를 운영하고 있습니다. 또한 '청소년안정망'을 통해 지역사회 내 청소년 관련 기관 및 시설(학교, 경찰관, 보건소, 공공 의료기관 등)이 상호연계하여 위기청소년들을 조기 발견하고 지원하기 위한 맞춤형 서비스를 지원하고 있습니다.

※이용안내
[전화상담] 지역번호 +1388

다 함께 박수를 치며, 본 활동을 마무리합니다.

워크북 사후검사와 만족도를 작성하여, 제출하도록 돕습니다.

실천 디지털 트라우마 Q&A

Q. 직접 사건를 경험한 사람이 아니어도 일어날 수 있나요?

A. 직접 경험한 사건 말고도 사건을 듣거나, 관련된 영상과 사진을 지속적으로 보는 것 또한 간접적인 경험으로 디지털 트라우마를 유발할 수 있습니다.

Q. 디지털 트라우마를 일으킬 수 있는 영상을 어떻게 구분하나요?

A. 특정 영상이나 사진을 본 후에 심리적으로 불안한 마음이 든다거나 자꾸만 잔상이 남는다면, 디지털 트라우마를 유발하는 영상물일 수 있습니다.

Q. 우연히 본 영상이 머릿속에서 떠나지 않고 자꾸만 생각이 날 땐 어떻게 해야 하나요?

A. 일시적인 트라우마 증상은 시간이 지나면 자연스럽게 사라집니다. 그런 장면이 자꾸만 생각 날 때는 편안한 마음으로 '안정화 기법'을 따라해보세요.

Q. 만약 트라우마와 관련된 사건을 경험한다면, 주변에 알리는게 도움이 되나요?

A. 나를 이해해줄 수 있는 사람들과 대화를 나누세요. 나의 상황을 가까운 가족, 친구에게 이야기하고 지지받는 것도 필요합니다.

만약 심리적인 불편감이 한달 이상 지속되어 일상생활이 힘들다면, 전문가의 도움을 꼭 받으시기 바랍니다.

서울시인터넷중독예방상담센터
대표번호 : 1899-1822

15

2 디지털 트라우마(사건충격) 척도

〈디지털 트라우마 척도 (학생)〉

아동용 사건충격(디지털 트라우마) 척도 (13문항)

20 년 월 일
______학교 __학년 (남 , 여) 나이 ___ 이름 ______

아래 문항은 스트레스를 주는 사건을 경험한 후 사람들이 겪는 어려움에 관한 것입니다. 최근의 디지털 트라우마 유발사건과 관련하여 지난 7일 동안 얼마나 많이 경험하였는지 각각의 문항에 V표시 하십시오.

번호	내 용	전혀 그렇지 않다	거의 그렇지 않다	가끔 그렇다	자주 그렇다
1	그 사건을 생각하지 않으려고 해도 생각날 때가 있습니까?	0	1	3	5
2	그 사건을 기억에서 지워버리려고 노력합니까?	0	1	3	5
3	주의를 기울이거나 집중하는 데 어려움이 있습니까?	0	1	3	5
4	그 사건에 대한 감정이 세게 밀려오는 것을 느낍니까?	0	1	3	5
5	그 사건이 일어나기 전보다 더 쉽게 놀라거나 예민해졌습니까?	0	1	3	5
6	그 사건을 생각나게 하는 것들을 피하며 지내고 있습니까?	0	1	3	5
7	그 사건에 대해 이야기하지 않으려고 노력합니까?	0	1	3	5
8	그 사건의 장면이 마음속에 갑자기 떠오릅니까?	0	1	3	5
9	다른 일들이 그 사건을 생각나게 합니까?	0	1	3	5
10	그 사건에 대해 생각하지 않으려고 노력합니까?	0	1	3	5
11	쉽게 짜증이 납니까?	0	1	3	5
12	뚜렷한 이유가 없는데도 주위를 경계하고 조심합니까?	0	1	3	5
13	잠을 자는 데 어려움이 있습니까?	0	1	3	5

검사출처

구분	내용
한국판	• Oh, E. A., Park, E. J., Lee, S. H., & Bae, S. M. (2014). Validation of the Korean version of the Children's Revised Impact of Event Scale. Clinical psychopharmacology and neuroscience, 12(2), 149–156.
원판	• Smith, P., Perrin, S., Dyregrov, A., & Yule, W. (2003). Principal components analysis of the impact of event scale with children in war. Personality and individual differences, 34(2), 315–322. • Smith P, Perrin S, Yule W, Hacam B, Stuvland R. War exposure among children from Bosnia-Hercegovina: psychological adjustment in a community sample. J Trauma Stress 2002;15:147–156.
문항출처	• 방수영, 이미선(2019). 재난 기본 평가 척도(소아청소년용)
검사특징	• 지난 7일간 아동의 PTSD 증상 심각도를 선별평가하기 위한 자기보고식 검사 • 성인 PTSD 검사로서 보편적으로 사용되는 사건충격척도 개정판(Impact of Event Scale-Revised: IES-R)의 아동용 버전
실시대상	• 연령 범위: 만 10~19세 • 지적능력(IQ): 70 이상
하위요인, 소척도	• 침습: 1,4,8,9 • 회피: 2,6,7,10 • 과각성: 3,5,11,12,13
해석지침	• 모든 문항의 응답값을 합산하여 총점을 계산 (점수범위: 0~65점, 역채점 없음) • 총점이 높을수록 외상 후 스트레스 반응의 심각함을 나타냄 • 절단점: 26점 이상일 때 PTSD 고위험군으로 볼 수 있음.

※ 본 프로그램에서는 디지털 트라우마를 측정하기 위해 간접외상을 측정한 사건충격척도 개정판(Impact of EventScale-Revised Korean Version; IES-R)의 아동용 버전을 사용하고자 한다. 이 척도는 배성만 등(2014)이 타당화한 것이다. 총 13개의 문항으로 구성되어 있으며, 하위요인으로는 침습(4문항), 회피(4문항), 과각성(5문항)으로 구성되어 있다. 디지털 트라우마를 측정할 수 있는 표준화된 척도는 현재 시점(2024.1.)에는 존재하지 않기 때문에 해당 척도를 '최근의 디지털 트라우마 유발사건과 관련하여'으로 수정하였다. 더 나아가 본 프로그램의 효과성을 평가하기 위해서는 프로그램에서 다룬 내용만을 포함하고 있어야 하므로 센터 자체적으로 예방교육 효과성 질문지를 제작하였다.

3 마음지진 알람 'CPR ON' 효과성 및 만족도

〈디지털 트라우마 프로그램 효과성 (학생)〉

마음지진 알람 'CPR ON' 효과성 검사 (10문항)

번호	문항	전혀 아니다	아니다	보통이다	그렇다	매우 그렇다
1	디지털 트라우마의 개념에 대해서 알고 있다.					
2	디지털 트라우마의 반응에 대해서 알고 있다.					
3	디지털 트라우마가 발생하는 이유에 대해서 알고 있다.					
4	온라인에서 겪게되는 심리외상 위험요소로부터 안전하게 지키는 방법을 이해하고 있다.					
5	디지털 트라우마는 특별한 사람이 아니라 나에게도 발생할 수 있다고 생각한다.					
6	디지털 트라우마 예방 실천하기 위한 구체적인 방법을 알고 있다.					
7	나의 마음과 생각을 다스리는 방법에 대해 알고 있다.					
8	불안하거나 스트레스를 받을 때 해소하는 방법을 알고 있다.					
9	만약, 나에게 디지털 트라우마가 생긴다면 어떻게 대처해야 하는지 알고 있다.					
10	디지털 트라우마 증상이 심각할 때 도움받을 수 있는 기관에 대해서 알고 있다.					

〈디지털 트라우마 프로그램 만족도 (학생)〉

마음지진 알람 'CPR ON' 만족도 평가 (8문항)

<table>
<tr><th>번호</th><th>내 용</th><th>전혀
아니다</th><th>아니다</th><th>보통
이다</th><th>그렇다</th><th>매우
그렇다</th></tr>
<tr><td>1</td><td>디지털 트라우마 예방교육 프로그램에 전반적으로 만족하시나요?</td><td></td><td></td><td></td><td></td><td></td></tr>
<tr><td>2</td><td>프로그램을 통해 나의 디지털 미디어기기 사용 습관을 되돌아보게 되었나요?</td><td></td><td></td><td></td><td></td><td></td></tr>
<tr><td>3</td><td>프로그램을 통해 디지털 트라우마에 대한 예방과 대응법을 알게 되었나요?</td><td></td><td></td><td></td><td></td><td></td></tr>
<tr><td>4</td><td>프로그램 진행 시간과 횟수가 적절했나요?</td><td></td><td></td><td></td><td></td><td></td></tr>
<tr><td>5</td><td>다른 친구들에게도 이 프로그램에 참여를 권유해 주고 싶은가요?</td><td></td><td></td><td></td><td></td><td></td></tr>
<tr><td rowspan="2">6</td><td rowspan="2">가장 도움이 되었던 활동은 무엇입니까?</td><td>마음
들여다
보기</td><td>스트
레스
불안
구분
하기</td><td>안정화
기법</td><td>스트
레스
해소
방법
활동</td><td>롤링
페이퍼</td><td>그외</td></tr>
<tr><td></td><td></td><td></td><td></td><td></td><td></td></tr>
<tr><td rowspan="2">7</td><td rowspan="2">가장 재미있었던 활동은 무엇입니까?</td><td>마음
들여다
보기</td><td>스트
레스
불안
구분
하기</td><td>안정화
기법</td><td>스트
레스
해소
방법
활동</td><td>롤링
페이퍼</td><td>그외</td></tr>
<tr><td></td><td></td><td></td><td></td><td></td><td></td></tr>
<tr><td>8</td><td>전체적인 참여소감을 적어주세요.</td><td colspan="6"></td></tr>
</table>

저/자/소/개

■ 김윤나 (서울사이버대학교)

김윤나 교수는 현재 서울사이버대학교 사회복지대학 사회복지전공, 휴먼서비스대학원 및 일반대학원 석·박사과정 사회복지전공 정교수로 재직 중이다. 중앙대학교, 경기대학교, 가톨릭대학원, 인하대대학원, 한국체육대학교, 한국교육개발원 탈북청소년교육지원센터, 중앙대학교부설종합사회복지관 등에서 강의와 연구, 실천을 경험하였다. 사회복지사 1급, 청소년지도사 2급, 학교사회복지사, 학교폭력상담사 및 예방교육사 1급, 미디어중독상담사 및 예방교육사, 현장체험학습안전지도사 2급이며, 한국가족복지학회 총무분과위원, 한국군사회복지학회 총무위원장, 한국아동권리학회 연구이사, 한국학교사회복지학회 편집위원, 한국법과인권교육학회 총무이사, 한국시민청소년학회장을 역임하고 현재 국제사회복지학회 총무이사, 한국청소년복지협회 학술이사, 미래를 여는 청소년학회 편집위원장이다. 학부와 대학원에서 청소년인권과 참여, 청소년육성제도론, 청소년 프로그램 개발과 평가, 사회복지학개론, 학교사회복지론, 청소년복지연구, 사회복지 프로그램 개발과 평가, 사회복지현장실습 등을 가르치고 있다. 청소년정책, 청소년인권과 참여, 청소년복지, 청소년사업 및 시설 평가, 청소년문화, 프로그램 개발과 평가, 북한이탈청소년 등에 관심을 갖고 있다.

■ 김웅수 (한일장신대학교)

김웅수 교수는 현재 한일장신대학교 사회복지학과 정교수로 재직 중이며, 학부와 대학원에서 청소년복지론, 청소년연구방법론, 청소년문제와 보호, 청소년 상담, 청소년 프로그램 개발과 평가, 사회복지학개론, 사회복지법제와 실천, 교정복지론 등을 가르치고 있다. 독일 브레멘대학교에서 근대화과정에서의 청소년 현상과 청소년복지에 관한 연구로 박사학위를 수여받았고, 독일과 한국의 청소년복지정책을 중심으로 다양한 연구를 진행하고 있다. 유니세프 아동친화도시 사업에 관여하고 있으며, 한국청소년복지학회 편집위원, 행정안전부 지방자치단체 합동평가위원, 한국기독교사회복지실천학회장 등의 활동을 하고 있다.

■ 조민식 (서정대학교)

조민식 교수는 현재 서정대학교 휴먼케어서비스과 교수로 재직 중이다. 고려대학교 사회학과를 졸업하였으며, 동 대학원에서 사회학 전공으로 석박사 학위를 취득하였다. 세부전공은 범죄사회학이며, 특히 청소년 비행 및 청소년 범죄에 관한 연구를 주로 하고 있다. 경찰대학교 외래교수 및 영상물등급위원회 등급분류 소위원으로 재직하였고, 현재는 성남시청소년재단 비상임이사, 경기도동두천양주교육지원청 학교폭력대책심의위원회 위원, 미래를여는청소년학회 운영이사, 인천광역시 공공디자인위원회 위원(CPTED-범죄예방 환경설계) 등으로 활동 중이다.

■ 송원일 (평택대학교)

송원일 교수는 현재 평택대학교 아동청소년교육상담학과, 일반대학원 석 · 박사과정 아동청소년학 전공, 다문화교육원 초빙교수로 재직 중이다. 사회적협동조합 미래환경, 평택대학교 다문화가족센터, 한국청소년정책연구원 등에서 강의와 연구, 실천을 경험하였다. 청소년지도사 2급, 아동청소년 심리상담사 2급, 보드게임지도사 1급, 레크리에이션 1급, 웃음치료 1급이며, (사)청소년미래연구 법인이사를 역임하고, 현재 (사)한국청소년시설환경학회 법인이사 및 부회장, 다문화아동청소년연구원 부편집위원장 및 사무국장, 평택시 도서관 운영위원회 부위원장, 평택시지역사회보장협의체 이주민분과 위원장이다. 학부와 대학원에서 아시아사회의 이해, 다문화교육현장사례연구, 다문화사회교수방법론, 청소년학개론, 청소년활동, 청소년인권과참여, 청소년지도자론, 청소년인권과민주시민, 청소년기관운영론 등을 가르치고 있다. 위기청소년, 청소년복지, 청소년활동, 청소년문화, 청소년시설, 청소년 프로그램 등에 관심을 갖고 있다.

■ 김지민 (명지전문대학교)

김지민 교수는 현재 명지전문대학 청소년교육상담과 조교수(강의)로 재직 중이다. 중앙대학교 학사, 석사, 박사를 졸업하였다. 한국상담심리학회 상담심리사 1급과 청소년 상담사 1급을 소지하고 있다. 명지대학교 청소년지도학과 객원교수로 재직하였고, 청소년 상담센터와 대학교 학교생활 상담센터 등 다양한 임상장면에서 상담사로 재직하였다. 미래를 여는 청소년학회 편집위원이자 이사이다. 청소년 심리 및 상담, 상담이론, 상담실제사례연구, 발달심리학 등을 가르치고 있다. 청소년 상담, 상담자 개입, 그리고 상담과정 및 상담효과에 관심이 있으며 국제 EMDR협회 공인 EMDR 기본 수련과정 1단계와 2단계를 수료하였다.

■ 김광래 (호산대학교)

김광래 교수는 호산대학교 간호학과 초빙교수로 재직 중이다. 대구대학교에서도 강의를 하고 있으며, 상명대학교, 계명문화대학교, 한국청소년단체협의회, 한국청소년정책연구원에서 강의와 연구, 실천을 경험하였다. 청소년지도사 2급, 평생교육사 2급 등을 보유하고 있으며, 한국청소년슈퍼비전연구소 소장을 역임하고 있다. 그리고 대구광역시 청년센터 운영위원, 대구광역시 남구 주민참여예산위원회 위원, 수성구 미래교육재단 평가위원, 대구광역시 남구 청소년방과후 아카데미 운영위원 등에 활동을 강의와 겸하고 있다. 학부에서 청소년활동론, 청소년문화론, 청소년심리 및 상담, 청소년복지론, 청소년의 이해 등을 가르치고 있다. 청소년지도사 슈퍼비전, 청소년 상담사 슈퍼비전 등에 관심이 있다.

Practice 중심의

청소년 프로그램 개발과 평가

1판발행 2025년 3월 10일 1판 1쇄 발행

지은이 김윤나 김웅수 조민식 송원일 김지민 김광래
펴낸이 최용구 | **펴낸곳 도서출판 신정**
주 소 (04316) 서울시 용산구 원효로 89길 19 (원효로1가)
전 화 02)3211-4782, 0266(영업부), 3211-4783(편집부), 3211-4784(팩스)
이메일 sjbook2002@naver.com | **홈페이지** www.sjbook.co.kr
등 록 2001년 5월 11일 제13-702호
마케팅 최용구 장만동 최충구 송대용 | **책임편집** 석기은 황가연

ISBN 978-89-5912-939-3 93370
정 가 24,000원